环境法的法权结构理论

史玉成 著

2018年·北京

图书在版编目(CIP)数据

环境法的法权结构理论/史玉成著.—北京:商务印书馆,2018
ISBN 978-7-100-16470-2

Ⅰ.①环… Ⅱ.①史 Ⅲ.①环境法学-研究 Ⅳ.①D912.604

中国版本图书馆 CIP 数据核字(2018)第 181966 号

权利保留,侵权必究。

环境法的法权结构理论
史玉成 著

商 务 印 书 馆 出 版
(北京王府井大街 36 号 邮政编码 100710)
商 务 印 书 馆 发 行
北京市艺辉印刷有限公司印刷
ISBN 978-7-100-16470-2

2018 年 9 月第 1 版 开本 880×1230 1/32
2018 年 9 月北京第 1 次印刷 印张 12½
定价:62.00 元

题　记

　　将大量彼此不同而且本身极度复杂的生活事件,以明了的方式予以归类,用清晰易变的要素加以描述,并赋予其中法律意义是"相同"者同样的法律效果,正是法律的任务所在。

——拉伦茨语*

---

* ［德］卡尔·拉伦茨:《法学方法论》,陈爱娥译,商务印书馆2004年版,第319页。

自　序

呈现在眼前的这本拙作,其底本是我的博士论文。原本无序言,但书本无序言恍若光头不戴帽子,既不体面,又不合乎出版规则。时值交稿之日临近,只好仓促之间自我操刀,临时补戴草帽以全大体。屈指算来,我从事环境法学研习已经有20年的光阴了。20年时光荏苒一事无成,是人生最莫可奈何之事。但是,一件事情做久了,也便有了自我认定的信念和理想。从某种意义上,本书的出版,承载着我的学术追求和情怀。借此机会,对自己从事本课题研究的心路历程、方法预设、认识与感悟略作梳理,以聊作序言。

首先,从环境法治的开放性,谈谈对环境法学研究面向和进路的认识。

环境法是在应对生态危机和环境问题的过程中兴起的后现代部门法。20世纪中叶以来,伴随着经济的增长和社会的发展,人类社会面临日益严重的环境污染、生态破坏和环境风险,迄今已渐成立体灾难之势。面对危机,各种环境治理方案被人们所讨论并付诸实践。环境治理需要调动和整合各种资源和机制,诸如道德观念、习惯习俗、宗教信仰、历史文化、地方知识、政策法律等各种非正式规范和正式制度规范,综合运用政治、经济、法律、政策、教育等不同调控手段。上述理念、信仰、机制、措施在各自的领域发挥着相互不可替代的作用,呈现出一种立体多维的、堆迭交叉的,有时又是相互断裂的、难以弥合的景象。

在现代环境治理的诸种机制中，环境法治无疑是实现环境治理目标的最为重要的制度体系或社会装置。环境法治欲实现"良法善治"之目标，就需要从环境治理的诸种方案及其背后广阔的社会文化背景中汲取营养，否则将失去活力和源泉。环境治理的混合性特征，从某种程度上决定了环境法调整机制的综合性、交叉性、广域性。与此相应，后起的中国环境法学研究也呈现出视角的开放性和方法的多元性。我们看到，在环境法学研究领域，价值分析、实证分析、法解释学、法社会学、法经济学、法政策学、法文化学乃至生态学等自然科学方法被广泛运用，呈现出"乱花渐欲迷人眼"的景观。这种开放性和多元性使得新兴的环境法学科充满了朝气和活力。但同时，表象繁荣的背后，掩藏着学科基础理论建树不足的隐忧；过度路径依赖导致的泛道德化、泛政策化、泛自然主义、泛社会科学化等倾向明显；基于规范研究的独立学科核心范畴、范式以及具有内在逻辑的学科理论体系远未建立，等等。诸种问题，引起了我对环境法学的研究进路和方法、学科核心范畴等基础理论问题的长久思考。

回想十多年前，中国的法学研究开始萌发了方法论的自觉意识，并以之为导引掀起了一场令人瞩目的学术研究路径之争，其要者莫过于社科法学和法教义学的论争。两者秉持不同的立场和进路，各持一端，争议迄今余波未息。大略而言，法教义学侧重从"法律系统"的内部视角，以规范文本为中心研究法律现象，致力于追求法律概念的规范化和完善法律体系内部逻辑的努力，以实现"法律自治"为目标。社科法学则以"社会系统"的外部视角，强调知识开放性，反对法学的自主性和知识封闭性，不追求概念化和体系化，强调围绕具体的法律问题展开研究，通过经验研究形成相应的法律理论。对这种论争,从最初浅层的、下意识的关注,到结合自己所从事的环境法学研究进行自觉思考,我对环境法学研究的面向和进路有了更为深入的认识。

就个人的学术旨趣而言,在以往的研究中,更多侧重于在问题导向下关注的某一具体环境立法、执法、司法或法律制度的完善,或针对某一具体现实问题提出法学的解决方案。坦率地讲,这种对问题的关注是随意的、率性而为的,并没有一个一以贯之的指导思想或者衡量标准。伴随着对环境法学总体研究现状的认知逐渐趋于清晰,我越来越意识到,当下的环境法学理论研究,在秉持多元方法、坚持实践面向的同时,还应当更多关注基础理论的研究,重视规范分析方法的独特作用,促进完善学科理论体系,奠定对环境法治建设具有指导意义的理论基础。从环境法学研究的现实需要出发,后者可能更具有迫切性,并将更具长久的学术生命力。

其次,从对环境法本体论范畴的认识出发,谈谈本书的要旨。

法学是一门实践性很强的学科,环境法学更是如此。在实践性特征明显的领域,从事基础理论研究往往费时费力而且难收短期显性之效,但我还是决定尝试做出挑战:对环境法学研究中较为薄弱的本体论范畴,特别是学科核心范畴进行探索。这种尝试,不惟学术自觉导引下的研究方向转型,还包含了方法论的选择。环境法本体论的范畴,是对环境法的存在及其本质的认识和概括,回答"环境法是什么"的问题,这是环境法学基础理论研究首先需要回答的问题。

在我看来,环境法的内部构成要素和结构形式,构成了环境法本体范畴的核心,也构成了环境法学基础研究的起点。从环境法学的"核心范畴"——在环境法学理论体系中居于核心地位,反映环境法学的本质和学科思维特点,具有普遍意义、高度概括性、结构稳定的基本概念入手，对环境法学学科理论体系做出探索，应当成为我们努力的方向。弱水三千，我们只取一瓢饮。基于对环境法本体范畴的认识，在众多的研究方法中，我选择了以规范分析为主要方法的法教义学路径，试图从整体主义而非个体主义的立场出发，以一种全景式的宏观视野，对环境法的法权结构及其运行逻辑进行系统探讨。

本书从经验和事实出发，在对学界关于环境法学核心范畴的现有理论和学说进行分析梳理的基础上，提出"环境法的法权理论"这一核心命题，认为基于环境利益之上的环境权利、环境权力是环境法学领域最基本、最重要的元概念，二者不具同质性，但彼此合作共进，竞争成长，共同构成环境法制度大厦的基石。论证的核心问题是：当下主流的"权利义务法学"路径在环境法学领域存在统合力不足，缺少普遍解释力等局限性。环境法学研究应当从环境法保护和调整的环境利益出发，把环境权利和环境权力置于统一的法权结构体系内，着力探究围绕实现法权目标所形成的"环境权利—环境义务"、"环境职权—环境职责"二元结构的内外部互动关系，确定各自的边界，消解其内在张力和冲突，促进两者在合作中成长，实现法权运行的动态平衡和协调稳定。

以"环境法的法权"作为学科的核心范畴，通过研究环境法法权结构的规范建构，力图达到以下预设目标：第一，在理论层面，整合环境法学领域有关环境权利、环境义务、环境利益、环境责任等基本范畴的各自表述，打通研究者因各自为阵而呈现出的理论割裂和碎片化状况，为各类环境权利、环境权力的体系化分层建构和均衡配置提供一种"俯瞰式"的全景参照，从而建立起符合学科本质特点的环境法学核心范畴。第二，在制度层面，在统一的法权结构框架内，审视法权的现实运行逻辑，进而提出对多元主体的环境权利和义务、环境职权和职责进行均衡配置的思路和设想,推动构建内在协调、动态平衡、逻辑自洽的环境法法权结构体系,促进环境治理迈向多元合作共治,为生态文明建设提供制度保障。

最后,仍然回到对方法论的省视上,展望未来的图景。

本书选择以规范分析方法抑或法教义学为进路,是基于对环境法学研究中规范建构不足、学科核心范畴尚未形成共识这一"问题导向"的立场,并不否认社科法学研究进路在环境法学研究中的巨大影响和积极作用。事实上,法教义学虽然强调规范建构,但也注重对社会经验知识的吸收;社科法学虽然视角开放,方法多元,但其出发点和目的都不可能脱离"法律事业",即以研究和解决法律问题为根本。所不同的只是研究者的立场态度、使用的材料与方法、研究的进路不同而已。因此,应将两者视为相互补充的方法,无所谓孰优孰劣,谁更正宗。让我印象深刻的是,北京大学车浩教授曾用"少女与少妇"来比喻社科法学和法教义学;如果社科法学是一个少女,法教义学就是一个少妇。少女天真烂漫,无所羁绊,任意恋爱;一旦身为人妇,就有了许多规矩,生儿育女照顾家庭,尘世中的柴米油盐,再优雅的女人,也是戴着锁链跳舞。少女们自由不羁,取笑那些束缚在家务中的少妇们,简直就是可悲而又不自知的黄脸婆。但是,人类社会要维系下去,总要有人生儿育女,劳作操心,维系家庭这一基本单位。诚如自由法运动的先驱康特罗维茨所言:"没有社会学的教义学是空洞的,而没有教义学的社会学是盲目的。"

博士论文送审时,曾有评审专家指出:论文对环境法法权结构的建构侧重于基于文本分析的静态描述,对经验和事实的动态描述不足。"回到实践中去!"这种意见当然是中肯的,但我坚持认为,对于环境法学这样一个尚处于草创时期的部门法学而言,实践面向固然重要，基础理论研究同样不容忽视。在我看来，基于法教义学进路的基础理论研究，从某种程度上限制了对环境治理经验和事实的关注，也许正是本书的缺憾之所在。此种遗憾，提示我们在后续研究中需要秉持更加开放的视角，注重对社会实践经验知识的吸收。舒国滢教授在《法哲学沉思录》中这样写道："理论意味着限度和限制：述说对象的限制、述说进路的限制以及述说方式的限制。"我们所能做到的，是在不断检视和自省中前进。

我提笔作序的时候，恰逢"生态文明建设"历史性地被宪法修正案所确认，新一轮的政府机构改革中组建了新的生态环境部和自然资源部；环境公益诉讼制度、流域水环境治理"河长制"、中央环保督察制等制度业已建立；生态环境损害赔偿制度改革、环境监察机构垂直管理改革、国家公园体制改革的试点推进方兴未艾；"环境权入宪"的议题正在被广泛讨论。虽然，回归到环境治理的实践，当下环境法制度设计或曰改革总体上仍然呈现出一种公权力主导下的"集权式治理"特征，走向环境法法权架构下的多元合作共治模式尚待时日，但是，公众的环境权利意识在觉醒，市场的力量在成长，环境法制度也在适应多元主体广泛参与的时代背景而与时俱进。这其中，我们毕竟感受到应对环境问题的制度力量，体察到环境法治前行的脚步，聆听到生态文明建设的时代节拍。我确信，在当下的中国，无论是经济的发展、社会的转型，还是文明的进步，"美丽中国"都是中国梦不可分割的组成部分，有理由期盼，中国的环境法治必将迎来更加美好的明天！

是为序。

史玉成

2018 年 3 月 18 日

目　　录

导论 …………………………………………………………… 1
　一、研究的缘起 ……………………………………………… 1
　二、研究的主题 ……………………………………………… 6
　三、研究旨趣和意义 ………………………………………… 9
　　（一）实现环境权利与环境权力的良性互动 ……………… 10
　　（二）实现环境权利的体系化建构 ………………………… 12
　　（三）实现环境权力的合理配置 …………………………… 13
　　（四）为环境多元治理奠定制度基础 ……………………… 14
　四、进路与方法 ……………………………………………… 17
第一章　环境法法权的概念证成与法权结构 ………………… 22
　第一节　环境法学核心范畴主要观点的分析 ……………… 24
　　一、环境权利说：一种理想图景的言说 …………………… 25
　　二、环境义务说：现实难以关照未来 ……………………… 29
　　三、环境利益说：路径引导意义下制度建构的不足 ……… 32
　第二节　环境法学的核心范畴：环境法法权 ……………… 36
　　一、"法权中心主义"与环境法法权概念 …………………… 36
　　二、"环境法法权"作为环境法学核心范畴的理论证成 …… 39
　第三节　环境法的法权结构 ………………………………… 45
　　一、法益理论的源流与辨识 ………………………………… 46

二、引入法益分析方法 …… 51
三、环境法法权的基本架构 …… 54

第二章 环境法法权的逻辑基础：环境利益 …… 61

第一节 环境利益概念的法学界定 …… 63
一、环境利益概念诸说的反思 …… 63
二、环境利益概念的法学蕴涵 …… 69

第二节 环境利益结构的法学型塑 …… 80
一、环境利益的价值属性 …… 81
二、环境利益的基本类型界分 …… 84
三、资源利益的法学构造 …… 91
四、生态利益的法学构造 …… 93

第三节 环境利益的增益减损原理 …… 97
一、环境利益的正向生成："环境善" …… 97
（一）自然禀赋的环境利益 …… 98
（二）人工创造的环境利益 …… 100
二、环境利益的负向减损："环境恶" …… 103
（一）环境污染和生态破坏 …… 103
（二）环境风险 …… 105

第四节 环境利益的法律表达机制 …… 108
一、以环境权利为核心的权利义务机制 …… 110
二、以环境权力为核心的"职权职责"机制 …… 112

第三章 环境权利的体系架构 …… 114

第一节 环境权利的正当性 …… 115
一、自然法中的环境伦理权利 …… 117
二、环境正义的环境法表达 …… 120

目录

第二节 环境权理论诸说评析 ……………………… 123
一、环境权理论的不同流派 ………………………… 127
（一）广义环境权理论 …………………………… 127
（二）公民环境权理论 …………………………… 130
（三）狭义环境权理论 …………………………… 132
二、环境权理论诸说的评析 ………………………… 134
第三节 环境权利体系的类型化界分 ……………… 152
一、传统环境权利体系研究的反思 ………………… 153
（一）基于"环境权"视角的不足 ………………… 153
（二）基于"环境法律关系"路径的不足 ………… 156
二、法益分析路径下环境权利的基本类型 ………… 159
三、环境权利的基本类型及其逻辑关系 …………… 165
第四节 生态性环境权利：环境权 ………………… 166
一、环境权的定位：法学权利谱系中的新型权利 … 167
二、环境权的法律属性 ……………………………… 173
（一）环境权的主体和客体 ……………………… 173
（二）宪法基本权利和具体法律权利的双重性 … 175
（三）环境权具有社会权利性质 ………………… 177
三、环境权的类型与程序保障 ……………………… 179
第五节 资源性环境权利：资源权 ………………… 181
一、资源权概念的环境法意蕴 ……………………… 182
二、资源权的法律属性 ……………………………… 185
（一）资源权是具有公权属性的私权 …………… 185
（二）资源权是对自然资源合理利用的财产权 … 187
（三）资源权的主体和客体 ……………………… 188

三、资源权体系的类型化构建 ……………………………… 190
　　（一）主流理论对自然资源使用权类型化构建的不足 ……… 191
　　（二）以"利用方式—权利客体"为标准的权利体系构建 …… 195
第六节　排放性环境权利：排污权 …………………………… 203
　一、排污权概念的环境法意蕴 ………………………………… 205
　二、排污权的法律属性 ………………………………………… 207
　　（一）排污权性质相关学术观点述评 ………………………… 209
　　（二）排污权的法律属性：功能性权利 ……………………… 213
　　（三）排污权权利和义务的双重性 …………………………… 215
　三、排污权的类型界分 ………………………………………… 216

第四章　环境权力的运行逻辑 …………………………………… 218
第一节　环境权力的正当性 …………………………………… 221
　一、环境权力的概念及属性 …………………………………… 224
　　（一）环境权力在性质上属于政府公共权力 ………………… 224
　　（二）环境权力的目的是保障环境公共利益 ………………… 226
　　（三）环境权力构造："环境职权—环境职责"的统一 ……… 227
　二、环境权力的正当性论证 …………………………………… 227
　　（一）来源正当性：环境公共信托理论 ……………………… 229
　　（二）目的正当性：环境公共利益保护 ……………………… 230
　　（三）手段正当性：环境利益的分配正义 …………………… 232
第二节　环境权力的运行基础 ………………………………… 234
　一、环境风险时代政府社会公共职能的拓展 ………………… 234
　二、政府环境管理体制及其权力分工的演变 ………………… 237
　三、从"第一代环境法"到"第二代环境法" ………………… 243
第三节　环境权力的法律配置 ………………………………… 245

一、环境公共利益增益最大化和减损最小化 …………………… 246
　　二、环境权力配置的基本原则:权力法定 …………………… 248
　　三、环境权力的分工配合与相互制约 …………………… 250
　　　（一）环境权力的纵向配置:自上而下的层级化分配 …………… 251
　　　（二）环境权力的横向配置:部门权力的分工 …………… 253
　　　（三）环境权力分配多元合作格局的发展 …………… 255
　　　（四）环境权力的相互制约机制 …………………… 256
第四节　环境权力的体系构造与运行 …………………… 257
　　一、环境权力体系构造 …………………………………… 257
　　　（一）环境规划与规范制定权 …………………… 257
　　　（二）环境标准制定权 …………………… 259
　　　（三）环境行政许可权 …………………… 260
　　　（四）环境行政命令权 …………………… 261
　　　（五）环境监督检查权 …………………… 261
　　　（六）环境行政处罚权 …………………… 262
　　　（七）环境纠纷调处权 …………………… 263
　　二、环境权力的运行原理 …………………… 265

第五章　环境法法权的实然配置 …………………………… 266
第一节　环境法体系与法权结构之检视 …………………… 267
　　一、系统论视角下环境法的体系 …………………… 267
　　二、环境法体系构造之不足 …………………… 274
　　三、环境法体系中的法权配置 …………………… 277
第二节　环境权利的结构失衡与运行冲突 …………………… 279
　　一、环境权利配置上的结构失衡 …………………… 280
　　　（一）环境权尚未成为法定权利 …………………… 281

（二）资源权的法律配置不均衡 …………………………… 282
　　　（三）排污权的法律保障不充分 …………………………… 284
　　　（四）程序性环境权利的法律配置 ………………………… 285
　二、环境权利的运行冲突 ……………………………………… 287
第三节　环境权力配置的非均衡性与运行冲突 ………………… 290
　一、环境权力配置上的非均衡性 ……………………………… 290
　　　（一）经济权力与环境权力配置上的非均衡性 …………… 291
　　　（二）中央与地方环境权力配置上的非均衡性 …………… 296
　　　（三）不同区域环境权力与义务的非均衡性 ……………… 300
　二、环境权力的运行冲突 ……………………………………… 302
　　　（一）中央和地方环境权力的运行冲突 …………………… 302
　　　（二）部门之间的环境权力运行冲突 ……………………… 307
　　　（三）区域环境权力之间的运行冲突 ……………………… 307
第四节　环境权力—环境权利的运行冲突 ……………………… 310
　一、环境权力的不当运行对环境权利的侵害 ………………… 310
　二、环境"维权行动"对环境权力的挑战 ……………………… 314
　　　（一）以合法权益受损救济为目的的维权行动 …………… 316
　　　（二）以规避环境风险为目的的"邻避"行动 ……………… 318

第六章　环境法法权的规范建构 ………………………………… 321
第一节　环境权利的合理配置与冲突消解 ……………………… 322
　一、环境权利的合理配置与制度保障 ………………………… 323
　　　（一）环境权的法律确认与保障救济 ……………………… 323
　　　（二）资源权的法律保障 …………………………………… 332
　　　（三）排污权的法律确认与制度保障 ……………………… 334
　二、环境权利的边界划定及冲突消解 ………………………… 340

第二节 环境权力的合理配置与张力消解 ………………… 343
一、环境管理体制改革与环境公共职能的整合 …………… 344
二、实现环境权力和环境责任的合理配置 ………………… 346
三、建立部门协调机制,消解环境权力的运行冲突 ……… 350
四、建立利益补偿制度,矫正环境利益失衡 ……………… 351

第三节 环境权利和环境权力的均衡配置与良性互动 …… 354
一、实现环境权利和环境权力的均衡配置 ………………… 355
二、实现环境权利—环境权力的良性互动 ………………… 357
  (一)以环境权力的规范建构保障环境权利 …………… 357
  (二)以环境权利的规范建构制约环境权力 …………… 360

结语:在多元合作共治中走向"环境善治" ………………… 362

参考文献 ………………………………………………………… 365
附录:主要法律规范表 ………………………………………… 380

后记 ……………………………………………………………… 382

附图表目录

图 1.1 环境法法权结构及其目标路径 ………………………… 60
图 2.1 联合国千年生态系统评估项目对生态服务功能的
       分类 ……………………………………………………… 90
图 2.2 环境利益的基本类型界分 ……………………………… 97
图 2.3 环境利益的增益减损原理 ……………………………… 107
图 3.1 环境权利的基本类型及其相互关系 …………………… 166
图 3.2 与环境有关的权利及其对应的人权形态之区分 ……… 172

图 3.3 传统以自然资源客体为标准划分的自然资源使用权权利体系 …………………………………………………… 194
图 3.4 以"利用方式—权利客体"为标准的权利体系 ………… 203
图 3.5 排污权的权利体系 …………………………………… 217
图 5.1 环境公共权力与环境责任的实然关系 ……………… 296

导　论

一、研究的缘起

当下中国的环境法学研究呈现出某种超前与滞后、华丽与粗陋并存的景观。

一方面,缘起于后现代主义的思想启蒙,以环境伦理学、生态哲学为理论依归,环境法学领域提出一系列全新的理论和观点,如"生态中心主义法律观"、"主客体一体化范式"、"生态人范式"、"自然的权利"、"动物权利"等理论,在观念导向上颇具超前色彩。其积极意义在于,为揭示环境法律制度背后所隐含的信念和方法提供了思想启蒙,为建立在传统哲学基础之上的法学理论提供了一种全新的面向。这种迥乎传统的超前观念在环境法学者的努力下,不仅试图转化成为指导环境法制度建设的价值理念和指导原则,而且尝试"解构"主流法理学和传统部门法的原则和制度,推动和引领现代法律的理念与制度变革。"环境法是具有革命性的部门法"、"对主流法理学的补充与反思"等话语形象而简捷地说明了这种引领者的雄心和气概。

另一方面,作为只有数十年发展历史、尚处于草创时期的部门法学,环境法学远远没有完成作为现代法学的"建构"性任务,自身理论建设极不完备。环境法学领域超前的理念和方法论因与传统法学理念和方法论存在某种程度的"不可通约性",对环境法学基础理论的建树和制度建设提供的实际指导作用并没有达到预期的效果。环境法学的核心范畴、研究范式、制度体系,甚至环境法学的学科独立地位等学科基础理论问题正处于"自我建构"阶段。除了在价值理念层面面临"泛道德化"的责难与诘问之外,环境法学研究从不同学科中汲取理论营养,基于生态学原理、环境科学原理、经济学原理、社会学原理甚至环境政策解释等不同路径的研究,固然是环境法的综合性、技术性、生态性、政策性等特征的反映,但是,缺乏规范法学的建构,过度路径杂糅的结果,导致环境法学因缺乏独立的学科"内核"而在某种程度上缺少与其他部门法学平等交流的基础,不能很好地实现与主流法学研究范式有效兼容而使其边缘性更加凸显。

在制度建设层面,环境立法体系的渐趋"完备"和法律制度的保守性、冲突性、滞后性并存;环境法长期被指称为中国实施效果差的法律之一;对环境法治建设的良好期望,并没有改变环境问题总体上日趋严重的现状。无节制消耗资源、牺牲生态环境为代价换取经济增长,导致环境问题面临严峻态势,发达国家一两百年出现的环境问题,在我国 30 多年来的快速发展中集中显现。面对这一形势,中共十八大把生态文明建设放在突出地位,融入经济建设、政治建设、文化建设、社会建设"五位一体"的总布局。十八届三中全会提出"必须建立系统完整的生态文明制度体系,用制度保护生态环境。把资源产权、用途管制、生态红线、有偿使用、生态补偿、管理体制等充实到生态文明制度体系中来"。十八届四中全会将生态文明建设置于依法治国的大背景下,进一步提出"用严格的法律制度保护生态环境,加快建立有效约束开发行为和促进绿色发展、循环发展、低碳发展的生态文明法律制度，强化生产者环境保护的法律责任，大幅度提高违法成本。建立健全自然资源产权法律制度，完善国土空间开发保护方面的法律制度，制定完善生态补偿和土壤、水、大气污染防治及海洋生态环境保护等法律法规，促进生态文明建设。"可见，生态文明法律制度建设已然成为生态文明建设的重点和突破口，而环境法是应对环境污染、生态破坏和环境风险等各种现代环境问题而产生的正式制度，是生态文明建设最为核心的制度保障。

环境法学基础理论的研究，不仅在于完善环境法学自身的逻辑体系，更在于为环境法制度构建提供学理意义上的指导，从而转化为规制人们行为规范的制度依据。新兴的环境法学亟需奠定自己的学科核心范畴，亟需形成自身特有的理论体系并进而形成相应的制度体系，亟需为生态文明建设时代的环境治理提供有价值的指导方案。"任何一种理论想自成体系或形成学派，都必须有自己的理论基石，而理论基石的表现形态就是基石范畴。基石范畴是一定立场、观点和方法的集中体现，因而它是一种理论体系、学派区别于其他理论体系(学派)的标记。"[①]法理学通说认为，权利和义务是法的核心范畴，是法学领域具有普遍性和高度抽象性的"元范畴"。数十年来，环境法学术研究共同体从权利义务路径出发，探讨环境法学的核心范畴的确立，为此做出了积极的努力。"环境权利本位论"、"环境义务重心论"、"环境公共利益论"、"环境责任论"等各种代表性的各种理论和学说竞相登场，极大地丰富并推动了学科基础理论的发展。但是，各种理论学说或从环境权利、或从环境义务、或从公共利益的单向度进路出发，或经过目标预设的裁剪，论证得出各自想要得出的结论。

[①] 张文显:《法学基本范畴研究》，中国政法大学出版社1993年版，第11页。

迄今为止,各种学说仍处于莫衷一是的情状,既不能形成具有普遍共识的理论架构,也不能完全为现代环境治理的提供有指导意义的制度方案。

本书认为,"权利义务说"固然是关于法理学的主流学说,但是,以权利义务范畴作为分析进路,探讨环境法学的基础理论体系、基本制度架构或者学科核心范畴则存在路径上的局限性。环境法是同时兼具公法属性和私法属性的部门法,具有社会法性质。"权利义务说"之于环境法的核心范畴的研究,最大的不足就是把环境法制度大厦的另一个重要基石——环境权力隐匿其中而不得彰显。呼吁和倡导环境权利,通过"权利制衡权力",最终实现环境多元合作治理的目标,这一进路当然具有无可置疑的正当性、合理性。但是,环境权力也有其自身的运行逻辑,"权力制衡权力"同样是环境权力制衡的重要机制,环境权力的均衡配置、相互制约和冲突消解也是实现环境公共治理的又一目标路径。学界关于环境法学核心范畴的研究中,对环境权力的合法性和正当性、配置原则、权力构造、运行原理、冲突消解等基础性问题,似乎作为一个不言自明的问题,几乎没有做出系统化研究的努力。这种有意无意的疏远显然不利于环境法理论和制度的完善。因此,需要认真地对待环境权力,探讨权力主体和权利主体在环境治理中的合作共治关系。

环境法所保护和调整的利益,即环境利益,是环境法的应然法益。应然法益上升到实定法益,将以各种环境权利、环境权力或其他正当法益的形态出现。其中,权利是第一性的法益配置手段,权力是第二性的法益配置手段。从合法性和正当性依据分析,环境权利是现代环境法的合法性和正当性依据,环境权利的实现依赖于权利主体对环境义务的履行,也依赖于基于权利让渡而形成的国家公权力机关环境权力的行使。环境权力由环境权利衍生而来,以维护环境公共利益为目的,既构成对环境公共利益和环境权利的实现路径和基本保障,同时也要受到环境权利的制约。但是,环境权力一经产生,就具有了自身的运行逻辑,与环境权利既对立又统一,既合作又冲突。沿用"权力产生于权利"的惯常思维只能对权力来源做出合理解释,却不能对两者事实上的对立统一关系进行恰当描述。因此,环境权利和环境权力应当被置于一个统一的有机体系中,而不是彼此割裂或舍此求彼。从实证层面分析,作为应对现代环境问题而产生并逐步发展起来的新兴部门法,环境法既具有公法属性,又具有私法属性;既调整和规范政府环境职权和环境职责,又调整和规范以私主体的环境权利和环境义务。环境法这种以"环境权力—环境权利"为二元结构主导而体现为社会整体权利特点的体系框架,使得任何一个偏向"环境权利"、"环境义务"、"环境利益"、"环境责任",或者"环境权力"的单向度的努力都将是片面的,无法为环境法的核心范畴的建构提供强有力的理论支撑和理想答案。

环境权利和环境权力规范存在内在张力和冲突,这一特征,使得现代环境风险时代的环境法,无论对于政治国家的环境权力,还是对于市民社会的环境权利,都不可能舍此求彼,而必须面对"两面作战"的风口浪尖。也就是说,环境法必须在环境权利和环境权力的均衡配置、竞争成长和协作共进中,实现环境合作治理的目标。环境法学理论研究也应当具有这种全景式的面向。

基于这一认识,本文对环境法学领域以传统的"权利义务说"为路径的分析方法在批判分析的基础上进行扬弃,转而寻求环境法"权利权力统一体"的规范建构,并以此作环境法理论分析和制度建构的基本路径。

二、研究的主题

本书借鉴已有的法权理论，提出"环境法法权"概念，试图从一种"全景式"的宏观视野出发，对环境法的"法权结构"及其"运行逻辑"进行全方位的探讨。通过对环境法法权的逻辑基础——环境利益的解析，进而从学理的应然层面论证环境权利体系及类型界分、环境权力构造与运行逻辑，从实证层面分析环境法法权的实然配置与运行冲突，最终提出环境法法权的规范建构和冲突消解的路径。通过本书的研究，旨在为促进环境法基础理论的发展和环境治理走向多元共治模式提供一种理论上的导引。研究的主要内容包括：

第一部分，环境法法权的概念证成与法权结构。

借鉴正在成长中的"法权中心主义学说"，尝试提出"环境法的法权"即"环境权利—环境权力统一体"概念，论证其作为环境法学核心范畴的合目的性。进而提出如下理论预设：环境法学研究应当从环境法保护和调整的环境利益出发，以环境权利—环境权力统一体即环境法法权的规范建构作为学科的核心范畴。把环境权利和环境权力置于统一的法权结构体系内，着力探究围绕实现法权目标所形成的"环境权利—环境义务"、"环境职权—环境职责"二元结构的内外部互动关系，确定各自的边界，消解其内在张力和冲突，促进两者在竞争中成长，实现法权运行的动态平衡和协调稳定。环境法的法权结构，即把环境法上不同的权利和权力类型按照一定的逻辑建立起来的具有紧密逻辑关系、内在协调统一的体系化架构。在环境权利体系中，探究不同主体、不同类型的环境权利之间的关系；在环境权力体系中，探讨不同类型的环境公共权力之间关系，进而通过构建相应的法律实现机制和法权结构，使环境法所规范和调整的环境权利与环境权力达到合理配置、相互制约、彼此协作、规范运行的和谐状态。

第二部分，环境法法权的逻辑基础：环境利益。

在环境法的法权结构中，环境权利来源于受环境法律所保护的环境利益；环境权力是为了维护作为环境法整体法益的环境公共利益而设定的，是实现环境公共利益的一个工具，环境利益就构成了环境法法权的逻辑基础。环境利益是环境法的应然法益，即环境法所要保护和调整的利益，是指为了满足人的基本生存和发展需要、安全和良好的环境需要，以环境资源与生态系统服务功能为客体的各种经济性利益和生态性利益的总和。环境利益的基本类型可以界分为生态利益和资源利益，环境法的法权制度设计无不是基于两类利益的保护、平衡和调整而展开的。环境法不仅要关注对环境利益的保护、增进、协调和平衡，更要关注对环境负担的预防、修复和治理的义务分配和平衡。

第三部分，环境权利的体系架构。

权利是法益的第一性配置手段，环境权利因之构成了环境法法权的基础。在我国，环境权理论经过数十年的发展，虽然形成众多流派，但存在主体泛化、概念混同、内容杂乱等问题，权利内容的冲突性、边界的模糊性、操作上的欠缺性等使其不能成为一个独立的权利类型，无法被立法所确认。应当在区分环境权和环境权利体系概念的基础上，研究环境权利体系的架构及其内在逻辑关系。环境权、资源权、排污权是环境权利谱系中最基本的权利类型，其中，环境权是不受污染和破坏的良好的环境品质，是生态利益的反映和实现路径，其本质是生态性权利；资源权的是在开发利用环境资源过程中获取的经济利益,是资源利益的反映和实现路径,其本质是经济性权利;排污权是保护生态利益不因排放的污染物突破环境容量而受到损害,同时保障生产者在法定限度内实现其资源利益的"限制性"权利,其本质是将排放污染物的"环境负担"行为限制在不损害前两类权利的界限之内。环境法的使命之一,就是建立不同类型环境权利之间的协调和平衡机制,弥合和协调权利冲突,促使其向协调有序发展,实现环境保护和经济社会可持续发展的目标。

第四部分,环境权力的运行逻辑。

"环境权利法"和"环境权力法"的建构与配合是中国环境法律制度的变革方向。权力是法益的第二性配置手段,环境权力是环境法法权的又一重要内容。环境权力生成于环境风险时代政府公共职能的拓展,其运行机制是政府环境管理体制及其权力分工负责。环境权力行使的目的是保障环境公共利益,权力的构造表现为"环境职权—环境职责"的统一,权力的类型包括环境规范制定权、环境标准制定权、环境行政许可权、环境行政命令权、环境监督检查权、环境行政处罚权和环境纠纷处理权等。环境权力的法律配置,纵向上体现为自上而下的层级分配,横向上体现为部门权力的分工协作以及与非政府社会组织的合作。环境权力的良性运行,需要在权力制衡和权利制衡两种最基本的制衡机制的基础上,以多元主体的合作共治加以保障。

第五部分,环境法法权的实然配置。

从法权配置与运行的实然角度考察,一方面,"环境权力"在中国当下的环境法治运行中处于主导性、支配性地位,而"环境权利"则处于弱小的、被支配的地位,前者的强大对后者构成某种挤压,后者则处于先天发育不足、法律保障不力的境地。另一方面,在环境权力在与经济权力的博弈中,环境权力则处于法律配置不足、实践运行中被层层消解而出现的效力不足等问题,中央与地方之间、部门之间、区域之间的环境权力存在非均衡性;环境权、资源权、排污权在法律配置上存在结构性失衡。环境权力运行中存在或隐或显的博弈与冲突;环境权力的不当运行造成公众合法环境权利的侵害,公众在规避环境风险、维护自身权利过程中,对政府公共权力的权威性提出挑战。

第六部分,环境法法权的规范建构。

环境法法权的规范建构和冲突消解,重点在于:针对环境权利的法律实然配置的不足,从立法上对各类环境权利进行均衡配置,划定权利边界。针对环境权利的内在张力导致权利实现过程中出现的权利冲突问题,运用利益位阶确认、利益倾斜保护、利益综合兼顾等利益衡量方法,解决权利冲突,实现各类环境权利的动态平衡。通过环境管理体制改革与环境公共职能的整合,实现环境权力和环境责任的合理配置;建立部门协调机制,消解环境权力的运行冲突;建立生态补偿、自然资源有偿使用等制度,矫正环境利益失衡。最终实现"环境权利"和"环境权力"的均衡配置和良性互动,为环境治理走向多元合作共治奠定基础。

三、研究旨趣和意义

研究环境法法权结构的学术旨趣和实践意义在于:在静态意义上,通过对"环境权利—环境权力"架构的应然分析和实然审视,为各类环境权利、环境权力的均衡配置和分层建构的提供一种"俯瞰式"的全景参照;通过审视法权结构中各类具体环境权利和环境权力配置的当与不当,平衡"权利—权利"、"权力—权力"以及"权利—权力"的潜在冲突;促进新型权利的法定化,限制过于强大的公共权力。从动态意义上,为环境司法实践中不同类型的环境权利,特别是生态性权利和资源性权利提供利益衡量的依据;为环境权利和环境权力的实践运行冲突提供衡平依据。环境治理不能仅仅依赖威权体制下的"环境权力"主导路径;而奉权利为圭臬、过分强调"环境权利"作用而忽视环境权力的正当性同样不能单独实现环境治理目标。现代环境法治应当是建立在"环境权利—环境权力"二元架构的均衡配置和协同作用的基础之上,以多元参与为特征,履行相应的环境义务,承担相应的环境职责,并以法律责任为保障,追求合作共治、实现环境治理目标的过程。环境法法权结构的完善,对于实现这一目标无疑具有关枢性的作用。

(一)实现环境权利与环境权力的良性互动

环境权力,即政府环境公共权力,在我国向来是环境保护的主导力量。中国的环境法的诞生,从一开始就带有应对环境问题的显性的"问题应对"特征,不是以对公民和其他社会主体"赋权"的方式推进环境保护,而是以强化政府环境公共权力的方式来应对和解决环境问题,由此形成以政府环境公共权力为核心的威权型环境治理模式。依照环境公共委托理论,环境资源是全体国民的共有财产,共有人将其共有财产委托政府替代管理,政府行使的环境公权力属于授权性的派生环境权利,其正当性依据是接受委托。政府环境公权力既有其正当性,亦有其优越性——全体国民因达成合意的巨大成本和操作困难,由政府通过公权力方式最具经济性和操作性。因此,环境权力之于环境保护自有其不可或缺性。然而,政府环境公共权力的运行面临诸多因素的影响,以致不能完全实现维护公共利益之目的。首先,在一定的历史时期,政府促进经济社会发展的政治使命与保障公共利益的职能并不总是完全契合。中国改革开放以来,在"以经济建设为中心"的既定方针下,GDP增长指标成为衡量各级政府及政府负责人政绩的最为重要的依据,对经济发展目标的片面追求,虽然实现了较高的经济增长目标,但却是以牺牲环境资源为代价的。这也意味着,政府环境公共权力在维护环境公共利益方面没有发挥其应有的功能,尤为严重的是,一些地方政府甚至充当排污企业保护伞,沦为"环境问题的制造者"。其次,政府可能会出现偏离于公共利益的目标偏好,公共权力有庞大的"寻租"空间。环境治理和环境事务中,环境权力的运行亦会产生同样的问题,政府的行为有时会出现与公众的环境利益和环境意愿背道而驰的情形,作为对政府目标偏离的纠偏性外部制度安排,应当建立多元化、多层级的环境权利体系。再次,公共权力具有天然的自我扩张倾向,权力主体有扩大趋势。现代国家功能的拓展孕育了庞大的公共权力,大型公司等经济组织所赋有的科层制、市场寡头结构及其对政治权力的控制,也使得公司崛起成为基于公共生活和私人生活的新型关系之上的"政治型"权力。[1] 政府公共权力的扩张、公司权力的形成,给公众环境权益带来威胁,也给环境治理带来无形压力。以环境权利体系的结构性张力应对环境权力的膨胀趋势,是现代法治精神的必然体现。同时,环境权利的越界行使,会造成环境公共利益的损害,同样应受到环境权

---

[1] 科斯特·鲍曼:《现代公司与美国的政治思想——法律、权力和意识形态》,李存捧译,重庆出版社2001年版,第26页。转引自秦鹏、杜辉:《环境义务规范论》,重庆大学出版社2013年版,第60页。

力的制约。

(二)实现环境权利的体系化建构

对环境权利体系中基本权利类型——生态性环境权利、资源性环境权利之间的紧张关系的消解,是环境法实现其利益衡平功能的基本路径。生态性环境权利是享受良好环境品质的权利,本质上是社会性权利,应当归属于基本权利,每一个主张生态权利的主体都无法从环境中获取类似于所有权中占有、收益、处分等权能;资源性环境权利是合理开发利用自然资源的权利,在实现其经济功能时归属于私法上的私权利,权利主体在法律规范设定的限度内可以按照自己的意愿实现对权利的自由支配。因此,从本质上讲,生态性环境权利与资源性环境权利之间的冲突,是基本权利与私权利的博弈。权利产生和发展的规律是,私权利先于基本权利而产生,而受限于后产生的基本权利。人类社会早期因剩余产品的出现而产生私有观念,这种私有观念就是最初的权利意识,当它外化为人对利益的主张并获得制度认可时,权利便产生了。在罗马法时期,这种权利制度和观念获得了长足的发展,并且在启蒙运动之后获得了现代社会宪法上的承认,成为私法权利存在的正当性依据。[①] 那么,这种"依据宪法而产生的法律所规定的权利与宪法所规定的权利之间是否存在某种质的规定性的不同?"[②]回答是肯定的。首先,宪法规定的基本权利是母权利,私权利是子权利;其次,基本权利是抽象权利,私权利是具体权利;再次,基本权利的主体是整体性的人(人民),私权利的主体是个

[①] 秦鹏、杜辉:《环境义务规范论》,重庆大学出版社2013年版,第61页。
[②] 莫纪宏:《现代宪法的逻辑基础》,法律出版社2001年版,第287—288页。

体化的个人或部分个人的联合体(如法人);最后,私权利的主体可以放弃自己的法律权利,而人们不可能放弃全体公民的宪法权利。以开发利用环境资源而获取经济利益的各类资源性环境权利很早就在物权法、财产法等民事法律中得到体现,并得到宪法的确认;而从良好的环境中获取生态利益的生态性环境权利目前仅处于学理探讨的"应然权利"层面,尚未真正成为宪法上的基本权利,这也正是"环境权宪法化"所努力的方向。当代环境问题产生的一个重要根源,在于生态利益与资源利益的冲突日益显现乃至形成尖锐对抗的局面。确认生态性环境权利在权利谱系的地位,实现生态性环境权利和资源性环境权利的均衡配置和协调共生,是消解两者紧张关系的逻辑前提,也是解决环境问题的制度进路。

(三)实现环境权力的合理配置

环境权力的配置与运行模式主要表现为以"分部—分权"为特征的层级节制的权力体系。权力的纵向配置主要是中央政府和地方政府的环境权力分配;权力的纵向配置主要是政府环境保护部门和其他负有环境监管职责的部门之间、政府与非政府社会组织之间的环境权力分配。中央与地方、政府各部门之间的环境权力配置,是政府公共权力配置的类型之一,既是一个复杂的政治过程,也是一个法律上的权力配置过程。从法律的角度,在单一制政体的前提下,中央集权与地方分权混合模式是环境权力纵向分配的基本原则,既要考虑环境公共利益的全局性,又要考虑地方区分性环境利益的合理性,合理划定各级政府环境权力的界限。在环境权力的横向配置上,应当在与环境资源公共管理和环境公共事务相关的部门之间进行合理分配,形成既分工又合作,既相互配合又相互制约的部门环境权力架构。

理论上讲,在"科层官僚制"的层级架构下,环境权力各方主体在各自的边界内行使环境权力,是不会发生冲突的。然而,在环境权力的实践运行中存在大量的博弈和冲突。原因在于,一是权力配置上的不合理引起运行中的对抗和消解,比如当中央政府的环境决策与地方环境利益抑或特殊的环境问题并不完全一致时,地方政府在执行中央环境决策时往往采取放大、缩小或变通甚至曲解来消极应对;权力界限不明确导致部门争权等。二是环境权力的相互博弈或越界行使引起各种权力事实上的对抗和冲突。前者是立法问题,需要通过立法对环境权利的均衡配置和边界划定加以解决,后者是权力运行问题,需要通过权力相互监督制约和协商机制加以解决。环境权力的规范运行,要求各权力主体严格依法行使权力,形成不同环境权力既分工配合,又彼此制约的权力运行机制。首先,承担环境公共事务的各权力主体要依法定职权行使各自的环境权力,不得越界行使;其次,环境权力的行使,要接受权力体系内部的监督,以及各种外部的党纪、行政、社会监督,对于权力主体不作为、慢作为、滥作为损害或可能损害环境公共利益和公众的合法环境权利的行为,公众得以其环境权利主张要求行政机关依法履行其环境职责。再次,建立环境权力主体之间的协调机制。当环境权力的配置不可避免地出现权力重叠、交叉或空白时,各相关行政部门要根据立法的原则和精神,以实现环境公共利益最大化和利益减损最小化为判断标准,建立相应的权力运行协调机制,减少权力博弈,增强协调配合。

(四)为环境多元治理奠定制度基础

从制度层面,环境法法权结构的体系整合与科学构建,是实现环境治理模式转型的基础制度架构。环境法法权结构的完善,可以使多元的社会诉求和权利主张在对话和参与中有效整合,从而抑制多元的社会价值观、政府目标和环境公共利益之间的冲突、对抗和分裂,促进多元参与秩序的形成。这样一来,"环境治理和环境风险的防范都是在'社会竞技场'的框架中进行的,形成各方主体行动者共同向决策者提出主张,从而影响政策过程的政治背景。"[1]我国 30 年环境法治的历程表明,政府主导下以"环境权力"为内核的命令控制模式无法达到环境治理的目标,培育形成环境治理的多元参与的合作共治机制成为现代环境法治的基本走向。有学者指出,未来环境保护法的新发展,要实现"优化政府的宏观环保职能;以建立多元化环境管理手段为基础,完善政府环境管理措施;以政府对环境质量负责为中心,强化政府的环保责任;以完善公民环境权为前提,建立环境保护的社会机制,实现政府与公民社会的互动"的目标。[2]

当代社会已进入"环境时代"或"生态文明时代"。目前,在国家发展的战略顶层设计层面,我国已经提出生态文明建设战略,把生态文明建设放在突出地位,融入经济建设、政治建设、文化建设、社会建设"五位一体"的总布局。如何实现这一战略目标?则需要在"战术"层面做出恰当的制度设计。十八届四中会提出明确要求:"建立系统完整的生态文明制度体系,用制度保护生态环境"。环境治理模式的转型适逢其时,环境法作为社会形态的应因,"其最终的课题,是通过居民的参加,提供民主的选择环境价值的实现与其他的基本人权的

---

[1] [加]约翰·汉尼根:《环境社会学》,洪大用等译,中国人民大学出版社 2009 年版,第 121 页。
[2] 李挚萍:《环境法的新发展——管制与民主的互动》,人民法院出版社 2006 年版。

调和结构,创造出能够把环境价值考虑进来的谋求国民最大福利的社会制度"。[①] 关于法对社会的形态因应,20世纪60年代美国兴起的法律社会学流派伯克利学派(Berkeley School)的菲利普·塞尔兹尼克(Philip Selznick,1919—2010)和菲利浦·诺内特(Philippe Nonet)按照理想的方法,建立了用以分析和判断同一社会的不同法律现象的工具性分析框架,将法律现象分为"压制型法"、"自治型法"和作为改革方向的"回应型法"。在压制型法中强制占主导地位,在自治型法中强制被缓和,而在回应型法中强制则处于备而不用的地位。日本学者田中成明则将法划分为"自治型法"、"普遍主义型法"和"管理型法"。[②] 这些学者关于法形态的解构,对于认识环境法这样以应对环境时代的环境问题而产生的新兴部门法的发展方向提供了有价值的理论参照。

在环境问题的法律应对上,政府从一开始就是环境公共管理和公共服务的主导者,环境法因之出现大量的环境权力规范,体现为一种强烈的"压制型法"或"管理型法"的表征。环境权力的单向性和有限性,环境利益的整体性和广泛性,决定了环境法绝不能只依靠强制手段。针对环境管理传统的命令控制手段的不足,现代环境法发展出环境保护市场机制加以弥补。但无论是命令控制机制还是市场调节机制,都不能完全解决已然成为社会问题的环境问题。公民环境权利的和参与机制的缺失,使得传统的环境治理模式不仅面临合法性危机,更是在诸如"邻避运动"群体性环境事件中陷入无力应对的困局。环境权利的法律确认,是实现这一治理模式转型的基础。构

[①] [日]原田尚彦:《环境法》,于敏译,法律出版社1999年版,第69页。
[②] 季卫东:《现代法治国的条件》,《正义思考的轨迹》,法律出版社2007年版,第145页。

建动态平衡的环境法法权结构,让"环境权利"和"环境权力"在各自的边界内,相互协作、相互制约、相互促进,实现"环境权力"的一元主导向"环境权利—环境权力"的多元共治的转变,是环境法治从"管控—压制"的传统治理模式向"参与—回应"型的现代治理模式转变的制度基础。

四、进路与方法

本文试图从一种"全景式"的宏观视野出发,提出"环境法法权"概念,既不偏重公民社会的环境权利,也不偏重政治国家的环境权力,而是将二者作为一个有机统一体,论证其作为环境法的核心范畴的合理性,进而对环境法法权结构展开类型化分析探讨。对作为环境法法权结构的逻辑基础的环境利益,环境权利的应然体系与逻辑关系,环境权力体系构造与运行原理,环境法法权的法律配置的实然不足及其完善方向、运行中的冲突及其消解之道等各方面做体系化、层级化的深入探讨,最终提出环境法法权的规范建构路径。基本的研究路径是:"贯穿一条主线→围绕两个核心问题→遵循两条研究脉络→突出一个重点问题"。贯穿一条主线,即始终贯穿"环境权利—环境权力统一体"的法权结构完善这一主旨;围绕两个核心问题,即对环境权利的体系建构、法律配置、权利冲突等问题展开分析;同时对环境权力的体系构造、权力分配与制衡、实践运行等问题展开分析,并着重研究两者既对立又统一的关系。遵循两条研究脉络,即法理分析脉络和实证分析脉络,运用法理分析方法,对环境法法权的概念进行理论证成,进而对环境法的法权结构、环境权利的应然体系、环境权力构造与运行原理等问题展开理论分析;运用实证分析方法,对环境权利和环境权利的法律实然配置、运行冲突和实践不足进行事实与经验材料的分析。突出一个重点问题,就是探讨如何在环境权利和环境权力的竞争性成长中逐步完善环境法法权结构,实现法权结构的动态平衡和协调稳定,推动环境治理走向多元合作共治。对环境法法权结构的分析,将坚持类型化分析、法益分析、规范法学分析的进路。

第一,类型化分析进路。

类型化分析是以类型化思维为核心的法学方法论,是以事物的本质特征为标准对研究对象进行类属划分的方法。类型具有模糊的外形和开放的结构,因而很难被精准定义,而只能被大体描述。类型化的方法,一方面体现为一种抽象的概括思维,另一方面又体现为精致化的具体思考。从某种意义上讲,类型化的法学方法是介于抽象研究和具体研究之间的一个中介。拉伦茨认为,"将大量本身彼此不同,而且本身极度复杂的生活事件,以明了的方式予以归类,用清晰易变的要素加以描述,并赋予其中法律意义是'相同'者同样的法律效果,正是法律的任务所在。"[①]

环境法调整的利益关系错综复杂,涉及生态利益和资源利益的冲突,生态目标和经济目标的冲突,发展任务、经济目标、公共环境利益诉求构成了相互掣肘的利益相关者的互动关系。将各利益相关方的权利义务和权力职责关系进行类型化、明晰化,构建完善的、协同合作的环境法法权结构,是本书所要实现的基本目标。

第二,法益分析进路。

法益分析,就是从法律所保护的利益出发,对法律概念和法律规

---

① [德]卡尔·拉伦茨:《法学方法论》,陈爱娥译,商务印书馆2004年版,第319页。

范进行分析的方法,是一种利益分析方法。依照法理学的基本原理,权利的本质是受法律保护的利益。权利是利益主张正当性的表征,是正当利益主张制度化的体现。产生于需求的利益主张促进社会主体之间的协商、博弈,从而促进社会根据可供资源的状况不断调整原有的制度,形成新的制度,并最终基于社会整体利益最大化的目标配置资源,并以权利的形式固定下来。[1] 经过"从无到有,从自然权利到法律权利,从法益到法定权利"的发展过程,权利是一个随着社会的发展进步而不断演进的概念,权利的发展是一个权利主体和客体不断扩展的过程。这个过程,表达的是一个随着社会经济的发展,物质基础决定了人们的思想观念和不同层次的需求,权利是"客观需求的法律确认"。环境权利来源于受环境法律所保护的环境利益;环境权力是为了维护作为环境法整体法益的环境公共利益而设定的,是实现环境公共利益的一个工具。因此,对环境利益结构的分析就应当成为解析环境权利体系和权力构造的起点。

第三,规范法学分析进路。

规范法学被认为是现代法学的核心,是法学理论体系中最重要的部分。通常认为,规范法学的方法就是规范分析,规范分析是受自然科学影响而产生的一种实证主义或社会科学方法,这一分析方法将法律命题中的价值问题和事实问题分离开来,坚持"分离命题"。它以法律规范为前提,将模糊含混甚至冲突的法律命题和法律概念进行逻辑语义梳理,使其清晰化、体系化。规范分析一般只描述和分析法律规范而不考虑道德规范和社会规范。与法学理论的其他研究领域相比,环境法学中的规范分析处于相当落后的境地。比如,环境

---

[1] 何志鹏:《权利基本理论:反思与构建》,北京大学出版社2012年版,第109页。

权利中泛道德化色彩、制度设计中的自然主义倾向、理论研究中的过度路径依赖、法律和政策的杂糅等现象,在很大程度上是对环境法学理论研究中缺乏规范分析、缺乏法学意义上的规范建构所导致的。本书将从规范法学的分析路径出发,对环境法的法权结构展开法律规范意义上的探讨。当然,由于环境权利、环境权力涉及众多的价值目标和社会关联因素,在坚持规范分析的基础上,还将运用社会学分析方法,关注影响环境法法权结构的各种社会因素。

本书对环境法法权结构的论证,是建立在对"法权中心主义"学说进行借鉴吸收的基础之上的。虽然在论证的基点上采取"拿来主义"的态度,但是,本文在尝试将法权概念引入环境法学研究领域的同时,力图结合环境法的部门法特点进行具体化建构。

第一,以环境权利—环境权力统一体为内核的"环境法法权"概念是环境法学核心范畴。"环境权利"和"环境权力"是环境法的元概念,将二者统合到法权概念之下,不是简单的概念叠加,而是要通过法权概念的提出和证成,建构一个有紧密内在关联的逻辑统一体。环境权利和环境权力既存在张力冲突,又协作共进,二者是对立统一的关系。在方法论上,法权概念为整合环境法学领域有关环境权利、环境义务、环境利益、环境责任等基本范畴的各自表述,打通研究者因各自为政而呈现出的理论割裂和碎片化状况,为环境法规范和制度走向彼此协调、逻辑自洽提供了一种引导、方向和思路。

第二,环境权利体系是一个由基本权利、私权利等不同权利类型所构成的具有内在联系的体系。享有良好环境品质的实体性环境权,首先是一种基本权利;合理开发利用环境与自然资源的资源权,本质上是一种财产权;向环境合法排放污染物的排污权,是实现环境保护目的和利用环境容量资源的兼具环境权和资源权属性的权利。

其中，排污权具有独立的运行逻辑，与资源权有存在冲突的可能，因而不应当是资源权的属概念。环境权、资源权、排污权共同构成了环境法上的权利谱系，互为权利边界，并受到环境权力的制约。

第三，环境权力是实现环境保护目标必不可少的重要机制，环境法研究中应当避免因误解环境权力而轻视环境权力。以"权利制约权力"固然是环境权力制衡的重要机制，但通过合理的权力配置，实现以"权力制衡权力"，同样是环境权力制衡的重要机制。应当以环境公共利益增益最大化和减损最小化为目标，实现环境权力的合理配置与相互制约。环境权力的边界在于，积极主动地干预人类的经济社会活动，使其不至于损害环境质量，以维护环境公共利益和环境权；但同时不能损害社会主体对环境与自然资源的"合理"开发利用和排放污染物的权利。环境权力必须在几类环境权利的夹缝中谨慎行使，受到环境权利的监督和制约。

第四，完善的环境法法权结构，是环境治理由传统的"管控—压制型"治理模式迈向"参与—回应型"现代治理模式的制度基础。当下中国的环境法本质上仍然是"管理法"、"控权法"，以赋予环境权力主体行使职权和履行职责、适度控制环境权力、约束相对人履行环境义务为主要运行模式。"环境权力"处于主导性和支配性地位，"环境权利"则处于从属地位。通过合理的制度设计，促进环境权利和环境权力实现"竞争性成长"，确定各自的边界，消解其内在张力和冲突，保持两者的势能平衡和协调稳定，并最终反映在法律的合理配置和实践的良性运行中。

第一章　环境法法权的
概念证成与法权结构

　　法学的核心范畴,历来是法学研究中的一个十分重要的命题。作为对生态文明建设负有重要使命的新兴法学学科,环境法学的核心范畴是什么？这是环境法学研究中首先要解决的一个基础理论问题。所谓核心范畴,是指在环境法学理论体系中居于核心地位,反映环境法学的基本性质和学科思维特点,具有普遍意义和高度概括性、结构稳定的基本概念。环境法学的核心范畴的证成,关涉到环境法学叙事的逻辑起点,也关涉到环境法学的价值目标和精神内核的提炼,是环境法学完成作为现代法学的"建构"任务的关键。不惟如此,环境法学核心范畴的确立,还在于为环境法制度构建提供学理意义上的指导,从而转化为规制人们行为规范的制度依据。在生态文明时代,新兴的环境法学亟需奠定自己的学科核心范畴,亟需形成自身独特的理论体系,并进而为建立多元合作共治的现代环境治理的制度体系提供有价值的指导方案。

　　围绕环境法学的核心范畴这一基本理论命题,数十年来,学界进行了持续不懈的探索,以"环境权利说"、"环境义务说"、"环境利益说"等为代表的各种理论和学说竞相登场,极大地丰富并推动了学科理论的发展,做出各自的知识贡献。但是,不无遗憾的是,迄今为止,各种理论观点仍处于聚讼纷纭乃至相互对立、莫衷一是的情状,既不能形成具有共识的主流理论架构，也不能为现代环境治理制度方案提供很好的理论指导。笔者认为，从本源意义探寻，学界已有的关于环境法学核心范畴的理论和学说都是以传统的"权利义务"法理学为出发点，或从环境权利，或从环境义务，或从环境公共利益的单向度进路出发，经过目标预设的裁剪，论证得出各自想要得出的结论。更为重要的是，对环境法实证规范中大量以"职权职责"为内容的环境权力规范缺乏应有的理论关怀，或仅仅作为理论证成中的附带品。由此陷入了一种单向度的、相对孤立的思维囚笼，相互之间往往陷入一种非此即彼或扬此抑彼的状态，缺少必要的沟通协调和全景视野。基于上述进路而进行的理论论证，难以形成具有普遍解释力的环境法学核心范畴命题。

在生态文明时代，环境问题已经不仅仅是制约经济社会发展的瓶颈问题，更是重大的民生问题，涉及政府的宏观发展目标、企业的经济任务、社会公共利益的维护和公民个体的利益的保障等多重目标。因此，建立一种有效的合作参与和对话协商机制，弥合多元主体的利益冲突，平衡其各方利益诉求，从传统的命令管制迈向多元合作共治模式，就成为现代环境法治发展的方向。对环境法学核心范畴的探究，同样应当立足于环境法的部门法属性、特质和未来面向，兼顾公民社会的环境权利和义务、政治国家的环境权力和职责，着力探究二者的均衡配置、冲突消解、竞争成长和合作共进关系，为建立多元合作共治的现代环境治理模式提供理论指导。

基于这一认识，本书试图借鉴"法权"概念并将其引入环境法学研究领域，提出"环境法的法权"即"环境权利和环境权力统一体"的命题。在对学界关于环境法学核心范畴的现有理论和学说进行分析评判的基础上，论证"环境法法权"作为环境法学核心范畴的正当性、科学性,进而就环境法的法权结构进行分析,提出环境法法权的规范建构路径。

第一节 环境法学核心范畴主要观点的分析

从范畴的层次分析,法学的核心范畴可以分为法理学的核心范畴和部门法学科的核心范畴。其中,法理学的核心范畴在整个法学领域具有高度普遍性和概括性的范畴,是一切部门法学科范畴的"最大公约数"和逻辑起点;部门法学科的核心范畴则是对法律现象的某个具体领域具有概括性的范畴,仅在该部门法学科具体领域内有普遍意义。20世纪90年代以来,我国法学界基本确立了以权利义务为法学的核心范畴。[①]"权利义务说"在法理学界成为无可撼动的主流学说,部门法学科大多基于这一主流理论,从各自的进路出发对本学科的核心范畴进行探讨。

作为法学领域后起的分支学科,环境法学的勃兴对生态文明

---

① 以权利义务论为法学的核心范畴,论证理由主要是:(1)权利和义务的范畴是对法律现象的矛盾特殊性及其内在联系最深刻、最全面的反映。首先,权利和义务贯穿于法的一切部门。其次,权利和义务统贯于法律运行的操作的整个过程。(2)权利和义务全面体现了法的价值属性,是法的价值得以实现的方式。(3)权利和义务更准确地反映了法的主体性。用权利、义务模式观察和思考法律现象,可以直接把法与实践主体和价值主体联系起来。(4)权利和义务是法律规范的核心和实质。(5)权利和义务是法学范畴体系的逻辑起点。首先,权利和义务是法律现象中最普遍、最常见的基本粒子,是对法律现象最简单的抽象和规定。其次,权利和义务的对立统一蕴含着法律现象内部一切矛盾的胚芽。再次,权利和义务是法的历史起点。(6)权利和义务范畴较之其它范畴有特殊的方法论意义。首先,它使我们看到过去没有注意过、绕过去而没有研究的事物,而这种事物正是法律现象的核心内容。其次,它为我们观察和认识法律现象提供了新的模式。参见张文显:《法学基本范畴研究》,中国政法大学出版社1993年版,第13—19页。

建设负有重要使命,急需建立自己的学科理论体系和核心范畴,急需建立与其他部门法学科平等对话的基础,学者们为此进行了大量的理论准备。数十年来,围绕环境法学核心范畴的建立,展开了不同观点的论争,其中最具典型性的学说和观点有"环境权利说"、"环境义务说"、"环境利益说"等。但是,对上述学说进行深入的理论分析,不难发现,由于缺乏对环境法属性和环境治理多元合作共治目标路径的宏观把握,仅仅从某一视角出发进行的学理证成,得出的结论往往失之偏颇,难以独自成为具有普遍解释力的学科核心范畴。

一、环境权利说:一种理想图景的言说

权利,是现代法学的一个核心概念,也是现代法治无可置疑的制高点。在环境法学理论研究中,长期以来,以环境权为内核的环境权利学说占据了主流地位。"我们的时代是一个迈向权利的时代,是一个权利备受关注和尊重的时代,是一个权利话语越来越受彰显和张扬的时代。"[1]对环境权利的巨大热情,不仅在于我们身处一个权利彰显的时代,更为重要的是,在环境法治领域,环境问题背后所反映的利益关系错综复杂,将各利益相关者的权利明晰化、类型化就显得尤为重要。[2] 正是出于这种价值判断上的正当性和合理性,多年来,学界关于环境法的理论基础及环境法治建设的未来进路的讨论中,围绕"环境权理论"为核心对环境权利展开的讨论都始终是一个占据主

---

[1] 张文显、姚建宗:《权利时代的理论景象》,《法制与社会发展》2005年第2期。
[2] 秦鹏、杜辉:《环境义务规范论》,重庆大学出版社2013年版,第1页。

导地位的论题。

环境权何以能够成为环境法学的核心范畴？对环境权论者的论证思路做简要梳理，主要理由如下：第一，环境权是环境法治的正当性根基。环境权理论的核心，即"公民有在良好环境中生活的权利，这一权利是公民应受法律保护的基本权利"。环境权来源于人的自然权利，是环境正义的产物，是一项应受保护的基本人权，环境权的提出为环境法的正当性提供了基础。第二，环境权是对抗环境污染和环境破坏的有力武器。在环境污染和破坏日益严重，而仅靠政府治理不能完全奏效的时代，作为公民，我们拿什么来对抗？权利进路是一个理想的进路。赋权公民参与环境保护，不应当只是表达自己的意见，更应当是坚持自己的权利，当环境受到污染破坏或有受污染破坏之虞时，公民得以环境权受侵害为由提起行政救济和司法救济，督促环境污染者和破坏者赔偿或停止侵权行为，维护自身权益。第三，环境权构成了对环境权力的平衡和制约力量。从理论上讲，环境权力的赋予和行使是出于保护环境公共利益的需要，通过公共权力机制达到环境保护的目标，是现代环境法治的基本路径之一。但是，环境权力在实践运行中还存在"有限性"的问题。政府及公权力机关或出于自身的某种利益偏好，或因利益集团的"利益捕获"、"利益合流"等因素，并不能总是不偏不倚地代表公共利益。通过环境权利的配置，得以"以权利制约权力"，有效监督、制衡甚至对抗环境公权力机关不当行使权力的行为。第四，环境权是环境法从传统的命令管制向现代民主化转型的必由之路。在环境治理等公共领域极易出现"政府失灵"问题。出现这种情况时，市场机制可以给予一定的弥补，但市场也会由于公共产品的非营利性而出现"市场失灵"问题。因此，命令控制型环境机制和市场型环境机制都不能完全解决环境问题,一种新的公众参与型环境机制应运而生。环境权的实现,昭示着现代环境治理之中由政府主导的一元化机制向社会多元参与机制的转变,为环境法的民主化转型奠定了基础。

基于此,以环境权作为环境法的核心范畴或理论基石,围绕环境权利及其展开,构筑环境法学理论体系和环境法律制度,实现环境法从实然的"义务本位"向应然的"权利本位"的逻辑嬗变,实现"良法之治",①就成为环境权理论所追求的目标。应当说,环境权理论的提出和发展在环境法学领域产生了巨大的影响。但是,从学术发展史和环境法发展史的双重视角考量,不难发现,以环境权作为环境法的核心范畴在理论上尚不能实现完全的逻辑自洽,在实践中面临重重障碍。

首先,环境权自身的理论分歧导致其难以在规范意义上为环境法治建设提供理论支撑。关于环境权的内涵和属性、权利构造和权利形态、救济方式等问题的讨论目前仍处于学术论争阶段,远未建立起成熟的理论体系。比如,关于环境权的权利形态,就有"法律权利"、"应然权利"、"习惯权利"、"义务先定"等不同的观点;②关于环境权的内容,则有广义环境权、公民环境权和狭义环境权的不同理解。早期的研究者认为环境权是由个人环境权、单位环境权、国家环境

---

① 王彬辉:《论环境法的逻辑嬗变——从"义务本位"到"权利本位"》,科学出版社 2006 年版,第 78—83 页。
② 关于环境权的权利形态,主要有以下代表性观点:20 世纪 80 年代以蔡守秋为代表的"法律权利论";90 年代以吕忠梅、陈泉生为代表的"应然权利论";21 世纪初以谷德近为代表的"习惯权利论";以徐祥民为代表的"义务先定论"等。参见王小钢:《近 25 年来的中国公民环境权理论述评》,《中国地质大学学报(社会科学版)》2007 年第 4 期,第 63—67 页。

权、人类环境权、自然体环境权等权利所组成的内容丰富的体系。①环境权包含了生态价值和经济价值的双重涵义,前者是指公民有享受适宜环境的权利,后者指公民有对环境资源开发和利用的经济性权利;②环境权不仅包括实体性权利,也包括程序性权利。③ 新近的环境权论者将环境权限定为自然人所拥有的享受适宜环境的生态性权利。④ 关于环境权的救济途径,则存在公法路径和私法路径的差异。这种理论认识上的巨大分歧,导致环境权难以在规范意义上为环境法治建设提供理论支撑。

其次,环境权有其固有的语境和功能边界,以其作为环境法学的核心范畴,客观上忽略了环境法上另一个重要的核心概念"环境权力"。由于环境资源的公共物品属性,环境法从一开始就无可避免地打上了深深的权力色彩和烙印。虽然,从法理学原理分析,权力来源于权利,但权力一经产生就有其自身的运行逻辑,"以权利制约权力"固然是现代法治的基本精神,但关注权力自身的构造,"以权力制约权力"同样是现代法治的基本精神。在环境保护领域,环境权利和环境权力均有其独立的功能面向,在各自的边界内发挥各自的功能,彼此制约而联成一个有机统一体,任何人为的切割都不利于对事物本质的认识。强调环境权的积极意义,并不必然否定环境权力的正当性、合法性和合理性。退一步讲,即使未来的环境法成功转型为利益

---

① 蔡守秋:《环境权初探》,《中国社会科学》1982 年第 3 期;蔡守秋主编:《环境与资源法学教程》,武汉大学出版社 2000 年版,第 248—272 页;蔡守秋:《论环境权》,《金陵法律评论》2002 年春季卷。
② 陈泉生:《环境法原理》,法律出版社 1997 年出版,第 115—116 页。
③ 吕忠梅:《再论公民环境权》,《法学研究》2000 年第 6 期。
④ 吴卫星:《环境权研究:公法学的视角》,法律出版社 2007 年版,第 97 页。

衡平法,环境治理模式成功转型为合作共治模式,环境法中的环境权力架构既不可能消亡,也不可能完全被环境权利架构所屏蔽,它仍将在其边界内发挥其不可替代的功能和作用。

最后,在环境法治的实证层面,环境权理论并不能解释环境法领域的所有问题。以环境权利为核心路径在很大程度上为环境法提供了一种价值层面的建构范式,环境权的理论建树对于环境法实现由单纯的命令控制法向利益衡平法的转向提供了有价值的导向和指引;环境权的法律确认和保障,对于消解环境权力的内在张力,实现环境权利与权力的互动平衡自有其积极意义。但是,作为新型权利的环境权与其他已有权利交叉重叠,权利边界模糊不清,对环境权力缺少应有的理论关怀,因之在倡导具体法律制度的构建中就显得软弱无力,无法对环境法诸现象给予充分解释,很难有效地把环境法的诸多概念、原则、制度以统一逻辑贯穿起来。换言之,环境权脱离了中国环境法治的实践图景而只能成为一种理论上的"理想图景"。正如批评者所言:"以权利话语为依托的学术理论既缺乏描述性功能,又缺乏规范性功能——不仅对法律规范缺少解释力,而且无力指导法律制度的设计。"[①]

二、环境义务说:现实难以关照未来

在对环境权理论诸多不足进行分析批判的基础上,"环境义务本位"、"环境义务重心"等以环境义务为环境法学核心范畴的观点逐渐

[①] 桑本谦:《反思中国法学界的"权利话语"——从邱兴华案切入》,《山东社会科学》2008年第8期。

兴起，并引起了不少共鸣，成为一个有影响力的流派。

"环境义务本位论"认为，在环境权利与环境义务的关系重构中，环境义务才是重心，是环境法的基石范畴。其论证要点有：第一，环境资源和生态功能是有极限的，环境问题产生的根源，是人类无限的索取与有限的环境资源之间的矛盾引发的；解决环境问题的根本办法，就是对人类的活动进行适当的限制，平衡需求与供给之间的矛盾。依靠权利本位的进路无法实现这一目的，只有通过义务的分配，这一模式从根本上是由环境资源的稀缺性所决定的。① 第二，环境权这个论题中权利和义务是不对称的，具体而言，环境权利所指向的环境是整体的、综合的，权利主体是不特定的多数人甚至全人类的整体权利；而义务所指向的环境都是局部的、单项的，义务主体只能对环境的某个局部、某种因素或对维护环境的某种质量负责，而无法对整体的环境负责。环境权利和环境义务的不对称决定了环境权不能通过救济和诉讼的方式实现，诉讼和救济意义上的权利主张无法实现对环境权的保障，对影响环境的所有主体设定义务并要求他们履行义务是实现环境权，同时也是实现对环境的有效保护的唯一出路。② 第三，环境义务论并不反对环境权，而是认为环境权只能是人类整体的权利，无法具体化为公民个人的权利。基于义务路径的分析，环境权应当被界定为一种自得权，③是以自负义务的履行为实现手段的、保有和维护适宜人类生存繁衍的自然环境的人类权利。此外，有学

---

① 徐祥民：《极限与分配——再论环境法的本位》，《中国人口资源与环境》2003 年第 4 期。
② 徐祥民：《荀子的"分"与环境法的本位》，《当代法学》2002 年第 12 期。
③ 自得，就是自己满足自己的需要，而不是等待其他主体来提供方便，也不需要排除来自其他主体的妨碍。

者从实证的角度,对环境义务作为环境法的核心范畴进行了理论证成,认为环境法的本质是环境危机应对法,其逻辑起点是环境损害,彰显环境义务是消解环境损害、应对环境危机的唯一出路,且具有很强的现实操作性。环境义务成为环境法的核心范畴既有其客观必然性,也将为环境法理论与制度建设提供建构性支撑。[①] 还有学者从环境问题的消费主义逻辑为视角,提出"环境义务重心"的环境法律制度建设路径范式。基于对环境权在解决环境问题上的存在特定的语境和功能边界,以及环境权理论发展的不成熟性,转而寻求通过消费社会中环境义务的建构,促进多中心环境治理框架的形成。[②]

可以看出,环境义务论者是在对环境权理论进行批判分析的基础上,否定以环境权作为环境法学核心范畴的观点,而倡导以环境义务作为环境法学的核心范畴。相对于似是而非、模糊不清而难以落地的环境权,义务论者对环境义务的落实提出了可供操作的具体路径。但是,以环境义务作为环境法学的核心范畴,仍然有其自身的逻辑缺陷。

首先,"环境义务论"是在对"环境权利论"的批判与论争中成长起来的,在某种程度上可以看作对环境权理论的纠偏。其立论基础仍然不脱"权利—义务"的传统法理学分析范式,对公权力机构所行使的环境权力的合理配置与运行,即"权力—职责"这一重要进路则在很大程度上被遮蔽其中或者忽略了。在笔者看来,这一理论仍然缺乏足够的张力,任何忽视环境权力架构的环境法理论,必然不能对环境法诸现象给予普遍的解释,"环境权利论"如此,"环境义务论"亦

---

① 刘卫先:《环境法学基石范畴之辨析》,《中共南京市委党校学报》2010年第1期。
② 秦鹏、杜辉:《环境义务规范论》,重庆大学出版社2013年版,第2—8页。

复如此。

其次，义务论者把论证环境义务的重心先验性地设定在私主体，主张通过限制私主体的环境行为、消解环境损害、履行环境责任等途径达到环境保护的目的，有意无意地忽略了国家环境义务。现代环境治理的实践表明，多元主体合作共治模式的达成才是解决环境问题的根本出路。在这一场景中，包括公权力主体在内的多元主体的共同参与不可或缺。

再次，义务论者虽然并不否定环境权，但从其论证逻辑分析，以整体性权利与个体性义务的不对称，对面临发展困境的环境权往往采取回避态度，有任其束之高阁的意味，实质上是对环境权进路的否定。权利义务对等是法学的基本原理，缺少权力基础的义务难免面临履行动力的不足，当下"环境保护、人人有责"更多体现为一种倡导式的口号而难以内化为公民的自觉行动，正是这一现状的写照。

三、环境利益说：路径引导意义下制度建构的不足

在环境权理论和实践遭遇困境的情况下，一些学者认识到："环境权的背后，其实是环境利益的力争上游，"[①]转而开始关注对环境利益的研究，成为近年来环境法学研究中的一个新的面向。其中主要有"环境公共利益论"和"环境区分利益论"两种代表性观点。

"环境公共利益论"认为，"公众环境利益既能够对环境法现象做出逻辑一致的解释，把环境法的诸原则、制度凝结为一个体系，又能

[①] 杜健勋：《从权利到利益：一个环境法基本概念的法律框架》，《上海交通大学学报》2012年第4期。

够对现实环境法制建设提供具体指导,从而真正担当起环境法学核心范畴的大任。"[1]论证逻辑如下:第一,从法益分析的视角,法律所保护和调整的利益,可以经法律确认上升为权利,通过权利路径加以保护,但某些不具有权利化特性的利益只能以"法益"的形式加以保护。[2] 环境法所保护的环境利益是公众共同享有的公共利益,上升为私法意义上的权利面临种种障碍,只能以公众环境利益的形式加以保护。第二,只有以环境公益作为起点,才能对环境法不同于其他部门法的特征(如公益性、预防性、技术性、程序性等)做出合理的解释。第三,公众环境利益的保护,一般只能被"授权"给作为公共利益代表的政府来行使。一方面,让政府在环境事务中承担起主导性责任;另一方面,对公众课以环境义务,并对其可能侵害环境公共利益的行为进行必要的干预。第四,以环境公益作为环境法的核心范畴,并不排斥个人享有的环境救济权利的权利,并不否认个人对环境事务的参与权。鉴于政府行使环境公权力可能存在的恣意性,公众得通过参与环境决策、环境执法与环境司法,行使对政府环境公权力的监督权和追诉权,环境公益恰好构成了公众参与权利的来源。"环境区分利益论"认为,基于自然禀赋和人工创造的环境利益在不同区域之间存在着不平衡性,环境利益不应该是掩盖在"公共性"之下不加区分的整体性利益,从中国社会结构的现实图景出发,其本质是一种呈区分

---

[1] 巩固:《私权还是公益?环境法学核心范畴探析》,《浙江工商大学学报》2009年第6期。
[2] 一种利益要想上升为权利,除了需要经由法律认可之外,其本身还必须符合权利的构成要件,如内容具体、相对确定、法定公示、客体明确等。参见张开泽:《法益性权利:权利认识新视野》,《法制与社会发展》2007年第2期;熊谓龙:《权利抑或法益——一般人格权本质的再讨论》,《比较法研究》2005年第2期。

形态的利益,即环境区分利益,比如,优势地区与群体、劣势地区与群体之间不可能享有同样的环境利益,前者更多的是享受环境福利,而后者则需要承担环境赤字。因此,"环境法应当扮演的不仅是协调环境区分利益的任务,更重要的还承担矫正环境区分利益与增进环境利益的重任。"[①]"环境正义是环境法学研究的新范式;环境利益是一种区分的社会利益形态;环境利益分配是环境法学的核心关怀;环境协商是环境利益分配的社会基础;经济诱因是环境利益分配的基本手段。"[②]

上述两种观点的共同点在于:认为环境利益在本质上是法益而无法成为法律上的权利,在环境法理论研究中,应当以环境利益为逻辑起点;在环境法制度建设中,应当围绕环境利益的保护、增进和分配进行制度设计。不同之处在于,前者认为环境利益是典型的公共利益,应当通过环境权力的配置和公众环境参与权的保障路径来实现;而后者认为环境利益是具有"区分性"的公共利益,应当通过环境协商、经济手段进行分配。笔者认为,以环境利益作为环境法的核心范畴的观点,是对环境权理论的矫正和发展,上述观点认识到环境法的公益性、区分性特征,试图通过环境权力的主导,对公众课以环境义务,并赋予公众环境事务参与权以实现监督制约环境权力的目的,是基于"环境利益—环境权力—环境义务"的分析范式。但是,以环境利益为分析进路的观点也存在不足。

首先,概念的内涵和外延不一。作为环境法调整和保护对象的

[①] 陈德敏、杜健勋:《环境利益分配:环境法学的规范性关怀——环境利益分配与公民社会基础的环境法学辩证》,《时代法学》2010年第5期;杜健勋:《从权利到利益:一个环境法基本概念的法律框架》,《上海交通大学学报》2012年第4期。

[②] 杜健勋:《环境利益分配的法理研究》,中国环境出版社2013年版,第325—330页。

利益类型,通常被笼统地称之为"环境利益",这类利益是基于人对环境的需要而产生的利益,是与环境资源客体密切相关的利益总和,既包括了基于环境资源与生态系统的服务功能产生的生态利益,也包括了基于环境与自然资源的经济属性而生成的资源利益。生态利益和资源利益都是环境法的调整对象,环境法的主要功能就是实现两类利益的协调和平衡。生态利益具有较强的公益性特征,而资源利益则体现出较强的私益性。[①] 因之,研究环境法对利益的保护和调整,其前提是需要对环境利益本身进行精准的类型化区分,无论是"环境公共利益",还是"环境区分利益",均没有对环境利益做进一步精细化的类型界分,不利于对生态利益、资源利益两类最基本的环境利益的保护和调整做出不同的制度安排。

其次,对环境利益保护手段,"环境公共利益论"主张通过政府公权力主导、公众履行环境义务、参与环境事务等路径得以实现。环境治理的实践已经一再证明,仅靠公权力机制无法完成环境保护的目标,而公众参与环境保护则需要有相应的权利依据。"环境区分利益"论则不大关注权利义务或权力职责配置,"矫正环境区分利益"、"环境协商"等手段虽具路径指导意义,但缺乏法律制度构建的具体步骤。

第三,忽视甚至否定实体性环境权利。"环境公共利益"论虽然并不否认环境权,但仅将环境权界定为环境救济追诉权、参与权、监督权等程序性权利,并以环境公益作为上述程序性权利的权利正当性来源,显然存在不足。"环境区分利益"论对实体性环境权基本上持否定态度,其所主张的环境协商等手段同样存在权利依据不足的问题。

---

① 史玉成:《生态利益衡平:原理、进路与展开》,《政法论坛》2014年第2期。

通过以上分析,笔者认为,当下学界关于环境法学核心范畴的主流观点,无论是"环境权利说"、"环境义务说"还是"环境利益说",因其视角各异、路径不同而得出不同的结论,都有各自的知识贡献。但是,上述诸说均存在自身的逻辑缺陷,很难独自地把环境法的诸多概念、原则、制度以统一逻辑贯穿起来,也不能对环境法诸现象给予普遍的、充分的解释。因此,对环境法学核心范畴的探究应当另辟蹊径。

第二节 环境法学的核心范畴:环境法法权

"权利义务法理学"毫无疑问是当下法理学的主流理论。环境法学界对环境法学核心范畴的各种学说和观点,其论证逻辑大都是从权利义务基本范畴出发进行理论证成的。这一进路存在的最大不足是,对环境法规范中另一个核心的范畴"环境权力"缺乏应有的理论关怀,或者将其遮蔽在权利义务的框架之内,缺少对其独立的运行逻辑、合理配置和规范运行的论证和描述。

一、"法权中心主义"与环境法法权概念

20世纪90年代以来,我国法学界基本确立了以权利义务为法学的核心范畴。但是,围绕权利义务基本范畴展开的讨论也从来没有间断。90年代后期,童之伟教授在对权利义务法学和权利本位范式进行分析批判的基础上,从经验和事实出发,认为权利和权力才是法律世界中最重要、最常见、最基本的法现象,权利和权力的统一体应当成为法理学的核心范畴(独立分析单元)。这一理论对"权利本位

说"进行了一定的批判,例如它基本停留在一个法学口号水平上,不大可能对法的制定和实施产生多少实际影响;因忽视权力而误解权力,进而在理论上错误地处置权力;从其隐含的社会内容看,它走向了与权力本位说相对应的另一个极端:脱离法律生活实际,违背了建立正常法律秩序的要求。① 因此,应当以权利和权力的统一体,即以"法权"为中心来解释法现象。②

"法权"是一个具有历史涵义的术语。③ 在马克思的论述中,法权关系是指由国家保护着的,以法律手段调整社会而出现的一种社会现象和社会关系,这种关系和要求基于法律而产生,以人们在社会生产和其他活动中应当严格遵守的权利和义务为内容。法权关系的产生和发展是由社会经济关系决定的,因而,社会主义法权关系与资本主义法权关系有着本质的区别。童之伟将"权利和权力统一体"的概念命名为"法权",赋予"法权"以新的涵义,其外延是法律承认和保护的各种"权"(包括自由),其内涵为一定的国家或社会的全部合法利益,归根到底是作为各种"权"的物质承担者的全部财产或财富。④ 并

---

① 童之伟:《以"法权"为中心系统解释法现象的构想》,《现代法学》,2000年第2期。
② 与童之伟的观点相呼应的是邓正来对"中国法律理想图景说"的批判,邓正来认为,权利本位论者所提供的乃是一幅既非源自"中国现实图景"又不是建构在中国现实问题之上的西方现代的法律理想图景,是一幅移植进来的、未经审查和批判的以西方现代性和现代化理论为依凭的"西方法律理想图景"。
③ 在马恩著作中,"资产阶级法权"一词德文是"das bürgerliche Recht",在列宁著作,俄文是"буржуазное право"。Recht 和 право 是个多义词,主要包含"法"、"权利"的意思,用在不同场合,分别指"法"或"权利"。英译本和日译本都根据原著行文的含义,分别译为 law(法、法律)或 Right(权利),即法或权利。经恩格斯亲自校订过的英译本《资本论》第一卷,将 Recht 一词分别译为"法"或"权利"。
④ 童之伟的"法权"概念有其赋予的特定涵义,即"权利义务统一体"名称的代指,与马克思著作中的"法权"在内容上没有关系,只是词形即文字相同而已。参见童之伟:《法权中心主义之要点及其法学应用》,《东方法学》2011年第1期。

将以法权为中心解释法现象体系的理论和方法概括为"法权中心主义"。[①]

法权中心学说以其自成一家之言,在学界引起了不同凡响。赞成者认为:这一学说既具有很强的批判性,又具有很强的建构性,是我国法学研究方法论上的重大创新;把权利和权力确认为最基本的法现象,有利于解决私法背景的权利义务传统法理学与部门法学之间的内在逻辑矛盾;以权利和权力作为法学的核心范畴,可以成功地融合法理学和私法部门、公法部门的基本范畴,兼顾了私法和公法的不同发展需要。[②]"法权理论将成为中国传统法学或法理学的一个重要范畴,法权主义将成为一个重要法学流派,一种分析法律问题的重要思路和方法"。[③] 批评者则认为,以"法权"作法理学的核心范畴是不科学的。从概念的来源分析,权利是一个内涵丰富、具有高度抽象性和高度立体化的概念,权力是从权利概念中衍生出来的,是一个次生概念而不是法理学逻辑上的元概念;从法律的内容分析,一般而言,私法领域更多地体现为权利义务的规定,国家法领域更多的是关于主体的职权和职责的规定,而在行政法、经济法等领域,则二者兼而有之,既规定权利义务又规定职权职责,权利和权力这样一对矛盾范畴不存在普适性,等等。[④]

---

① "法权中心主义"理论是在与权利义务法学和权利本位研究范式的对立和竞争中发展起来的。其理论要点参见童之伟:《法权中心主义之要点及其法学应用》,《东方法学》2011年第1期。
② 杨雁飞:《法权分析下的宪政之路——童之伟法权思想研究》,《江苏警官学院学报》2011年第4期。
③ 徐冬根:《最基本的法现象不是权利和义务而是权利和权力》,《法学论坛》2004年第4期。
④ 刘旺洪、张智灵:《论法理学的核心范畴和基本范畴》,《南京大学法律评论》2000年春季号。

法权中心理论是否能够成为法学的核心范畴？目前仍然是一个仁者见仁、智者见智的论题，有待于法理学层面做出更为深入的理论探讨。但是，作为新兴部门法的环境法，从其部门法的属性、法律关系的多重性等角度考察，既不能从实证规范上简单地判定为"权力之法"，也不能从价值预设上理想化地认定为"权利之法"。对于这样一个公私属性兼备的部门法领域，法权中心理论确实可以提供一种分析问题的思路和方法。

二、"环境法法权"作为环境法学核心范畴的理论证成

本书借用童之伟具有自主知识产权的"法权"概念，把环境法上的环境权利和环境权力统一体以"环境法法权"概念来指代。笔者认为，从部门法的视域考察，基于环境利益之上的环境权利、环境权力应当是环境法学领域最基本、最重要的元概念，二者虽然不具同质性，但彼此分工协作、共同构成环境法制度大厦的基石。环境法基本制度的设计无不是围绕"环境权利"及其展开，和实现环节的环境义务、"环境权力"及其展开，和实现环节的环境职权和职责的配置而进行的。将"环境权利—环境权力"这一对立统一体作为环境法学核心范畴，是符合环境法学学科本质的判断。在前文对环境法学核心范畴诸学说分析批判的基础上，下文对这一判断进行分析论证。

第一，环境权利和环境权力是环境法的"元概念"

权利本体说认为，权力包含于广义上的权利概念，权力来源于权利。霍菲尔德认为：广义上的权利包含了狭义上的权利、权力、特权、

豁免等概念；①庞德认为：广义的权利包含利益及其保障利益实现的法律工具，狭义上的权利、权力、自由权和特权等六种含义。② 正是出于这一认识，很多环境权论者在论述环境权利的构造时，往往从广义的权利概念出发，把有关的环境权力内容也涵括在内，使得权力的内容或明或暗地隐含在环境权的语义表述之中。在相关论者看来，确立环境权的核心范畴地位，实际上已经包含了对环境权力的认可。

从权力来源的角度，这一认识进路是无可非议的，关于权力的来源及其合法性，"社会契约论"、"公共权利委托论"等影响巨大的学说均做出了令人信服的论证，并成为现代国家政治权力合法性的基本理论依据。但是，从法学意义上的考察，"权力"虽然产生于"权利"，但权力一经产生，就建立了自身独立的运行规则和机制，成为与权利既统一又对立的法律装置。对权力的配置、运行、控制是政治学和宪政领域关注的重心，再套用权利理论对其运行原理进行解释就显得不合逻辑了。

环境权理论的提出，其核心目的在于促进形成权利对权力的监督制约机制，为最终形成环境治理的多元合作共治奠定基础。但是，确立环境权的核心和基础地位，并不能取代环境权力在环境治理中的功能和作用。环境权力是在市民社会无法应对环境问题的基础上产生的，是基于保护环境资源公共物品和"市场失灵"缺陷的正式制度，有其存在的正当性、合法性依据。在现阶段，我国的环境立法中存在大量的环境权力规范，相对而言，环境权利处于弱势的、被挤压

---

① 沈宗灵：《对霍菲尔德法律概念学说的比较研究》，《中国社会科学》1990 年第 1 期。
② ［美］罗·庞德：《通过社会的法律控制　法律的任务》，沈宗灵、董世忠译，商务印书馆 1984 年版，第 46 页。

的困境。促进环境权利的生长发育,使其成为环境保护的内生动力,成为环境法治的"核心",同样具有正当性和合法性。我们相信,随着国家治理民主化进程的发展,社会主义法治的不断完善,环境权利终归会成长为环境法的重要制度架构,成为促进环境法治建设和环境保护的重要支柱。平衡环境权力和环境权利的关系,让二者在各自边界内发挥各自的功能和作用,而不是"厚此薄彼",才是环境法制度建设的终极目标。

由此,我们的结论是:环境权利和环境权力都应当是环境法的"元概念"。环境权力固然来源于环境权利,但一经制度化确认,二者既相互联系和依存,又相互区别甚至对立冲突,形成了一种对立统一的关系,沿用"权力产生于权利"的惯常思维只能对权力来源做出合理解释,却不能对两者事实上的对立统一关系进行恰当描述。承认环境权力与环境权利在环境法中的"元概念"地位,是基本环境法学科本质属性的判断,有助于实现两者的相互制约、平衡和竞争成长。

第二,环境法律关系的两重性决定了权利机制和权力机制不可偏废

法理学通说认为,法律关系是法律规范所调整的主体之间的权利义务关系。环境法律关系,是指由环境法规范所确认、保护和调整的环境法主体在开发利用、保护改善环境资源的过程中形成的具有权利义务内容的社会关系。"以权利义务为内容的社会关系"的表述反映了这一概念是传统法律关系概念在环境法领域的具体表达。实际上,环境法律关系不仅包含了权利和义务内容,更包含了大量的权力和职责内容,前者更多地体现为私法关系,后者更多地体现为公法关系。以权利和义务涵盖环境法律关系的全部内容,把权力和职责也包容其中,从广义的权利本源角度分析,的确是合乎逻辑的理论推

演;但是,从实证的角度分析则未必尽然。其一,尽管现代环境法正在由单纯的命令控制型向公众参与型转变,但环境法中公权力机关环境管理的权力和职责的内容仍占主导地位,换言之,公权力在环境保护领域仍然起着主导作用,这在现行环境法规范中不难得到印证,仅以权利义务表述环境法律关系的内容则不能准确体现环境法的这一特点。其二,把环境法上的权利界定为狭义的权利概念,使之与环境权力相对应,形成并行的平权型环境法律关系和管控型法律关系,更加符合环境法的实际。

因此,环境法律关系具有两重性的特点:从横向上划分,体现为以环境权利和环境义务为内容的平权型环境法律关系;从纵向上划分,体现为以环境权力和职责、权利和义务为内容的隶属型法律关系,环境法律关系是两者的有机统一体。前者是平等主体之间产生的权利义务关系,权利和义务具有一定的任意性,如在排污权交易、自然资源使用权流转等情形下,当事人在取得环境行政许可程序、不违背环境与资源保护相关管制制度的前提下,尽可以依协议或合同确定各自的权利义务,自主完成交易而不需要国家公权力的介入。后者是国家环境行政管理主体和受控主体之间的行政管理法律关系,在这里,环境行政管理主体处于监管者的地位,其权利和义务则外化为环境权力和职责,如环境行政处理权、处罚强制权,以及环境管理与服务的职责等;受控主体处于被监管的地位,有参与环境管理、监督行政机关、就具体行政措施进行申诉等权利,以及保护环境、接受环境监管的义务。由于两类法律关系的主体、权利与权力的运行逻辑有很大的不同,有必要做出适当的界分。当然,同时也应当看到,环境法的两类法律关系存在密切联系,在某些情况下相互交叉甚至融合,共同构成一个有机整体。

从法律属性的角度研究,在现代环境问题和生态危机背景下诞生和成长起来的环境法,是综合运用公法手段和私法手段的法律。有学者认为,环境法是介于公法和私法之间的法,有学者则认为环境法是与公法、私法相并列的,独立的"第三法域"。[①] 这种公私兼具的属性使得环境法带有浓重的社会法意味。按照美国学者海伦·古拉克(Helen Gulak)在其所著的《社会法》(Social Legislation)一书中的界定,社会法是指"为一般社会福利目的的立法。"社会法以社会利益为本位,通过社会调节机制追求社会公共利益最大化及社会安全,既通过国家干预对所有权、契约自由、意思自治等私权利进行限制;又要求国家对健康权、劳动权、休息权、环境权等社会经济权利给予充分的保障,最终追求的社会利益的最大化保护。庞德把利益分为个人利益、社会利益和公共利益,所谓社会利益,是指"文明社会中社会生活的名义提出的使每个人的自由都能获得保障的主张或要求。"[②]环境法所调整、保护和规范的环境利益,无疑属于社会利益范畴,环境利益的社会性体现在三个层面:其一,环境资源的整体性特点,决定了污染和破坏环境的行为必然会带来对公共环境利益的侵害。其二,从环境正义的角度,环境问题是强势集团加之于弱势阶层的环境不公平现象,造成环境污染和破坏的往往是强势利益集团,而环境问题的受害者往往是社会的弱势群体。虽然,强势主体和弱势主体都是民法上平等主体,但实际是弱势主体很难凭借自己的力量实现环境权益。环境权的实现是以其他类型的权利如财产权的部分让渡为

---

① 上海社会科学院法学所编译:《国外法学知识译丛》,上海译文出版社1984年版,第317页。转引自吕忠梅《环境法》,法律出版社1997年版,第49页。

② [美]罗·庞德:《通过法律的社会控制 法律的任务》,沈宗灵、董世忠译,商务印书馆1984年出版,第41页。

前提的,而权利主体不大可能主动让渡自己的权利。为此,通过"国家干预",即环境权力的介入,既是保护公共环境利益的需要,也是维护环境公平、实现环境权利的保障。这一属性,决定了权力机制和权利机制在环境法治理中同样不可偏废。

第三,"环境法法权"范畴对环境法诸现象具有普遍解释力和统合力

前文的分析批判表明,当下对环境法学核心范畴的相关理论和学说,无论是"环境权利说"、"环境义务说",还是"环境利益说",均陷入某种单向度的逻辑思维,很难独自地把环境法的诸多概念、原则、制度以统一逻辑贯穿起来。"环境法法权"理论的提出,能够整合环境法学领域有关环境权利、环境义务、环境利益、环境责任等基本范畴的各自表述,对环境法诸现象,特别是"环境权利—环境义务"、"环境职权—环境职责"等不同的环境治理机制具有普遍的解释力。

环境法法权,即"环境权利—环境权力统一体"并不是单纯的概念叠加,或者箩筐式的集成概念,而是一个具有高度统合性、内在逻辑性的学科核心范畴。这一范畴以环境法所保护和调整的环境利益为基础,对基于环境利益之上的环境权利、环境权力进行系统的理论整合,既不偏向私法意味浓重的权利义务路径,也不偏向具有强烈公法色彩的权力职责路径,而是在统一逻辑框架内探讨两者的功能边界和互动关系。以其作为环境法学的核心范畴,可以实现理论上的逻辑自洽,弥合和协调环境权利与环境权力内外部的各种冲突和对抗,平衡"权利—权利"、"权力—权力"以及"权利—权力"的潜在冲突。更为重要的是,可以为现代环境治理迈向多元合作共治提供一种制度导引。在制度层面,通过构建动态平衡的环境法法权结构,建立不同类型环境权利、环境权力之间的协调和平衡机制,促进新型权

利的法定化,限制过于强大的公共权力,实现"环境权利"和"环境权力"在各自的边界内相互协作、相互制约、相互促进。

现代环境法治应当是建立在"环境权利—环境权力"二元架构的均衡配置和协同作用的基础之上,以多元参与为特征,履行相应的环境义务,承担相应的环境职责,并以法律责任为保障,追求合作共治、实现环境治理目标的过程。环境法法权概念的提出及其法权结构的优化,对于实现这一目标无疑具有关枢性的作用。

第三节 环境法的法权结构

环境法的法权结构,就是把环境法上不同的权利和权力类型按照一定的逻辑建立起来的具有紧密逻辑关系、内在协调统一的体系化架构。体系化是法学研究中常用的方法,是指为达到特定的目的,依据一定的原则,将相关的零散知识、理论或制度按照一定的逻辑关系规整组织起来的方法。哲学家鲁道夫·艾斯勒(Rudolf Eisler)认为,"体系就是把既存之各色各样的知识或概念,依据一个统一的原则安放在一个经由枝分并且在逻辑上相互关联在一起的理论构架中。"[1]体系化研究遵从整体主义思维,将构成整体的各个部分进行类型化归纳,按照一定的逻辑关系联系起来,使之成为一个和谐统一、协调有序的有机整体。体系化被视为科学与理性的象征,对于知识的传承和创新具有重要的意义。一方面,借助体系化方法,可以实现对已有知识、理论或制度的归纳整理,形成系统的知识体系、理论体系和制度体系;另一方面,体系化的过程有助于发现已有研究因视野

---

[1] 黄茂荣:《法学方法与现代民法》,中国政法大学出版社 2001 年版,第 427 页。

局限或路径偏颇而带来的"只见树木、不见森林"或者"只见森林、不见树木"的倾向,通过逻辑整合与科学归纳,实现剔除重复、协调冲突、补足缺陷等目标,从而促进知识的创新。拉伦茨、科因等法学家对于法学研究中体系化研究方法都有过深刻的论述,值得我们重视。[①]

环境法的法权结构,不是对某一类型的具体环境权利或环境权力的研究,而是基于整体主义视角,对环境法所要保障和规范的各种权利和权力按照属性、主客体要素、实现路径等不同的标准进行分类整合,使各类杂乱无章、互不隶属的甚至是相互冲突的,同质与不同质的环境权利、环境权力相互联系而成为一个有机统一体。下文遵从法益分析的方法,对环境法的法权结构做一分析。

一、法益理论的源流与辨识

法益,是指法所承认、保障和调整的利益。不同部门法的利益指向不尽相同,因之都可以有相对独立的法益。法益理论源自大陆法系国家的刑法学研究领域,目前我国法学界关于法益理论的研究,主

---

① 拉伦茨认为,从事法学研究者应当尽可能"发现个别法规范、规则之间,及其与法秩序主导原则间的意义脉络,并以得以概观的方式,质言之,以体系的形式将之表现出来。"科因认为,"每个体系都是透过个别问题所获致认识状态的概括总结,它包括:被认识的法律原则及其间的相互关系,以及我们在个案、在规定的客体中所认识的事物结构。因此,它不仅有助于概观实际的工作;它也成为借助那些——透过体系才清楚显现的——脉络关联以及发现新知的根源,因此也是法秩序继续发展的基础。只研究个别问题,而没有能力发现较广脉络关联的学问,并不能继续发展出新的原则;在从事法比较时,以不同方式表达出来的实证制度、规定彼此功能上的近似性,它也不能认识。因此,体系性的工作是一种永续的任务。"参见[德]卡尔·拉伦茨:《法学方法论》,陈爱娥译,商务印书馆2003年版,第316页、第45页。

要集中在刑法学、民法学领域。① 在环境法学研究领域,鲜有学者从法益分析的角度对环境法"权利—权力"体系展开系统研究。② 出现这种理论上的盲点,似乎意味着法益理论对于环境法学研究没有太大参照意义,或者仅仅是一个无须关注而"不证自明"的问题。实际上,法益理论对于揭示部门法的利益指向、回应各种利益冲突并提出解决问题的方案具有重要的借鉴意义。

法益一词系由德文"das Rechtsgut"翻译而来,该词由"das Recht"和"das Gut"两个词语结合而成,前者表示"法",后者的意指"财,有价值的事物"。考察学术发展史,法益这一概念最初由刑法学领域提出并使用,进而引入民法学等其他部门法学科领域。一般认为,法益概念最早是由德国刑法学家宾丁(Karl Binding,1841—1920)于1872年其《规范论》一书中提出的。③ 从字面上理解,法益包含了"法"与"利益"两个基本概念,但何为"法益",经历多年的学术争论,至今尚有不同的认识。在我国,学界在引进法益概念时,往往自觉不自觉地加以本土化改造,刑法学者、民法学者从各自部门法的实证角度出发,根据各自的需要对法益概念进行不同表述和创设,使得法益

---

① 刘芝祥对我国有关部门法法益的研究成果进行过系统梳理。近年来,我国部门法领域对法益的探讨主要集中在刑法学、民法学领域,此外,也有学者对经济法、知识产权法等部门法的法益展开零星讨论。参见刘芝祥:《法益概念辨识》,《政法论坛》2008年第4期。

② 现有相关研究成果中,部分学者基于刑法学的立场,对环境刑法的法益进行了探讨,但这一路径的理论归宿是刑法的法益而非环境法的法益。个别学者对环境法的法益进行了粗浅描述,但缺乏系统性。

③ 也有学者认为,"法益"的发明权属于伯恩鲍姆(Birnbaum)的"财"保护理论。早在1834年,伯恩鲍姆在其发表的《论有关犯罪概念的权利侵害的必要性》一文中,已经提出"在法上归属于我们的财"、"应当由法规加以保护"等表述。转引自张明楷:《法益初论》,中国政法大学出版社2003年版,第17—19页。

概念及其内涵在不同的部门法中呈现不同的"面相",目前并没有形成法理学层面可以弥合各部门法不同表述的法益学说。尽管如此,法益理论因其对部门法理论的独特整合、建构作用和功能而备受关注。

18世纪后期,大陆法系刑法学家在探讨犯罪本质的过程中,提出"权利侵害说"。德国法学家费尔巴哈(Ludwig Andreas Feuerbach,1804—1872)认为,犯罪的本质是对他人权利的侵害,以是否侵害他人权利作为衡量犯罪的标准,如果一种行为没有侵害他人权利,则不能构成犯罪。费尔巴哈为此展开了论证,力图证明每一个刑法条款后面作为保护对象的个人与国家的权利。[①] 费尔巴哈的学说是早期关于"权利侵害说"的代表性观点。但是,随着刑法理论研究的渐次深入,"权利侵害说"遇到了不可克服的理论障碍:很多行为具有社会危害性,应当受到刑罚制裁,但并一定侵害了特定的权利。针对这一问题,德国刑法学家伯恩鲍姆对"权利侵害说"进行批判性考察,提出了"财侵害说"。伯恩鲍姆认为,侵害一词是与财(Gut)而不是权利(Right)相关的概念,权利是不可侵害的,即使作为权利对象的物被夺走或减少,权利本身并没有被夺走或者减少。我们受到侵害的不是权利本身,而是权利的对象,即与权利保护相关的"财"。[②] 在伯恩鲍姆"财侵害说"的基础上,经过黑格尔学派和维也纳学派的推动和展开,进而确立了"法益侵害说"。[③] 经过多年的学术发展,"法益侵害说"成为大陆法系刑法界的主流法益学说,该学说的核心观点是:

[①] 李海东:《刑法原理入门(犯罪论基础)》,法律出版社1998年版,第13页。
[②] [日]杉藤忠士:《刑法中实质的法益概念及其机能》,转引自张明楷:《法益初论》,中国政法大学出版社2003版,第18页。
[③] 法益侵害说也可以称为法益保护说,与其相对立的最主要学说是规范违反说。参见张明楷:《法益初论》,中国政法大学出版社2003年版,第16页。

刑法所保护的客体,是犯罪所侵害的法益;如果没有法益受到侵害或危险,则无刑罚的必要性。①

大陆法系刑法学界对法益性质的认识,有"状态说"和"利益说"的论争。"状态说"的代表人物宾丁认为,法益是一种状态,产生于立法者的价值判断,法益的内容是前实定性的,"规范之所以禁止引起某种结果,是因为所禁止的行为可能造成的状态,与法的利益相矛盾,而另一方面,行为前的状态是与法的利益相一致的;不应通过变更而被排除的所有这些状态,具有法的价值,这就是法益。"②"利益说"的代表人物是李斯特(Liszt),这一学说认为,法益就是人的生活利益,"所有的法益无论是个人利益,或者共同社会的利益,都是生活利益。这些利益的存在不是法秩序的产物,而是社会生活本身。但是,法律的保护把生活利益上升为法益"。③ "法都是为了人而存在的。人的利益,换言之,个人的及全体的利益,都应当通过法的规定得到保护和促进。我们将法所保护的这种利益叫作法益。"④法益理论提出后,在19世纪末至20世纪初得以广泛传播,其他大陆法系国家的刑法学者在此基础上展开了讨论。其中,日本的刑法学者木村龟二和内藤谦提出的法益观对中国刑法理论产生了很大的影响。我国学者张明楷在其《法益初论》一书中,指出:"法益是指根据宪法的基本原则,由法所保护的、客观上可能受到侵害或者威胁的人的生活利益。其中由刑法所保护的人的生活利益,就是刑法上的法益……

---

① 陈志龙:《法益与刑事立法》,台湾大学丛书编辑委员会1992年版,第113页。
② 张明楷:《法益初论》,中国政法大学出版社2003年版,第31页。
③ 张明楷:《新刑法与法益侵害说》,《法学研究》2000年第1期。
④ [日]木村龟二:《刑法学入门》,有斐阁1957年版,第100页。转引自张明楷:《法益初论》,中国政法大学出版社2003年版,第167页。

法益的内容必须是前实定的,但这种内容要上升为法益还必须依靠实定法"①。

源自于刑法学领域的法益概念,在民法学领域逐步被接受并适用范围于民法语境。在大陆法系国家,对法益概念的继受与刑法学领域对法益的一般概念界定无异。民事法益,即受民法保护的利益,民事权利也包含在内。比如,《德国民法典》第241条和第311条中,一般利益被称为"Inverse",受民事法律所保护的利益即法益被称为"Rechtsgut",而法益中所包含的权利则被称为"Recht"。② 在这样一个词义前后包涵和逻辑递进关系中,民事法益的概念与刑事法益的概念并无二致,即都用指称受法律保护的利益,权利是法益的一种形态并包含于法益概念之内。

但是,法益理论引入我国民法学研究领域后,则发生了广义和狭义的不同认识和理解。广义法益理论认为,法益泛指一切受法律保护的利益,权利也包含于法益之内,这一理解与刑法学者所主张的法益概念相一致。比如,杨立新教授认为,"所谓法益,是指应受法律保护的利益。人身法益,实际上是指法律所保护的人格利益和身份利益"。③ 狭义法益理论则认为,法益仅指权利之外而为法律所保护的利益,权利与法益相并列而共同构成受法律保护的利益。比如,龙卫球教授认为,"权利仅限于指称名义上被称为权利者,属于广义法益

---

① 张明楷:《法益初论》,中国政法大学出版社2003年版,第167页。
② [德]马克西米利安·福克斯:《侵权行为法》,齐晓琨译,法律出版社2004年版,第11页。转引自鲁晓明:《论民事法益的概念及其构造》,梁慧星主编:《民商法论丛》第52卷,法律出版社2013年版。
③ 杨立新:《人身权的延伸法律保护》,《法学研究》1995年第2期。

的核心部分,其余民法上的利益均称法益。"①还有学者将权利、法益和一般利益三者相并列,认为法益是介于权利和一般利益之间的一个概念。"按照受法律保护力度的不同可对利益做三个层次的界分,也就是所谓一般利益、法益、权利。"②

在我国民法学领域,狭义法益似乎占据了主导地位。为什么会有这种不同于刑法学领域对法益概念的认识?民法学者并没有给出令人信服的解释。通常认为,对法益概念作狭义上的理解,是因为民法是权利法,权利是民法中居于核心地位的概念,权利外受民法保护的利益客观上只是作为一种补充存在,将权利与法益相并列是为了理论研究上的方便。③ 但是,这种歧义理解则容易导致对法益概念的人为割裂,形成不同学科对同一概念的各自表述和自话自说,不利于各部门法之间通畅的沟通和协调。笔者认为,法益理论不仅可以作为刑法学、民法学领域的分析工具,在其他部门法领域同样有其理论上的价值;为便于形成法理学层面对各部门法起普遍指导意义的法益理论,对法益概念应当从广义上理解,即法益即包含权利,也包含权利之外其他应当受法律保护的正当利益。

二、引入法益分析方法

法益分析,是运用法益理论对法学诸现象进行分析的方法。从以上粗线条的勾勒中,可以发现,尽管存在认识上的差异,但法益理

---

① 龙卫球:《民法总论》,中国法制出版社2002年版,第121页。
② 熊谞龙:《权利,抑或法益——一般人格权本质的再讨论》,《比较法研究》2005年第2期。
③ 李岩:《民事法益研究》,吉林大学2007年博士学位论文。

论关于法外利益、法律利益、权利、权利外法律所保护的利益等多层次概念的区分,法益的理论蕴涵、功能和保护路径等方面已形成了共识,可为包括环境法在内的部门法提供一种具有导向意义的分析框架。环境法的法益分析及其实践指向,就是围绕本部门法所关注的核心利益——环境利益,通过制度设计而达到利益保护和利益平衡的过程。引入法益分析方法,有助于探寻环境利益的生成、增益和减损原理,进而为环境权利与环境权力的合理配置提供一种路径指引。法益理论与法益分析方法对环境法学研究的意义在于:

第一,虽然关于法益理论的研究目前仅限于刑法学及民法学领域,但法益理论从来都不是封闭的、专属的,而是开放的、普适的。从概念的历史源流考察,刑法学者从提出法益概念伊始,就认为法益是一个一般法的概念,是一般法所保护的客体。[①] 整合刑法学、民法学的法益学说,在此基础上提出并论证法理学层面的法益命题,提供一个普适性的、具有实践导向意义的法学理论分析框架,是这一理论今后的发展方向。因之,各部门法都可以有各自的法益,环境法也不例外。

第二,法益理论以利益是否受法律保护为基点,把利益划分法律保护利益(法律保护的应然利益和实然利益)、法外利益(非法利益和法外放任利益),并对利益在何种条件下进行法律的调整范围进行了分析,为分析环境法所调整和保护的利益类型、认定环境违法行为和环境侵权行为所侵害的客体提供了一种利益指向。

[①] 刑法学者普遍认为,法益是一般法上的概念,刑法法益不过是一般法益在刑法学上的体现。正如日本学者内藤谦所说,法益本身并不限于刑罚法规所直接保护的利益,当人们说法益是法所保护的东西时,其中的法当然包含宪法及其他法律,所以,宪法与其他法律所保护的生活利益,如表现的自由、劳动者的团体行动权等,也是法益。

第三,在法益的诸种形态中,权利和权力是法益的积极形态,其中,"权利是法律直接承认的私人利益或者是法律承认的私人利益主体赖以谋求利益之手段,权力则是代表公共利益,用以谋求公共利益之手段。"[①]上升权利和权力形态的法益,法律对其进行积极的、充分的保护。已纳入法律保护范围,但尚未上升为权利和权力类型的其他利益,如反射利益、公序良俗所保护之利益等,也是法益的表现形态,法律对其提供相对消极的、被动的保护。上述形态只是根据法律保护的方式划分的,并不是绝对的、一成不变的,二者之间存在着转换的可能性。环境法的法益,即环境法所保护和调整的利益,既可以有私权形态的环境权利,也可以有以实现环境公共利益为目的而设定的环境权力,还可以有非环境权利和环境权力形态的其他正当环境利益。环境法得对上述几种不同形态的法益实现相对积极(或消极)的保护。

第四,法益有不同的表现形态,其共同特征是易受侵害性。也就是说,法益必须是因某种违法行为或侵权行为而受到侵害或威胁,否则就没有保护的必要。可侵害性是法益的本质特征,也是法益理论的边界,这也意味着,涉及价值和价值观问题时,不能运用法益理论进行分析,这是因为,价值不具有可侵害性。因此,需要注意的是,运用法益分析方法对环境法的法益形态进行分析,应当围绕环境法调整和保护的环境利益展开,而对于环境法的价值问题,只能通过另外的方法即价值分析方法做出解释。

---

① 董兴佩:《法益:法律的中心问题》,《北方法学》2008年第3期。

三、环境法法权的基本架构

环境法的价值目标,是通过调整与环境资源客体相关的各类社会主体的利益关系,实现环境正义、环境安全、环境秩序等目标。环境法的利益指向,或者环境法所要保护、协调、平衡的各种利益,主要体现在两个方面:一方面,着眼于现代经济社会发展过程中出现的应受法律调整的利益类型——环境利益,通过法律制度设计,保护利益主体的正当利益诉求,平衡和协调不同主体的多元利益冲突;另一方面,着眼于人类活动引致的各种环境问题,即带来环境利益减损的"不利益"行为——环境负担,限制不当利益诉求,抑制"环境不利益"的行为,为解决环境问题提供制度安排。在法律层面,对环境利益保护和调整的制度路径,就是通过环境利益的法定化,建立环境权利和环境权力及其二者的平衡、制约、合作机制。由此,以环境利益为基础,探讨环境权利、环境权力的均衡配置和合作运行机制,就成为环境法法权的基本架构。

(1)环境法法权的基础:环境利益

从法益理论出发,任何类型的权利及其由此而衍生的公共权力,无非是某种应受法律保护的利益的法定化形态,或者说,权利和公共权力必有其赖以存在的利益基础。因此,对环境法的应然法益——环境利益的结构和属性进行分析,必然会成为认识环境法法权结构的逻辑起点。

环境法所应当保护、规范和调整的利益,也即环境法的应然法益,通常被称之为环境利益。环境利益是以环境资源与生态系统的生态价值、经济价值满足人的生存发展及审美等需要而形成的利益类型,本身可以被界分为生态利益和资源利益两大类型,前者是环境资源生态价值的体现,后者则是其经济价值的体现。两类利益具有共同的载体,但属性不同,利益的实现方式也不同。在满足人的基本生存需要、保障生存权的前提下,生态利益更多是一种对良好环境的享受利益,是一种精神利益;而资源利益是一种对环境与自然资源经济价值的追求,是一种物质利益。

由于环境资源的公共物品属性,生态利益因之首先体现为一种社会公共利益;由于环境资源的自然禀赋和人工创造的不同,生态利益又体现为一种区分性利益,利益的创造者与实际享有者、利益的损害者与实际受害者可能会是不同的主体。这一特性要求环境法在生态利益保护的制度设计上,既要有环境公权力的介入以保护公共利益,又要有相应的生态利益补偿机制以平衡这种"区分性利益"。同时,生态利益虽然是公共利益,但"公共"又是由无数个"个体"所组成,生态利益的增进、减损涉及每一个个体的利益,因此,赋予私主体以享有良好环境的权利,通过权利行使的方式参与环境保护,是生态利益保护的又一制度路径。

资源利益是对环境与自然资源经济价值的实现。由于环境资源与生态系统是资源利益和生态利益的共同载体,对资源利益的过分追求必然会损害生态利益。现代环境问题的产生和恶化,主要是在经济增长目标的驱动下,过度开采、无节制消耗自然资源,向环境排放超过其自净能力极限的污染物造成的。环境法的基本功能之一,就是对不合理的开发利用行为进行限制,实现资源利益和生态利益的平衡。在不损害生态利益的前提下,对自然资源进行合理的开发利益,从中获取物质性的惠益,是人类社会发展的基本保障和动力。资源利益的实现,是通过对环境与自然资源所有权、使用权制度的设计,实现"物尽其用"。当然,为保护生态利益不受侵害,资源权利的实现得受到环境权力的种种限制,具体体现为各种自然资源管制制度。

(2)环境利益的法律实现路径:环境权利机制和环境权力机制

在生态危机时代,环境利益不应仅仅作为环境法的应然法益,而应当成为环境法的实定法益,受到环境法强有力的保护。环境利益的法律实现路径,一是将环境利益上升为某种受法律保护的环境权利,通过私主体行使权利的方式予以保护;二是将通过赋予公权力机关以环境权力,对公共环境利益予以保护。

从权利路径分析,作为环境法的应然法益的环境利益,根据其属性不同可以划分为生态利益和资源利益,那么,生态利益和资源利益的权利化,必然会对应为生态性环境权利、资源性环境权利。前者是指公众享有良好环境的权利,其客体是环境资源与生态系统的服务功能,不具有排他性,因之是一种社会性权利;后者是各类开发利用主体对自然资源合理开发利用的经济性权利,其客体一般情况下是各种具备有用性的自然资源,在满足"不损害生态利益"的前提下,可以做出权属上的界分,是一种受限制的、非典型的私权。以上两类权利中,生态性环境权利的权能主要体现为对环境的"享有";资源性环境权利的权能主要体现为对自然资源的"获取"和"利用"。此外,两类权利的实现必然伴随着向环境"排放"各类副产品——废弃物和污染物,在不超过环境自净能力的情况下,这种排放行为是合理利用环境与自然资源所必需的,应当视为一种权利;但是,排污行为如果不加限制,则会构成"环境负担",进而造成对权利侵害,因之,从保护生态性环境权利和资源性环境权利的角度,又派生出一类基于对合法排放污染物的行为进行赋权而产生的权利规范,即排污权。生态性环境权利(环境权)、资源性环境权利(资源权)、排放性环境权利(排污权)就成为环境权利体系中的基本权利类型。几类权利均为实体性的"类权利",可以界分为若干子权利。此外,当环境权利受到侵害或有遭受侵害之虞时,法律又得设定对环境权利的程序保障权利。

从权力路径分析,环境利益中的生态利益具有显著的公共利益属性,对公共利益的维护有赖于环境公共权力的行使。环境权力是为了维护作为环境法整体法益的环境公共利益而设定的,是实现环境公共利益的一个工具。从权力来源看,环境权力派生于环境权利,是属于第二性的法益配置手段。正如有论者提出:"公共权力是实现法益的一个成本,它的价值就在于实现法益总量的最大化和法益配置的最优化。"[1]环境权力行使的目的在于维护环境公共利益,理论上讲,权力主体是作为公共利益代表的政府及其环境监管机关。环境权力的依据,源自宪法和法律的授权,包括环境规范制定权、环境管理权、环境处理权、环境监督权等。环境权力必须依法律规定行使。

(3) 环境权利和环境权力体系的内外部关系

环境权利、环境权力在内外部均形成相互制衡、相互配合的关系。权利有其内在限制以及外在限制。权利的内在限制是指不同种类的权利相互之间限制,即一种权利的行使应当以其他人同样权利行使为条件;权利的外在限制是指权利的行使受公益之限制,这是法律基于社会福利等公益目标对权利的限制,它通过权力为中介表现出来,公益具有不确定内容,易为权力滥用其名义谋取私利,故它必须以法律规定界限并由权力正当合理行使之。[2]

---

[1] 董兴佩:《法益:法律的中心问题》,《北方法学》,2008 年第 3 期。
[2] 同上。

在环境权利体系的内部架构中,环境权是以享有良好环境为内容的生态权利,具有基础地位的权利,其主体是具有生物感知能力的自然人,某些情况下可以由作为其代理人的环保团体等社会组织代为行使;资源权是以合理利用自然资源为内容的经济权利,其主体是企业、组织、生产经营单位及其他开发利用主体;排污权是合法排放污染物的权利,是实现环境权和资源权的保障,其主体是企业、生产经营单位和其他开发利用主体。资源权和排污权的行使以环境权为边界,但环境权的行使同时负有某种容忍义务,即要保障"合理"开发利用自然资源的资源权以及"合法"排放污染物的排污权;排污权的行使以环境权和资源权为边界,即以不损害良好环境和对自然资源的合理开发利用为限度。

在环境权力的体系的内部架构中,环境规范制定权、环境管理权、环境处理权等具体权力则由政府、政府负有监管管理职责的部门等公权力机关和其他经授权的团体和组织行使。环境权力的行使原则是严格依法行使,法无规定不得行使,法有规定不得放弃。权力的行使要接受国家权力机关、上级政府及环境监管部门、监察部门、纪检部门等公权力机关的监督;上下级政府及其环境监管部门在其各自的职权范围内依法行使职权;环境权力行使主体的不作为、慢作为、乱作为都要承担相应的责任。

在"环境权利—环境权力"的二元一体架构中,政府环境公共权力行使的目的,是保护环境公共利益和公众的环境权利,但环境权力的不当行使会侵害环境公共利益和公众的环境权利,通过"以权利制约权利"、"以权力制约权力"的路径,是保证环境权力运行"合目的性"的制度路径;环境权利行使的目的,在于对抗各种污染破坏环境行为,保护环境公共利益,保障对自然资源合理的开发利用,并对政府环境公共权力的运行进行监督制约。

由此,在环境法的法权结构中,形成了以政府(包括各级政府、政府负有监管管理职责的部门等公权力机关和其他经授权的团体和组织等)、公众(包括公民和社团组织等)、企业(包括企业、生产经营单位和其他开发利用主体等)多元主体合作共治的格局。理想的状态是,多方主体在环境事务中共同参与,既相互监督制约,又合作协商,共同达成"环境善治"目标的实现。(如图1.1)

当代社会已进入"环境时代"或"生态文明时代",环境治理模式由传统的"管控—压制型"治理模式向现代"参与—回应型"的治理模式转变适逢其时。环境法作为社会形态的应因,"其最终的课题,是通过居民的参加,提供民主的选择环境价值的实现与其他的基本人权的调和结构,创造出能够把环境价值考虑进来的谋求国民最大福利的社会制度"。[①] 如何实现"环境权利"和"环境权力"两大环境治理机制在各自的边界内相互协作、相互制约、相互促进、竞争成长,实现"环境权力"的一元主导向"环境权利—环境权力"的合作共治的转变,是环境法治从"管控—压制"的传统治理模式向"参与—回应"型的现代治理模式转变的制度基础。以"环境法法权"作为环境法学的核心范畴,从理论层面,可以有效整合环境法学领域有关环境权利、环境义务、环境利益、环境责任等基本范畴的各自表述,从而对环境法诸现象提供具有普遍解释力的理论命题。在制度层面,在统一的法权结构框架内,对多元主体的环境权利和义务、环境职权和职责进行均衡配置,构建内在协调、动态平衡、逻辑自洽的环境法法权结构体系,是迈向环境合作共治的制度基础,也是现代环境法治的必然发

---

① [日]原田尚彦:《环境法》,于敏译,法律出版社1999年版,第69页。

展方向。

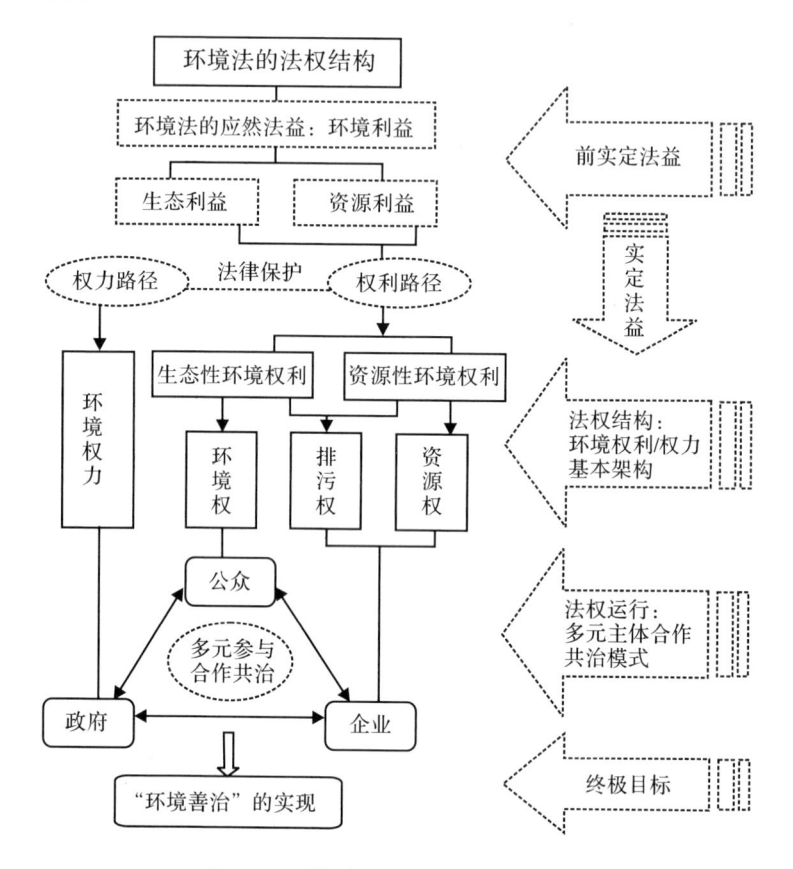

图 1.1 环境法法权结构及其目标路径

第二章 环境法法权的
逻辑基础：环境利益

法律产生的动因,在于协调、衡平和解决人类社会生活中产生的各种利益冲突、矛盾纠纷和价值对立。利益法学派认为:利益是法律的产生的根源,既是法律产生的原因,也是法律的基本使命和目标。法律是保护利益的手段,法律命令源于各种利益的冲突,利益以及对利益的衡量是制定法律规则的基本要素。法益理论认为,法律所保护的利益即法益,权利是法益的基本内容,权利外受法律保护的利益也是法益的内容,利益是权利的本源性概念。[①] 应然利益上升为实定法益,路径有二:权利是法益的第一性配置手段;派生于权利的权力,是法益配置的第二性手段,也可以看作是"实现法益的一个成本。"[②] 从这个意义上,法律上的权利和权力,均可以看着是利益的法律实现手段。

法益分析方法为我们认识环境问题及其背后的利益冲突提供了

[①] 法理学上的权利和受法律保护的利益从来就不是非此即彼的关系,二者虽有区别,但在很多情况下会存在重叠交叉甚至互为表里,并不容易做出清晰的区分。比如,在关于权利本质的诸学说中,"利益说"干脆把二者混为一谈:"权利是受法律保护的利益;主观权利的真正实质是存在主体的利益、利益的实际效用的享受上。"参见黄辉明:《利益法学的源流及其意义》,《云南社会科学》2007年第6期。

[②] 董兴佩:《法益:法律的中心问题》,《北方法学》2008年第3期。

一种视角。环境法所关注的环境问题，实质上是现代经济社会发展过程中利益冲突的产物。在现代环境问题产生之前，传统部门法的利益谱系中并没有环境利益的位置，随着环境问题日益加剧并逐步演化成为一个突出的社会问题，环境利益也随之发展成为一种社会成员的普遍利益诉求。在制度层面，确认和保护利益主体的合法利益，协调和平衡利益冲突，抑制不当利益诉求，是解决环境问题、实现人与自然和谐发展的根本途径。[1] 由此，在调整人与自然关系的各种制度选择中，以调整、保护环境利益为己任的环境法逐渐兴起，而环境法中的环境权利和环境权力制度规范，既是环境利益的法益化形态，也是实现环境利益的基本路径。

环境利益，是以满足人的需要为目的，以环境资源与生态系统服务功能为客体的各种利益的集合。抛开各种纷繁复杂的概念表象，"环境利益是利益法学在新时代的重要概念，是利益法学研究的核心范畴之一"。[2] 从本源意义上探究，环境利益是环境权利、环境权力的逻辑基础，既是环境利益法定化的不同表现形式，同时也是实现环境利益法律保护的不同路径。因之，对环境利益的概念和内涵进行准确界定，对环境利益的逻辑构造进行规范的法学形塑，是建构"环境权利—环境权力"制度体系的逻辑起点。

---

[1] 史玉成：《环境利益、环境权利与环境权力的分层建构——基于法益分析方法的思考》，《法商研究》2013年第5期。
[2] 杜健勋：《从权利到利益：一个环境法基本概念的法律框架》，《上海交通大学学报》2012年第4期。

第一节　环境利益概念的法学界定

何谓环境利益？不同学科有不同的理解。经济学语境中的环境利益，一般被认为是"环境公共产品"；哲学意义上，环境利益的正向增进，被称之为"环境善"，对环境利益的各种侵害行为导致的环境负担则被称之为"环境恶"。在环境法学理论研究中，学者们往往将环境利益作为一个不需要论证的常识性概念，通常并不对其具体蕴涵及类型做出精准的界定，只是笼统地将环境有关的利益统称为环境利益；或者从各自的论证立场出发进行目标裁剪，对环境利益的概念做出符合各自需要的表述，由此导致概念的内涵极不统一。遵循法益分析路径，环境利益是环境法的应然法益，即环境法所应当保护和调整的利益，是与环境资源有关或由环境资源而引申出的各种利益及利益关系的总和，是环境权利和环境权力的基础。对环境利益的概念进行规范意义上的法学界定，进而对其内部构造进行类型化界分，是构建环境法法权结构的基础和前提。

一、环境利益概念诸说的反思

环境法所要保护、调整或实现的利益是环境利益，这是一个不存在异议的结论。[①] 作为环境法学的基础性概念，环境利益应当是一个具有普遍共识、含义明确，供学术共同体中在同一语义中使用的概

---

① 韩卫平、黄锡生：《论"环境"的法律内涵为环境利益》，《重庆理工大学学报》2012 年第 12 期。

念。然而,令人遗憾的是,目前学界对于环境利益的内涵、本质和特征存在不同认识,表述各异。"在环境法学研究中,在何谓环境利益这一似乎不应该成为问题的问题上存在着或许在环境法学之外甚至法学之外的歧见,与此相应,环境法也在保护不同理解的环境利益之间摇摆,或不问就里地将不同理解的环境利益宣布为保护对象。"[1]这一判断再次印证了处于草创时期的环境法学理论建设的不成熟性。

(1)以客体的有用性满足人的需要界定环境利益。这一视角是对环境利益本质的认识。蔡守秋认为:"由于人的环境是人的需要,是满足人的需要的东西、因素和条件,所以环境就是人的利益即环境利益……对人来说,环境资源首先是一种利益即环境资源利益,简称环境利益。"[2]黄锡生认为,"环境"的法律内涵就是环境利益,环境利益就是环境带给人们的有用性或好处。[3] 还有学者认为:"环境利益就是指人类从生态系统自动获得的维持生命延续的效用和人类能动地利用自然环境所形成的各种收益"。[4] 对上述观点做简约概括可以得出,环境利益的本质是环境资源及其生态系统以其有用性而满足人的需要的各种惠益。从上述观点推论,环境利益的构成要件,一是以满足人的需要为前提,二是环境资源客体的有用性。这一界说从主客观两个方面认识环境利益,是符合利益本质的判断。但是,对环境利益的认识还应当从利益的属性出发,做进一步的类型化界分。

---

[1] 徐祥民《环境利益的本质特征》,《法学论坛》2014年第6期。
[2] 蔡守秋:《调整论:对主流法理学的反思与补充》,高等教育出版社2003年版,第21页。
[3] 韩卫平、黄锡生:《论"环境"的法律内涵为环境利益》,《重庆理工大学学报》2012年第12期。
[4] 李昌麒主编:《中国改革发展成果分享法律机制研究》,人民出版社2011年版,第434—436页。

(2) 从人格权的角度认识环境利益。这一视角是对环境利益在法学利益谱系中定位的认识。从环境利益与人格权的关系出发,有两种截然相反的论证思路。一种观点认为,环境利益是一种人格利益,应当纳入人格权法的保护范围。刘长兴认为,"环境人格是以人的环境利益为内容的人格,包括两个方面的规定性:一方面,环境人格是人的自然地位的象征,包含了环境利益的内容。即人在与自然的关系中,应当享有适宜的生存环境,体现出其作为主体的尊严;另一方面,环境人格表征人的社会主体地位,是对普通人格概念的继承。即在社会关系中,享有自身的生存环境不被他人破坏的权利。"① 另一种观点认为,环境利益是一种区别于人身利益和财产利益的独立的利益类型。王小钢认为,"环境利益是与人身利益和财产利益相并列的人之利益"。② 上述两种观点均是从人格权法的角度而不是环境法的角度对环境利益的界定,因视角和语境的差异,得出的结论难免偏颇。依据前一观点,环境利益并不是新的利益类型,而只是传统的人格利益内容在环境保护领域的拓展,如果这一观点成立,那么环境利益的保护和调整尽可以通过人格权法的完善来实现,环境法是否有特定的利益指向?环境利益的权利化——环境权利和环境权力能否生成?都将会存在疑问。依据后一种观点,环境利益中的经济性利益与财产利益亦是一种并列关系,这一结论值得商榷。因为,环境利益产生于环境资源客体,既有生态性,又有经济性,其中的经济性环境利益本身就是一种财产利益,只不过这种利益是以环境资源

---

① 刘长兴:《环境利益的人格权法保护》,《法学》2003 年第 9 期。
② 王小钢:《论环境公益诉讼的利益和权利基础》,《浙江大学学报(人文社会科学版)》2011 年第 3 期。

为载体,二者存在交叉重合的部分而并非纯粹的并列关系。经济性环境利益经权利化而表现为自然资源开发利用权、排污权等权利形态,与民事法中的财产权也存在交叉关系。

(3)从生态属性和经济属性认识环境利益。这一视角是对环境利益的内容的认识。环境利益是既具有生态属性又具有经济属性的利益,还是只具有生态属性的利益?对这一问题,不同学者给出了不同的答案。一种观点认为,环境利益体现出生态属性和经济属性的双重特征,既包含了生态性利益,也包含了经济性利益。比如,董正爱认为,环境利益融合了生态性利益、精神性利益以及环境经济利益等核心利益;[①]巩固将环境利益的类型界分为经济利益、资源利益、生态利益、精神利益,分别对应环境资源的经济价值、资源价值、生态价值和审美价值。[②] 依据上述观点,经济利益与生态利益、精神利益等相并列,均是环境利益的下位概念。另一种观点认为,环境利益是与经济利益相对立的利益类型,仅用来指称生态性利益。李启家对环境利益和经济利益做了区分,认为自然资源具有满足人类多种需求的功能,人类从自然获得经济利益和环境利益,环境法的主要功能就是平衡两类利益的冲突。[③] 上述两种观点的歧义在于,对环境利益的内涵认识不一,概念的逻辑关系出现偏差,即两种语境下的"环境利益"并不是同一个概念:在前一种观点中,环境利益与"环境法上的利

---

① 董正爱:《社会转型发展中生态秩序的法律构造——基于利益博弈与工具理性的结构分析与反思》,《法学评论》2012年第5期。
② 巩固:《私权还是公益?环境法学核心范畴探析》,《浙江工商大学学报》2009年第6期。
③ 李启家:《论环境法功能的拓展——兼议中国第二代环境法的发展前景》,《上海法治报》2009年3月11日B05版。

益"等同;在后一种观点中,环境利益是"环境法上的利益"的下位概念。实际上,作为环境法调整和保护对象的环境利益,应当看作是环境法上的利益,是一个利益束,至少应当涵盖以自然资源为载体的经济性利益和以生态系统的服务功能为载体的生态性利益,两类利益都产生于自然生态系统,表现出不同的利益属性,但都从属于环境利益。也就是说,环境利益包含了生态性环境利益和经济性环境利益,对两类利益进行协调平衡是环境法制度的核心功能之一。

(4)从公益性和私益性认识环境利益。这一视角是对环境利益属性的认识。环境利益是既具有公益性又具有私益性的利益,还是只具有公益性的利益?学者们同样给出了不同的答案。双重属性论者认为,环境利益是公益性与私益性兼具的利益。张志辽认为:"环境利益作为生命健康权所表彰的利益,自然具有私益的属性。同时,基于生态系统的整体性和生命个体利用生态系统的非排他性,环境利益也具有公共属性,构成公益"[1]。公益论者认为,环境利益是典型的公共利益,公益性是其本质特征。由于环境资源的公共物品属性,具有较强的非排他性和非竞争性,环境利益因之也表现为公共利益,在本质上应属于公益的范畴。环境利益和"环境公共利益"应视为同一概念。金福海认为:"环境利益是一种公共利益,环境保护双轨制,要求一方面有完善的环境行政管理制度,另一方面有完善的环境公众参与制度"。[2] 类似的观点还有很多,不再一一列举。其实,环境利益是一个利益束,对环境利益的公益、私益属性的判断,需要对不同的利益类型加以分析。公益论者强调环境利益的公益属性,其着眼

---

[1] 张志辽:《环境利益公平分享的基本理论》,《社会科学家》2010 第 5 期。
[2] 金福海:《论环境利益"双轨"保护制度》,《法制与社会发展》2002 年第 4 期。

点主要在于生态性环境利益,这一利益类型是为不特定的多数人所享有的,体现出公共利益特点。但环境利益中的经济性利益则可以通过权属制度设计而切割为私人利益,强调生态性环境利益的公益性,不能对经济性环境利益的私益性视而不见。

(5)从环境伦理学的角度认识环境利益。缘起于后现代主义思潮的启蒙,现代环境伦理学在反思传统人类中心主义价值观的基础上,提出以生态中心主义作为伦理价值观。受生态中心主义伦理观的影响,环境法学领域一些学者主张赋予自然或环境以法律主体资格,不仅将伦理诉求演绎为环境立法的目的理念,还要据以指导环境法律制度的建设。依据这一主张,环境利益被当作是"环境的利益",即以环境自身为主体的利益和权利,这一颇具超前导向的理论主张在当下的环境法学研究中有一定的影响力。笔者的看法是,从道德层面,确认"环境的利益"本身无可厚非,在环境问题日益严重的时代,道德理想本身就是对现实问题的关怀和回应。但是,道德规范与法律规范各自的功能界限,将道德规范上升为法律规范将面临诸种障碍,无法兼容于法规范本身所具有的特质和功能。因此,在环境法制度建设层面,笔者不赞同"环境的利益",环境利益作为环境法的法益,只能是人的利益。

在新近关于环境利益的法学研究成果中,徐祥民在《环境利益的本质特征》一文中提出:"环境利益是由对象的有用性、主体的收益性和时代性三要素构成的利益。它是在环境遭到严重损害之后才出现的,是负环境利益的反面,是未发生不利变化的原环境,其本质特征是一定的环境品质。"[1]认为环境利益实现的过程是从负环境利益到

---

[1] 徐祥民:《环境利益的本质特征》,《法学论坛》2014年第6期。

环境利益,而环境消费利益的实现过程是主体使用环境。只有在对环境的"消费"不突破环境的"供给"时,在对实质上是环境使用的环境损害实施了有效的防治,在对具体的环境消费者实施了有效的限制时,表现为自然状态的环境利益才能真正得以实现。这一观点一改以往对环境利益特征、属性、构造和法律实现路径的认识,为认识环境利益提供了一种新的思路。

二、环境利益概念的法学蕴涵

环境利益系由"环境"和"利益"两个关键词构成,解析环境利益的法学概念,有必要分析法学意义上的环境及其与之密切相关的自然资源、生态概念,以及法学层面所言说的"利益"概念。

其一,"环境"与"自然资源"概念辨析。

环境的一般定义是从关系阐述的角度进行解释的。这类定义认为,环境是一个相对于某一中心事物而客观存在的具有多种含义的概念,围绕特定中心事物的外部空间、条件和状况,构成特定的环境,因之,环境是一个可变的概念。对于不同学科和不同的研究对象来说,环境有特定的含义,在生态学视野中,环境是以整个生物界为中心的外部世界。环境科学中的环境,是以人类为中心的外部世界。

在环境法学的视域中,作为环境法保护对象的环境,除了必须对人类的生存和发展发生影响以外,还必须是人类的行为和活动所能影响、支配和调节,否则法律的保护便没有实际意义。对于作为环境要素的自然物,人类是以其在维持生态平衡和维护环境功能中的作用而决定对其取舍的,并不是在任何情况下都无条件地、绝对地加以保护。因此,环境法中的环境概念有特定的含义。早期的环境法学家对环境给出了明确的定义。马骧聪提出,"环境是指人类赖以生存的自然环境,包括土地、大气、水、森林、草原、矿藏、海洋、野生生物、自然保护区等天然环境,以及城市、乡村、风景名胜区等经过人工改造的环境因素。"[1]陈慈阳将环境划分为两种体系,一种体系是将环境区分为社会环境、自然环境和人为环境。社会环境是指由人际关系、社会、文化、经济和国家组织制度所交错形成的人类生活空间;自然环境是包含动植物与微生物组织及其生存空间、水、土地与空气的存在状态;人类所创设之环境或称人为环境包含建筑物、工厂、道路以及交通工具等结合而成。另一种体系是,广义环境和狭义环境。广义环境是指由人类与一切社会、文化、政治、设施、制度所形成的整体空间。狭义环境是指人类自然生存基础和空间,包含环境媒介物,即土壤、空气、水、生态及其彼此之间的关联性,也包含人类与其所创设环境与自然生态所形成的关系。环境法学上讨论的环境就是狭义的环境概念。[2] 目前国内林林总总的环境法教材中对环境概念基本上沿用了上述界定。国内外环境立法中所使用的环境概念也突出了环境要素的类型。如美国1969年《国家环境政策法》第2编第1节第1条规定:"自然环境、人为环境或改造过的环境,其中包括但不限于,空气和水——包括海域、港湾河口和淡水;陆地环境——其中包括但不限于森林、土地、湿地、山脉、城市、郊区及乡村环境。"英国1990年《环境保护法》第1条规定:"环境由下列媒体或其中之一组成,即空气、水和土地;空气包括室内空气、地上或地下的自然或人工建筑物

---

[1] 马骧聪、王明远:《中国环境资源法的发展:回顾与展望》,王曦主编:《国际环境法与比较环境法评论》,2002年第1卷,法律出版社2002年出版,第326页。

[2] 陈慈阳:《环境法总论》,中国政法大学出版社2003年出版,第8—9页。

内的空气。"印度1986年《环境保护法》对环境的定义是:环境包括水、空气、土地、人类、其他生物、动植物、微生物和财产之间的相互关系。我国台湾地区2002年"环境基本法"规定:"本法所称环境,系指影响人类生存与发展之各种天然资源及经过人为影响之自然因素总称,包括阳光、空气、水、土壤、陆地、矿产、森林、野生生物、景观及游憩、社会经济、文化、人文史迹、自然遗迹及自然生态系统等。"[1]我国现行《环境保护法》第2条规定,环境是指"影响人类生存和发展的各种天然的和经过人工改造的自然因素的总体,包括大气、水、海洋、土地、矿藏、森林、草原、湿地、野生生物、自然遗迹、人文遗迹、自然保护区、风景名胜区、城市和乡村等"。可见,环境法上所指称的环境的概念,体现了法律概念的确定性:其一,环境法上的环境是以人为中心的,以人的行为和活动所能影响、支配和调节为限度;其二,突出环境范围的确定性和环境组成要素的客观界定性,以"天然环境"和"人工改造的环境"二元环境要素为基本组成。

与"环境"概念相关的另一个概念是"自然资源",即在人类现有的认知范围、技术支撑和经济条件许可的范围内,能够被人类利用的物质和能量。这一概念关注的重点在于对自然界中存在的可供人类利用的资源(同时也是环境要素)的经济价值和使用价值。自然界中的各种"资源"(或环境要素),是由人而不是由自然来界定的,正是由于人类的能力和需要,而不仅仅是自然的存在,创造了资源的价值或利益属性。任何环境要素在被归类为资源以前,必须满足两个基本条件:一是人类必须有获得和利用它的知识和技能;二是必须产生对

---

[1] 以上环境的定义参见美国《国家环境政策法》,1969年颁布;英国《环境保护法》,1990年颁布;印度《环境保护法》,1986年颁布;我国台湾地区"环境基本法",2002年颁布。

自然物质或服务的某种需求。如果不能同时满足上述两个条件,那么这种自然界中存在的物质充其量只是一个"中性材料"。自然资源按其属性可分为土地资源、水资源、生物资源、草原资源、森林资源、野生动植物资源、矿藏资源等;按照分布量和被人类利用时间的长短,自然资源可分为有限资源和无限资源,有限资源又包括两类:一类是可更新资源,即可以更新再被利用的,如土壤、淡水、动物、植物等,人类利用可更新资源的数量和速度,不能超过资源本身的更新速度,否则,会造成资源的枯竭而不能永续利用;另一类是不可更新资源,是指数量有限又不可再生,终究会被用尽的资源,如煤炭、石油、各种金属与非金属矿藏等。人类对不可更新资源必须十分珍惜,尽可能合理综合利用,减少耗损和浪费。无限资源是指用之不竭的资源,如太阳能、风能、潮汐能、海水等。除海洋外,目前还没有把它们作为自然资源立法的保护对象。

其二,重拾被忽视的"生态"概念。

与"环境"一词经常被连缀使用的一个概念是"生态"。在中国传统的语言学意义上,"生态"的概念涵盖了以下语义:一是指"美好的姿态";二是指"生动的意态";三是指"生物的生理特性和生活习性"。[①] 在西方,生态(Eco-)词源于古希腊 οικos 一词,原意是指"栖息地"或"住所"。1866 年,德国生物学家恩斯特·海克尔(Ernst

---

[①] 比如,南朝梁简文帝《筝赋》中有:"丹荑成叶,翠阴如黛。佳人采掇,动容生态",《东周列国志》第十七回有:"目如秋水,脸似桃花,长短适中,举动生态,目中未见其二",句中的"生态"表达的是"美好的姿态"之意。唐代杜甫《晓发公安》诗:"隣鸡野哭如昨日,物色生态能几时",明代刘基《解语花·咏柳》词:"依依旎旎,嫋嫋娟娟,生态真无比",其意指"生动的意态"。秦牧《艺海拾贝·虾趣》中提到:"我曾经把一只虾养活了一个多月,观察过虾的生态",则指的是生物的生理特性。

Haeckel,1834—1919)首次把研究动植物及其与环境之间、动物与植物之间及其对生态系统的影响的学科命名为"生态学",由此开启了生态学研究的先河。在生态学的视野中,生态与环境的概念有一定差异,是指一切生物的生存状态,以及生物有机体之间、生物与其赖以生存的环境之间的相互关系。生物之得以生存,是基于相互之间的有机联系,以及生物和外界环境存在的复杂的有规律的联系。如树木、庄稼、花草等陆生植物,扎根在地下,吸取水分和营养,茎秆枝叶伸展在空中,通过光合作用等的吸收、转化、释放进行代谢,表现出生长、发育、开花、结实等生命现象,并繁衍进化。同时还在一定程度上影响并改变了外界环境的状况与类型。因之,在生态学中,生态是一种客观存在的关系性概念,不仅仅是单一环境要素。

在我国,环境法学在使用的生态的概念时,并未对其进行准确的法学界定,而是将"生态"与"环境"进行混同使用,最为突出的当属宪法采用了"生态环境"的概念,由此引起一些理论上的争议。① 《宪法》

---

① 根据周珂对"生态环境"用语的来源的考证,最早在 1982 年修宪时,我国学者黄秉维院士提出由"生态"与"环境"连缀而成的"生态环境"一词,并被采纳写入宪法中。此后,"生态环境"一词更多地进入到政府层面和人民大众层面。2005 年,有三名院士认为"生态"是与生物有关的各种相互关系的总和,不是一个客体,而环境则是一个客体,把环境与生态叠加使用是不妥的。"生态环境"的准确表达应当是"自然环境",外文没有"生态环境"或"生态的环境"的说法,《中国大百科全书》中将"生态环境"译为"ecological environment",是中国人的造词,国外的科学著作中,"生态"(ecological)和"环境"(environment)是两个不可混淆的概念,连缀使用则找不到对应概念。上书不久,国务院即要求全国科学技术名词审定委员会对该文组织讨论,提出意见。但也有不少学者坚持使用这个概念,如有学者认为,生态,环境两个概念完全不同,说"生态环境"是概念重复或大致重叠,是不对的;说"生态环境"一词不科学,不能用,也是不对的。"生态环境"一词,就是"生态和环境",或"生态或环境"。当某事物、某问题与"生态"、"环境"都有关(既涉及生态,又涉及环境),或分不太清是"生态"还是"环境"问题,就用"生态环境"(如生态环境问题,某地区的生态环境),这正是中国语言的特点。参见周珂:《环境法学的学术特色与贡献》,《法学家》2010 年第 4 期。

第26条规定:"国家保护生活环境和生态环境,防治污染和其他公害",从立法上采用"生态环境"的概念并肯定了其法律地位。从概念的内涵和外延判断,两个概念是有一定区别的,"生态"一词的本意,是指与生物有关的生态系统的相互关系的总和,"环境"则是指以人类为中心的外部世界的总和。在环境哲学的视野中,"生态"是一个主客体一体化的范畴,而"环境"则属于客体范畴。可以看出,这是一组既有密切联系但又具有不同涵义的概念。实践中"生态环境"概念往往被等同于"环境"内涵,这种概念的混同带来理论上的模糊认识,容易引起对相关利益及由此产生的法律关系界定不清,有必要做出恰当的界分。

笔者认为,遵从语言的习惯用法,将"生态环境"作为约定俗成的概念与"环境"概念混同使用并无不可,问题在于,环境法学对环境的概念界定普遍缺少了对生态含义的表述,导致理论上对环境法上的一类重要法益"生态利益"认识不足,立法上对"生态保护与建设"方面的制度供给不足或存在缺位。比如,《中华人民共和国环境保护法》自1979年颁布试行至2014年全面修订的数十年间,有关生态保护和建设的条款严重不足;环境法律体系长期被界分为环境污染防治法和自然资源保护法,目前已颁布了数十部相关单行法律,而迄今尚无专门的生态保护法。出现这一现象的原因,从理论源头分析,当与"生态"概念被湮没在"环境"概念的表述之中而丧失独立性有一定关联。因此,需要重拾"生态"概念的意蕴,重视对生态利益保护法律制度的建设。

上述概念中,"环境"是以人类为中心、影响人类生存和发展的外部空间的总和,既关注环境要素对人的使用价值和经济价值,又关注环境整体的生态价值;"自然资源"强调物质或能量的经济价值和使用价值;"生态"的侧重点则是生态系统所表现出来的生态功能价值,如环境的舒适性、景观优美性、可欣赏性等。三个概念是同源于人类环境和地球生态系统,共同构成了环境利益的载体。

其三,法学上的"利益"概念。

利益概念的一般语义,通常被解释为"好处"。从词源角度,"利"表示使用农具采集果实或收获庄稼,引申为对人有用的行为和事物;"益"同"溢",指水漫出容器之外,引申为增加或增值。可见,"利"表达质的概念,表示对人有好处的物,而"益"表达量的概念,表示好处有所增加。司马迁说过:"天下熙熙,皆为利来;天下攘攘,皆为利往"。的确,透过社会关系纷繁复杂的万千表象,我们总能看到其背后所隐藏的"利益"本质。对利益的追求构成人类社会最基本的图景,成为社会发展和进步的重要驱动力。

作为一个学术概念,哲学、经济学、社会学、法学等学科均有各自的利益概念表述,大致分为需要说、客体说、折中说等不同的观点。"需要说"认为,利益就是对人的需要的满足。《中国大百科全书·哲学卷》对"利益"的解释是,"人们通过社会关系表现出来的不同需要"[①]。美国社会学家庞德把利益定义为:"人们个别地或通过集团、联合或关系,企求满足的一种要求、愿望或期待。"[②]"客体说"认为,利益是对主体有益或有用的客观事物。"利益就是指一定的社会形式中由人的活动实现的满足主体需要的一定数量的客体对象"[③]。"对主体的生存和发展具有一定意义的各种资源、条件机制等有益事物

---

① 《中国大百科全书·哲学》,中国大百科全书出版社1987年版,第483页。
② [美]罗·庞德:《通过法律的社会控制 法律的任务》,沈宗灵、董世忠译,商务印书馆1984年版,第37页。
③ 苏宏章:《利益论》,辽宁大学出版社1991年版,第21页。

的统称"①。"折中说"认为,利益在本质上属于社会关系的范畴,既包含了主体的需要、愿望或期待,也包含了主体需求的实现所依赖的客体对象。

利益与法律有着密切的"伴生"关系。利益法学派创始人菲利普·黑克(Philip Heck,1858—1943)认为,利益是法律的原因,法主要规范着利益斗争,法的主要任务是平衡利益。② 一方面,人类的正当利益需要法律加以确认和保护,法律是保护利益的基本制度安排;另一方面,当不同社会主体的不同正当利益诉求产生广泛冲突时,法律需要对各种冲突的利益进行协调和平衡。从利益分析的角度,人类社会法律的演进过程就是一个围绕"利益冲突、利益博弈、利益平衡"不断发展的过程。

在法学层面,对利益的含义应做如下理解:第一,作为法学的基本概念范畴的"利益",在本质上属于社会关系的范畴。利益存在于关系之中。需要是人的生命活动的表现,是人作为需要主体对需求对象的需求和满足,反映了人作为需求主体对需求对象,即人维持生命的物质生活条件和精神生活条件的直接依赖关系。需要本身不是利益,不能把需要和利益混为一谈。利益是在需要基础上形成的,是人对需要的兴趣、认识、人与人之间对需求对象的分配关系。利益是必然经过社会关系才能体现出来的需要,反映的是人与人之间的社会关系即人与人之间对需求对象的一种分配关系。第二,并不是客体对主体所有需求的满足都能称为利益,只有当这种需求具有一定的稀缺性时,需要才能转化为利益。"当需要能够畅通无阻地得到实

---

① 颜运秋:《公益诉讼理念研究》,中国检察出版社2002年版,第3页。
② 黄辉明:《利益法学的源流及其意义》,《云南社会科学》2007年第6期。

现时,亦即需要的满足不成为问题时,需要并不能转化为利益。例如,在人们能够自由呼吸新鲜空气时,人对空气的需要并不会转化为利益,但是,随着空气污染的日益严重,人们呼吸新鲜空气变得非常困难时,人们对清洁空气的需要就成了人们的利益所在。"[1]第三,利益法律化需要经过一个利益识别、利益确认、利益调整、利益分配和利益控制的过程。利益是一个十分庞大复杂的体系,按照一定的逻辑和标准可以对利益进行不同的分类。比如,依照利益的主体,可划分出个人利益、社会利益、公共利益,或个人利益、集体利益、国家利益等;按照利益的客体属性,可划分为物质利益和精神利益、经济利益和非经济利益等。

根据以上对环境利益诸说的分析,结合对环境利益相关前置概念"环境"、"自然资源"、"生态"以及法学上的"利益"概念的梳理,笔者试图对环境利益概念做出如下界定:

环境利益,即环境法所要保护和调整的利益,是指为了满足人的基本生存和发展需要、安全和良好的环境需要,以环境资源与生态系统服务功能为客体的各种经济性利益和生态性利益的总和。这一定义既包含了利益主体不同层次的需要,又反映作为利益客体的环境、生态与自然资源的客观属性。包含了以下内容:第一,环境利益是基于人的需要而产生的利益类型,具有价值属性;第二,环境利益是与环境资源客体密切相关的利益总和;第三,环境利益是环境法所保护和调整的利益,即环境法的法益。

环境利益是法学利益谱系中的新型利益,具有如下特点。

---

[1] 张玉堂:《利益论——关于利益冲突与协调问题的研究》,武汉大学出版社2001年版,第44页。

第一,公益性与私益性。环境利益是一个类概念,既有公益性,又有私益性。其中,人类从环境与自然资源中获取的各种经济性利益,可以通过建立权属制度,明确其特定的所有权利主体、非所有利用的开发利用主体,建立自然资源开发利用他物权制度,实现其私益价值。而生态系统提供的调节气候、净化空气等功能带给人类的生态性利益往往是公众共同享有的,无法确定其私的归属。环境利益的公共属性一直以来为人们所漠视,为了从环境资源中获取得更大的经济性私益,人们往往不惜以牺牲环境公共利益为代价,由此出现"公地悲剧"等外部性现象。环境利益这种公益和私益兼具的属性,要求对利益自身进行适当的分类,对不同的类型的环境利益进行不同的法律保护。对于环境公益和私益的保护,法律自有相区别的制度予以保护。不同性质的利益,保护的方法也是有区别的,对于个人利益的保护可以通过权利的确定来实现,对公共利益应该更多地去规定相关主体应承担何种义务。[1] 因此,对私益性资源利益的保护应当通过权利路径,权利的行使以不得侵害生态利益为前提;而对公益性生态利益的保护应当通过权力路径,以义务为本位,主要侧重于规定政府等各类主体在保护生态环境中负有的义务。

第二,整体性与区分性。环境资源的整体性特点,决定了环境利益首先是人类共同拥有的利益。但是,利益的整体性并不能掩盖一个重要的事实:环境问题产生的根源,实际上是人们对生态环境和自然资源的不同利益诉求及其冲突所致。换言之,在环境问题上,公众的利益并非完全一致,不同群体、不同区域的环境利益经常存在着事实上的"区分性"。环境利益在不同族群、不同区域之间的不公平性

---

[1] [美]罗斯科·庞德:《法理学》,廖德宇译,法律出版社 2007 年版,第 252—255 页。

正是"环境正义"理论所关注的核心问题。[①] 有论者指出:"环境利益的冲突,归根到底,实质上是优势区域和弱势区域、优势群体和弱势群体、优势个体和弱势个体之间的冲突"。[②] "承认公众环境利益的存在并不抹煞个体性、群体性环境利益的存在,二者不是同一层面上的问题。公众环境利益体现的是公众对环境的共同需求,其只在涉及公共安全、生存发展、环境公平和基本环境伦理的基本层面存在。至于个体对环境的偏好,各种个人环境利益、区域环境利益、群体环境利益,只要其不与公众环境利益相抵触,在法律许可范围内尽可能实现。"[③] 从环境法角度,不仅要对影响环境利益增进和减损的行为进行规制,为维护环境公共利益做出制度安排,还应当在不同主体、不同区域的"区分性"环境利益进行衡平。

第三,间接性与辐射性。环境与生态系统对人类的影响往往不是通过某一个和人类直接发生关系的生态因子实现的,而是通过生态系统中各个因子之间的相互作用体现出来的,从这种意义上来讲,生态利益具有间接性。例如同样是大气污染问题,如果空气的污染

[①] 20世纪80年代发端于西方国家的"环境正义"理论认为:强势族群和团体能够几乎毫无阻力地对弱势者进行迫害是造成自然环境破坏的主要原因;在现实生活当中,并不存在相对于所有人的环境问题,也不存在绝对客观的、统一的对自然(环境)的理解。所谓的环境问题,对于不同的人群有不同的影响,这当中,一部分人是受害者,但也存在着一部分受益的人。环境伦理在使用"人类"这样的一个全称的名词的同时,实际上谋取了与他们有差异的种族、阶层或性别团体的代表权,使之被湮没在无差别主体的抽象论述之中,正是出于对这一举动的严厉批评,中国台湾学者纪俊杰指出:"我们没有共同的未来"。纪骏杰:《我们没有共同的未来:西方主流"环保关怀的政治经济学"》,《台湾社会研究季刊》1998年总第31期。

[②] 董正爱:《社会转型发展中生态秩序的法律构造——基于利益博弈与工具理性的结构分析与反思》,《法学评论》2012年第5期。

[③] 巩固:《公众环境利益:环境保护法的核心范畴与完善重点》,《环境法治与建设和谐社会——2007年全国环境资源法学研讨会论文集》,2007年8月。

是由人类向大气层的排污行为造成的,此时人类受损的环境利益是直接的,其关系模式是:人→空气→人。如果空气污染是由于人类大面积砍伐森林的行为而导致森林生态系统净化空气的功能降低而造成的,此时人类受损的环境利益是间接的,其关系模式是人→森林→空气→人,此时森林带给人类的净化空气的利益即为环境利益中的生态利益。正是由于生态利益的间接性,往往容易被人类所忽视。在面对森林时,人类往往只考虑到其带给人类直接的经济利益,而忽视了其带给人类净化空气、调节气候、调控疾病等间接的生态利益。在生态文明建设的过程中,更要注重保护人类间接性的生态利益。环境利益损害结果的发性与损害行为的实施相比在时间上具有一定的滞后性,有些损害结果往往会在几十年之后才后显现,而且往往会引发其他一系列的社会问题,从而导致人类的其他利益受到损害。环境利益的破坏和失衡带来的不仅仅是生态危机,同时会引发其他危机,例如由于资源的短缺而引发的战争危机、经济危机。

第二节 环境利益结构的法学型塑

环境利益并不是一个指向具体、性质单一的利益种类,而是一个以满足人对环境、资源与生态的不同价值需要为出发点,以环境、生态、自然资源为利益客体的利益集合体,是一个既有公益性又有私益性,既体现环境资源的生态价值又体现经济价值的概括性的利益种群。从理论源头上,对环境法的应然法益——环境利益的结构进行规范意义上的法学型塑,对于完善环境法学基础理论范畴,构建环境法的法权体系,同样具有基础性意义。

一、环境利益的价值属性

价值是指客观事物对人的需要性的满足,即对人的有用性。价值包含了一方面是主体的需要,另一方面是客体对主体需要的满足。第一,价值的构成要素问题。价值是主体、客体和将二者统一起来的实践,或者说是主客体的相互作用。在价值的主客体关系范畴中,人是主体,是实践者和认识者;客观世界(包括自然、社会和人本身)是客体,是实践对象和认识对象。第二,作为价值要素的主体需要和客体功能的性质和结合方式问题。因为如果从价值是主客体之间的需要与满足这一观点出发,进一步思考时就会发现:主体的需要或客体的属性与功能,不仅是多样的、纷繁复杂的、多层次的,而且往往是相互矛盾的。比如,一种发明,对于一些人来说,可以为之带来极大的利益;对于另一些人来说,很可能是一种莫大的灾祸,如此等等。这样就产生了这样一个难题:是否凡是能够满足主体需要的东西都具有价值?如果回答说是,那么价值就是没有客观标准的,或者说它的标准就是满足任何人的任何需要,如实用主义者说的"有用即真理"一样;如果回答说否,那么,究竟什么是价值,如何定义价值,价值的标准又是什么?

对于价值问题的思考,可以有几种不同的思路。第一种思路,侧重于主体,着重从主体的地位和作用方面理解价值的本质和特征,以为价值主要因主体而产生,是主体赋予客体以价值,某种客体属性因人的需要而加以选择,因而价值首先是具有主观性的。第二种思路,是从客体的角度思考价值,认为客体是价值的载体,客体的属性和功能是产生价值的主要依据,认为价值就是客体主体化后的功能或属性,也就是已经纳入人类认识和实践范围内的客体的那些能够满足作为主体的多数人的一般需要的功能或属性。第三种思路,从主客体相统一的角度考察,认为价值是从人们对待满足他们需要的外界物的关系中产生的,只有主体的需要或只有客体的属性和功能,都不能形成价值。应当从主体的需要和客体属性的关系中去分析价值。

比较上述三种观点,尽管在文字上表述不同,强调的重点不一样,但是,我们可以将其归纳为一个相同点,两种不同的方式。一个相同点,即三种观点都以肯定价值是主客体之间的统一为前提。两种方式,即面向主体为主的方式和面向客体为主的方式。面向主体为主的方式,就是以价值主体为出发点,研究和考察价值的属性、目标,以及这一价值指导下的具体问题的解决路径。例如,考察自然资源对人的价值,是从人的主观需要出发,着重分析人的需要、能力,以及自然资源满足人的需要的状态等,如"自然资源是满足人类生产生活需要的公共物品"。这种研究方式就是确认"价值",就像交通规则中的"左右"一样,"右侧通行"和"左侧通行"中的左和右,实质上不是马路固有的方位,而是依行进者(主体)自身特征区分的方位。因此,要说明价值(判断交通规则指定的方位),重点不在说明客体(马路),而在于说明主体(行进者)。面向客体为主的方式,就是以价值客体为出发点,研究和考察价值的属性、目标,以及这一价值指导下的具体问题的解决路径。这种方式往往把价值客体直接等同于价值,如"自然资源是一种使用价值"。

长期以来,人类赖以生存发展的生态系统及自然资源被认为是无价值的,是可以取之不尽、用之不竭的,人类免费享用生态系统的服务功能和自然资源的物质功能被认为是天经地义的。马克思主义劳动价值论认为,只有凝结了人类劳动的产品者是有价值的,反之则是没有价值的。① 现代环境问题的出现,正是这一传统价值观导向下的逻辑必然。工业革命以来,环境问题的日益严重引发了人们对生态价值问题的思考,人们认识到,生态系统的服务功能可以为人们提供适宜的生活环境,自然资源并不是不可耗竭的,而是有限的、稀缺的,因之,不仅自然资源具有价值,生态系统及其功能也是有价值的。② 环境资源与生态系统的价值至少包含了以下几方面:

其一,经济价值。环境资源的物质属性可以带给人物质利益方面的惠益,对自然资源的开发利用使其经济价值得以实现。

其三,生态价值。体现在两个层面,首先是环境保持生态平衡对人类的基本生存保障价值,如果生态系统濒临崩溃,也就意味着人的基本存在条件的丧失,因此生存保障价值是生态价值的根本。其次是生态享受和审美价值。与地球上其他生物不同,人类有对舒适优美环境的追求以满足其享受和审美的需要。人的需要从低到高依次分为生存需要、发展需要和享受需要三个层次,对舒适、优美环境的追求是人的全面发展的需要。

其二,环境容量价值。人们排放到环境中的污染物和废物在

---

① 本书编写组:《马克思主义基本原理概论》,高等教育出版社 2012 年版,第 151—153 页。

② 1967 年,美国经济学家克鲁蒂拉(Uohn Krutilla)在《美国经济评论》上发表"自然保护的再认识"一文,提出了"舒适性资源的经济价值"理论。他认为,与传统经济学中可耗竭的矿产资源(例如石油、煤炭、矿石等,又称为"开采型资源")一样,一些稀有的生物物种、珍奇的景观、重要的生态系统,也能提供效用,具有价值,这类资源可称之为"舒适性资源"。保护舒适性资源,或者把这类资源的利用程度严格控制在可再生的范围内是十分必要的。参见 Anthony C. Fisher and John V. Krutilla., "Economics of Nature Preservation". In: A. V. Kneese and J. L. Sweeney (edited), *Handbook of Nature Resource and Energy Economics*, Vol. I, Published by Elsevier Science Publishers B. V, 1985, pp. 165—189。

不超出环境净化能力的情况下可以被环境自我吸收消化,但人类频繁的经济活动所产生的大量污染物超过环境的自净能力时,就会对人类健康、安全形成威胁。为修复、改善已被破坏的生态环境,需要投入大量的人力物力资源,而这种投入成本就是环境容量价值的体现。

在我国,长期以来在理念上对环境资源与生态系统的生态价值认识不足,在实践中过分追求的经济价值而对其环境容量价值、生态价值考虑较少,大量的不可持续的开发利用行为一方面"超额"实现了对自然资源经济价值的追求,另一方面造成环境容量价值和生态价值的"亏损"。应当牢记,生态的和谐是人类最根本的福利,从长远来看,经济利益应当服从生态利益,因为只有维持生态平衡,才能保证经济的可持续发展。

二、环境利益的基本类型界分

当下环境法学界在使用"环境利益"这一概念时,往往不做类型化区分而笼统使用,或以环境公共利益指称环境利益,或将经济利益与环境利益并列起来,或将环境利益等同于生态利益,缺乏对环境利益的体系结构及其内在关联性的探究。由此出现对环境利益语义认知上的混乱。进而,建立在泛化、模糊、缺乏类型化梳理的环境利益概念之上的环境利益保护机制设计,必然出现指向不明、操作性不强等问题。

学界对环境利益结构进行细致的类型界分的研究成果并不多见,且歧义纷纷。本文择取其中几个具有代表性的观点,归纳述评如下。

(1)从环境利益与经济利益相区别的角度界分环境利益。李启家将环境法调整的利益类型界分为经济利益和环境利益两大类,认为"经济利益与环境利益是环境法的基本问题"。两种利益具有同源同质和共生互动即共生性和一体性,既体现了人的利益的多样性(利益主体多元,利益要求多样,利益实现多样),也体现了人的需求的多样性,因此不应当将经济利益和环境利益割裂甚至对立。环境问题的发生,主要是人们对利益的认识和不当追求所致,从环境法学的角度,主要应理解为环境利益与经济利益之间衡平不当所致。①

上述关于环境法上的基本利益类型的划分,以及环境问题产生于经济利益和环境利益的冲突、对两类利益的衡平是环境法的主要功能的论述,是基于利益分析角度对环境法调整的利益关系的标尺性表述。但上述基本界分尚有进一步细化和完善之处。第一,经济利益是一个宽泛的概念,人类经济活动中产生的各种财产性、经济性的利益均可归入经济利益范畴。对经济利益的调整涉及民商法、财产法、经济法等多个部门法,当然也包括环境法。但环境法所调整的经济利益是有特别指向的,即因开发、利用环境与自然资源而获取的各种经济利益,其利益客体是各类环境资源,除此之外人们以智力投入、产品增值、民事交易等活动而产生的经济利益并不为环境法所关注。因此,对环境法所关注的经济利益以"资源利益"来指称则更为恰当。资源利益是通过开发利用环境资源而获取的经济利益,是经济利益的一种类型。第二,把环境利益与经济利益相并列,其上位概念是"环境法上的利益",这就出现一个语言逻辑上的问题:"环境利

---

① 李启家、李丹:《环境法的利益分析之提纲》,《2003年环境资源法学国际研讨会论文集》,2003年10月,第373—378页。

益"成了"环境法上的利益"的下位概念,且不能涵摄"经济利益"概念。实际上,正如李启家所述,两种利益均产生于环境资源客体,具有同源同质和共生互动的特质,以"环境利益"作为统一的上位概念统摄环境法的利益类型更为科学,而李启家语境中与经济利益相并列的环境利益概念,实际上是以满足人们对环境的生态价值需要,以生态系统的服务功能为客体的利益类型,以"生态利益"概念来指称则更为恰当。

(2)以人对环境资源的需要为出发点界分环境利益。梁剑琴认为,人对自然资源的需要首先表现为自然需要或基本生存需要,即维持人作为自然生命体得以生存的直接需要,包括必须的生命物质如清洁的水、空气等,以及从自然界获得最低物质资源以维持最低生命需要的衣食住行等;其次表现为经济发展的需要,即人们利用资源与社会生产过程和社会经济活动过程直接联系的需要,是以经济形式表现出来的需要;再次表现为精神需要或"舒适性需要",包含了对不能用市场价格评价的各种自然、历史文化遗产、风景、地域文化等环境要素的审美需要。根据这三种基本的需要形态,可以将环境利益界分为基础性生存利益、发展性环境利益(经济利益)、舒适性环境利益。[1] 胡静认为,环境利益分为物质性环境利益和非物质性环境利益,物质性环境利益通过良好的环境质量满足了人作为普通生物而健康生存的需要,精神性环境利益满足人作为审美主体——不同于普通生物对优美环境的需要。[2] 晋海认为,安全、健康的环境对应着生存所必不可少的"基本生存利益",舒适性环

---

[1] 梁剑琴:《环境正义的法律表达》,科学出版社2011年版,第146—147页。
[2] 胡静:《环境法的正当性与制度选择》,知识产权出版社2009年版,第188页。

境和审美的、艺术美环境则对应着人类另外两个更高层次的文化和精神方面的需求。①

以上基于人的需要而对环境利益所做的界分揭示了人对环境与资源需求的层次性,物质性环境利益、精神性环境利益的基本划分为认识环境利益结构提供了一种主观向度,但这一界分没有结合环境利益的客体——环境资源的属性对环境利益的类型做进一步的揭示。从实证角度分析,法律对利益的保护和调整,是按照不同的利益属性(个人利益、社会利益、公共利益等)、不同的利益种类(经济利益、生态利益、精神利益等),分别设定不同的保护机制和利益衡平机制。因之,仅以人的主观需要对环境利益所做的类型界分,对环境法上的利益表达机制构建并没有太大的规范指导意义。

(3)以人的需要结合利益自身的属性界分环境利益。巩固以公益属性和私益属性作为划分标准,将环境利益界分为经济利益、资源利益、生态利益、精神利益。并提出"除经济利益具有极强的私人性,为民商法、经济法所调整之外,其他三类环境利益都是只能为公众所集体享有,只能由环境法予以整体保护。"②廖华认为,"环境资源具有满足人类多种需求的功能,环境利益可分为三种:环境生态利益——指人类生存与发展必须处于一种稳定和谐的生态环境之中,只有这种稳定和谐的生态环境才能满足人类持续生存和发展的需要;环境经济利益——指环境资源对人类追求物质财富需要的满足;环境精神利益——环境资源对人类精神、心理需求的满足。整合协调环境

---

① 晋海:《城乡环境正义的追求与实现》,武汉大学博士学位论文,2008年,第37页。
② 巩固:《公众环境利益:环境保护法的核心范畴与完善重点》,《环境法治与建设和谐社会——2007年全国环境资源法学研讨会论文集》,2007年8月。

利益是环境法的使命。"①

从法律的利益保护、调整功能和进路出发,这一划分无疑更具规范意义和实证意义。但是,上述以经济利益、资源利益、生态利益、精神利益作为环境利益的基本内容的判断,在概念的逻辑周延性方面仍存在不足。首先,如前所述,环境法所关注的"经济利益"有其特定指向,主要是指以满足人的环境资源需要,通过开发利用环境资源而获取的各种经济利益,换句话说,资源利益是经济利益在环境法学领域的具体表达,将二者并列为环境利益的下位概念则不可避免地出现概念内涵的重叠;其次,环境法上的"精神利益",即享受良好舒适的环境及由此而派生的精神文化层面的审美的利益,无非是生态利益的外化表现形式,将生态利益与精神利益并列为环境利益的下位概念,同样将出现概念逻辑自洽性和周延性的不足。

上述学者的观点,从不同侧面阐释了环境利益类型的法律解释维度,虽然视角不同,分类结果有异,但其共同的特点是:都展示了一个单向度的平面结构,缺乏更为深入细致的体系化梳理。笔者认为,环境利益的类型化界分是建立不同类型环境利益保护与平衡制度的理论基点,应当从利益的生成原理、利益客体的属性、利益主体的多层次需要等多维角度,做出符合法规范要求的精细划分。环境利益生成于自然禀赋和人工创造的二元交互作用;利益的客体是环境、自然资源与生态系统的服务功能;以人对环境资源的需要为利益法律化的前提;对环境利益进行类型建构,是利益法律化的必然要求。综合上述各种要素,环境利益的逻辑结构,应当是一个多层次的、体系

---

① 廖华、孙林:《论环境法法益:对环境法基础的再认识》,《中南民族大学学报》2009年第6期。

化的立体结构。

根据以上分析,环境利益的基本类型界分为"生态利益"和"资源利益"两大类。生态利益,是指基于人类的基本生态安全和良好环境需要,以环境与生态系统服务功能为客体而生成的利益类型,以非经济性的精神美感、宜居舒适等利益为主要表现形式。资源利益,是指基于人类的基本生存保障和发展的需要,以环境与自然资源为客体而生成的经济性利益,是经济利益在环境法领域的表达。两类利益又可以界分出若干"种利益"。

"生态利益——资源利益"统一体共同构成了环境利益的基本架构,呈现出"一体两面,对立统一"的特点。"一体"是指,自然环境与生态系统作为一个整体,是生态利益和资源利益的共同客体。"两面"是指,虽然生态利益和资源利益同源于自然环境和生态系统,但表现出不同的属性,前者表现为非经济性的生态性利益,后者表现为经济性利益。"对立"是指,对某一类利益的过分追逐会导致另一类利益的损害。比如,在自然资源的开发利用过程中,不加节制地滥加开采,虽然可以实现资源利益的最大化,但滥采滥伐等行为会导致资源耗竭、环境污染等问题,会引起生态利益的减损,形成资源利益对生态利益的侵害;反之,以保护环境为目的而要求经济发展实现"零增长"、"负增长"等极端主张,则可能引起新的贫困,导致社会主体的基本生存和发展利益得不到保障。"统一"是指,在可持续发展原则的指导下,通过调整产业结构,实现循环经济发展模式,完全可以实现两类利益的协同共进。比如,在沙漠边缘发展生态林产业,不仅会产出木材、饲料等产品资源,也会改善区域生态环境,满足人们对良好生态环境的需要,实现资源利益和生态利益的双赢。

联合国千年生态系统评估项目以生态系统服务功能为分类依

据,将生态系统的服务功能分为四类,分别是:供给服务功能、调节服务功能、文化服务功能以及维持这些服务的支持服务功能(如下图)。这一分类可为本文关于环境利益的类型界分提供一个恰当的注解。

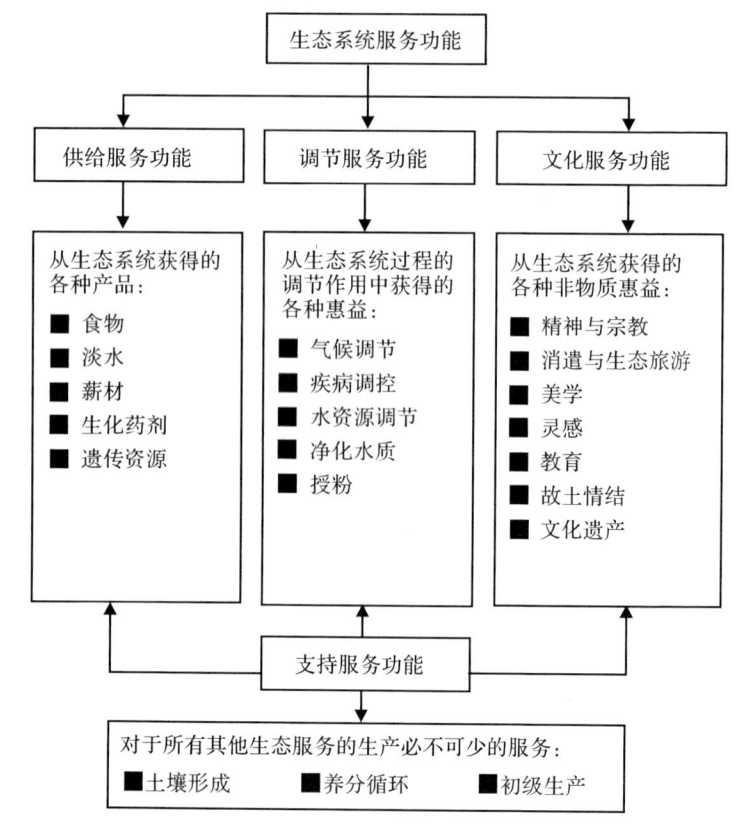

```
                    ┌─────────────────┐
                    │  生态系统服务功能  │
                    └─────────────────┘
                             │
        ┌────────────────────┼────────────────────┐
        ▼                    ▼                    ▼
  ┌───────────┐        ┌───────────┐        ┌───────────┐
  │ 供给服务功能 │        │ 调节服务功能 │        │ 文化服务功能 │
  └───────────┘        └───────────┘        └───────────┘
        │                    │                    │
        ▼                    ▼                    ▼
  ┌───────────┐        ┌───────────┐        ┌───────────┐
  │从生态系统获得的│      │从生态系统过程的│      │从生态系统获得的│
  │各种产品:    │        │调节作用中获得的│      │各种非物质惠益:│
  │ ■ 食物     │        │各种惠益:    │        │ ■ 精神与宗教 │
  │ ■ 淡水     │        │ ■ 气候调节  │        │ ■ 消遣与生态旅游│
  │ ■ 薪材     │        │ ■ 疾病调控  │        │ ■ 美学     │
  │ ■ 生化药剂  │        │ ■ 水资源调节 │        │ ■ 灵感     │
  │ ■ 遗传资源  │        │ ■ 净化水质  │        │ ■ 教育     │
  │           │        │ ■ 授粉     │        │ ■ 故土情结  │
  │           │        │           │        │ ■ 文化遗产  │
  └───────────┘        └───────────┘        └───────────┘
        ▲                    ▲                    ▲
        └────────────────────┼────────────────────┘
                    ┌─────────────────┐
                    │   支持服务功能    │
                    └─────────────────┘
                             │
                             ▼
         ┌──────────────────────────────────────┐
         │对于所有其他生态服务的生产必不可少的服务:│
         │ ■土壤形成  ■养分循环  ■初级生产      │
         └──────────────────────────────────────┘
```

图 2.1 联合国千年生态系统评估项目对生态服务功能的分类

在环境法的视野中,生态系统的四项服务功能,因其满足人的基本生存和发展需要、安全和良好的环境需要,进而成为环境法所要保护和调整的利益,可以统称为"环境利益",其中,供给服务功能、支持服务功能提供了人类生存和发展所必须的自然资源和物质基础,其对应的利益类型可以称之为"资源利益";调节服务功能、文化服务功能则体现为满足人的生态安全需求和精神需求,其对应的利益类型即"生态利益"。

三、资源利益的法学构造

人类的生产、生活过程,就是社会个体生活福利的提高过程和人类社会进步的过程,这个过程是通过开发利用环境中的物质与能量而实现的。为了满足人的基本生存需要和发展需要,人类要通过社会化生产活动,有目的地开发利用环境与自然资源,这一过程带给社会和社会个体的物质性、经济性利益,本文将其概括性地称之为资源利益。资源利益是经济利益在环境资源领域的具体表达,其本质上属于满足人的不同层次物质需求的经济利益,可以进一步界分为生存保障性资源利益和发展性资源利益。

生存保障性资源利益。环境与自然资源对人类个体福利和人类社会发展提供了基本的物质保障和条件支撑。从生命起源、生物进化的自然演化史的大视野看,人类连同地球上的其他生物本身就是自然环境的产物。生物和环境相互协同作用,通过光合作用将无机物合成为有机物,以物质循环和能量流动为包括人类在内的地球上的一切生物提供生命所必须的物质资源保障。人类的一切生产活动均是建立在自然生态系统的生产功能之上的,从这个意义上讲,人类终究无法摆脱自然规律的安排。人类作为生命实体从自然界获得的物质资源以维持最低生命需要的衣食住行等利益,是人对自然的第一性物质需要,也是人类生存的基础。

发展性资源利益。人类绝不会只停留在满足于基本温饱保障的原始状态,而是要通过社会生产开发利用环境资源,提高人类的福利,推动社会进步和文明发展。"追求一个生活得较好的社会,这是自有人类以来就有的愿望"。[①] 与基于生存需要的第一性生存保障性资源利益相区别,向环境资源索取更多的财富,实现经济社会发展构成了第二层次的物质利益需要。"我们像仙人那样餐风饮露是无法生活下去的。人类社会为了提高人们的福利,保障舒适的生活,必须不断地进行有利于人们生活的物质生产和服务性生产。……确保适度的经济增长,保持人们雇用、就业的机会,对于人类社会来说是一种至上的命令。万一生产活动缓慢,经济停滞,连续发生企业破产和生产缩小的事态,就没有增进福利的希望"[②]。因此,对发展性资源利益的追求就成为人类社会千百年来的基本图景。

历史记录与叙述表明,20 世纪之前,地球上的大部分自然资源是充足的,没有短缺或减少的趋势,人类从大自然中免费获取饮用水、空气、阳光等保障生存所需要的基本资源和能量,以及通过采集、狩猎、捕鱼等方式获取各种自然资源,被认为是天经地义、自然而然的事,人们几乎认识不到其对自然资源的需要。早期人类在对自然的认知态度上,普遍将环境与自然资源等同于荒野,自然资源被认为是没有价值的。古典经济学中财富的概念仅指历史积累下来的全部生产资料和消费资料的总和,或者说国民财富仅指固定资产与流动资金之和,而将土地、水、森林、矿藏等自然资源和"环境资产"排除在

---

① [日]原田尚彦:《环境法》,于敏译,法律出版社 1999 年版,第 1 页。
② 同上书,第 1—2 页。

国民财富之外。即使对古典经济学批判性继承的马克思主义劳动价值论也认为,没有劳动参与的东西没有价值。① 也就是说,在相当长的历史时期内,虽然环境与自然资源为人类的生存的发展带来了基本的保障和惠益,但自然界的赐予被当作"免费的午餐"而不是一种法律意义上的"利益"。工业革命以来,伴随着人类严重的环境问题和生态危机的出现,人们逐渐认识到环境资源是有价值的,从而修正了环境资源无价值的观念。

四、生态利益的法学构造

生态利益是"环境时代"一种新的利益类型,生态利益与资源利益的冲突是当代环境问题产生的利益根源。生态利益应当成为环境法所保护和调整的新型利益,对生态利益与资源利益的衡平是环境法的功能和重要使命。人类文明发展至今,原始的、本初状态的"自在自然"已经被"人化自然"所终结。② 在"自在自然"的状态下,自然资源是充足的,生态系统是健康良性运行的,随着人类改造"自在自然"的规模和步伐的加大,世界的各个角落几乎都刻印上了人类的足

---

① 许光伟:《保卫〈资本论〉——经济形态社会理论大纲》,社会科学文献出版社 2014 年版,第 597 页。
② 所谓"自在自然"是与"人类社会相区别的自然",是指独立于人类主体之外,按照自然自身运动规律发展着的和未被纳入人的实践范围的那一部分自然界或自然物;"自在自然"具有独立性、自在性、先在性等特点。参见[美]比尔·麦克基本:《自然的终结》,孙晓春、马树林译,吉林人民出版社 2000 版,第 61 页。"人化自然"又称"文化化"的自然,是指在人与自然之间相互作用的过程中,人使自然并使人自身的自然属性和器官成为人化了的世界,即自然被赋予了人类法的意义和性质。"人化自然"是随着不同历史阶段人类文明的发展而呈现出不同的蕴涵。参见林红:《人·自然·文化——试析中欧生态认同》,《中国西北边疆》2008 年第 1 期。

迹,"人化自然"成为我们这个时代的自然"面相"。人类活动对自然环境施加了全方位的不利影响——通过各种环境问题而致环境污染、生态破坏和失衡,程度如此之深,以至威胁到人作为自然体的生存。至此,作为维持生命需要所必须的生命物质如清洁的空气、水、阳光等,不再是一种天经地义的"自然荒野"而理所当然地索取,而是成为一种人对自然首要的、基础的利益需求而提出,进而成为现代法律所要保护和调整的利益类型。①

对于生态利益的概念,学界尚未形成共识,归纳起来,大致有以下几类。其一,以利益的客体属性为视角,将生态利益界定为一种客观存在的生存条件或生态成果。比如,"生态利益是指生物的生存或繁茂必须满足的那些物质和生态条件。"②"生态利益,是指生态系统提供给所有人(包括当代人和后代人)的客观利益,该利益表现为确保人的生命和健康的安全、生命系统的安全、生态系统的安全等。"③其二,以人对利益的需要为视角,将生态利益界定为客体对主体一定需要的满足。比如,"生态利益就是指人类生存与发展必须处于一种稳定和谐的生态环境之中,只有这种稳定和谐的生态环境才能满足人类持续生存和发展的需要。"④"生态利益是指生态环境作为人类生

---

① 环境问题作为现代文明在提供优越物质条件和精神财富之下的副产品,其解决办法不可能是让人类毁灭现代文明或者毁灭现代文明产生和发展的物质基础——人化的自然,法律作为文化的一种承载形式,其追求目标应当是世界,包括人化的自然处于法律秩序之下。参见黄智宇:《环境法调整对象之辨》,《中国环境法学评论》2013年卷(总第9卷),第246页。
② 叶平:《环境的哲学与伦理学》,中国社会科学出版社2006年版,第124页。
③ 梅宏:《"生态损害"的法学界定》,《中国环境资源法学评论》(2007年卷),人民出版社2008年版,第134页。
④ 黄爱宝:《生态思维与伦理思维的契合方式》,《南京社会科学》2003年第4期。

存系统对人类持续发展和永续繁衍的价值。"①此外,还有学者将从法哲学层面上生态利益理解为"生态的利益"而非"人的利益"。

上述学者的观点中,"客观属性说"没有注意到人对利益的主观需求,且将生态利益理解为"客观存在的生存条件或生态成果"显然与资源利益的内容产生重叠;"主观需要说"没有注意到利益的客体属性,且没有反映出人对生态利益的不同需求层次。从"利益"的法学概念的基本要素判断,生态利益应当是主体的主观需要与利益客观属性的统一。"生态的利益"是一种基于法哲学或生态伦理学的道德判断,不具有实证法学的意义。结合以上分析,笔者对生态利益的定义是:生态利益是指环境与生态系统服务功能满足人对安全宜居和良好优美环境需要的非物质性利益。依据人的需求层次和利益的属性,生态利益可以进一步界分为第一性的以保障生态安全为需求的生态宜居利益,以及第二性的以追求良好优美环境为需求的生态精神利益。

生态宜居利益,即生态安全利益。人类的基本生存条件,除最低限度的物质资源保障外,还必须有适宜居住的环境条件,如洁净的空气、清洁的水源、充足的阳光、适宜的温度等,这些要素相互作用而构成了人类作为生命体的基本生命支撑系统。工业革命以前数千年的人类文明史中,环境与生态系统的产品供给功能、调节服务功能、生命支持功能从整体没有受到人为因素的强力干预,人类的居住环境是安全的,人们往往感知不到这类利益的存在。现代环境问题、环境风险所引发的灾难性后果,使得作为人类生存底线的生命支撑系统

---

① 廖华:《从环境法整体思维看环境利益的刑法保护》,中国社会科学出版社2010年版,第138页。

遭受侵害或面临遭受侵害之虞,生态安全成为我们这个时代的重大课题。由此,对最低限度的宜居环境或生态安全的需求成为第一性的生态利益需求。

生态精神利益。人类同样不会只满足于"适宜居住"的最低层次生态需求上,良好的生态环境还具有精神、文化层面的服务功能。文明的进步引领人们追求更高层面的精神需求,由此产生了第二性的生态精神利益需求。生态精神利益可以借用"舒适性需要"、"舒适性资源"的概念来表达。美国经济学家克鲁蒂拉认为,与传统经济学中可耗竭的矿产资源(又称为"开采型资源")一样,一些稀有的生物物种、珍奇的景观、重要的生态系统,也能提供效用,具有价值,这类资源可称之为"舒适性资源";保护舒适性资源,或者把这类资源的利用程度严格控制在可再生的范围内是十分必要的。[1] 日本学者宫本宪一指出,所谓舒适性是包含了不能用市场价格进行评估的各种因素的生活环境,其内容包括自然、历史文化遗产、街道、风景、地域文化、社区团体、风土人情等。[2] 生态精神利益内容,涉及精神与宗教、旅游观光、休憩娱乐、美学享受、文化教育、故土情结等方面。

从"利益衡平"的角度分析,由于环境利益的整体性和区分性、公益性和私益性兼具的特征,环境法对环境利益的调整,需要对不同主体的生存保障性资源利益、发展性资源利益、生态宜居利益、生态精

---

[1] Anthony C. Fisher and John V. Krutilla, 1985. "Economics of Nature Preservation", A. V. Kneese and J. L. Sweeney (edited), 1985. *Handbook of Nature Resource and Energy Economics*, Vol. I, Published by Elsevier Science Publishers B. V., pp. 165—189.

[2] [日]宫本宪一:《环境经济学》,朴玉译,生活・读书・新知三联书店2004年版,第137页。

神利益等不同的环境利益类型进行协调和平衡,确定利益的保护位序,建立利益衡平机制,如生态利益补偿机制和生态损害填补机制,平衡利益冲突,确认和保护合法利益,抑制不当利益诉求。

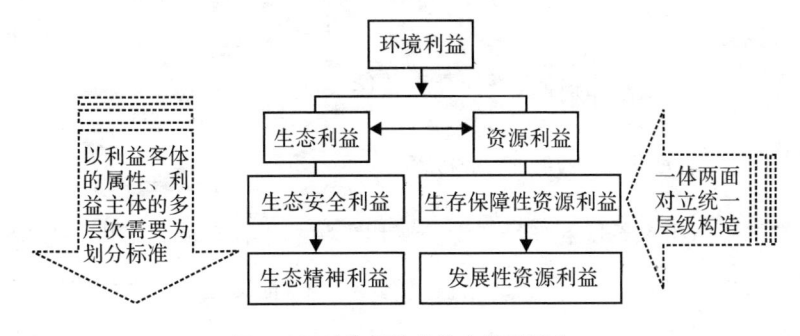

图 2.2 环境利益的基本类型界分

第三节 环境利益的增益减损原理

环境利益何以生成?影响利益增进与减损的主要因素是什么?上述问题的回答,是环境法对环境利益进行干预、保护和调整的前提。探究环境利益的法律调整,有必要对环境利益的产生和增益减损原理进行分析。环境法不仅要关注对环境利益的保护、增进、协调和平衡,更要关注对环境负担的预防、修复和治理的义务分配和平衡,两者是一个问题的两个方面,不可偏废。

一、环境利益的正向生成:"环境善"

从自然演进规律看,自然生态系统为人类提供了生存和发展所必需的空间、物质和各种基础条件,是环境利益的本源创造者和提供者。从人类活动和社会规律看,人类有目的开发利用、保护改善和修复治理环境与自然资源的活动对环境施加积极影响,则可以创造出新的环境利益。因自然禀赋和人为活动而生成和创造的环境利益,可以分别称之为"原生环境利益"和"次生环境利益",二者相互交织叠加,共同构成了保障人类社会可持续发展的"环境善"[①]。

(一) 自然禀赋的环境利益

地球生态系统和环境资源为一切生物的生存和演化提供了基础和条件,是哺育人类成长的摇篮。迄今为止,地球是唯一适宜人类生存和发展的家园,是人类的母亲。地球的自然生态系统、环境资源是人类必不可少的生存资源和发展资源,是大自然赐予人类的"红利",是自然意义上的本源利益的提供者。地球生态系统自身的演化规律并不以人的意志为转移,春暖花开,四季更替,草木枯荣,物种繁衍……如果没有外力的干扰,地球生态系统会向着成熟的、稳定的方向演进,为人类的发展带来惠益。某些自然进程的演化可能会带来利益的增进,对人类经济社会的发展带来有利的影响,也有些自然进程

---

① "环境善"是环境正义讨论中的一个重要概念。英国政治哲学家戴维·米勒(David Miller)认为,"环境物品"包含了"环境善(environmental good)"和"环境恶(environmental good)"两方面的内涵。"环境善"是指一切环境特征的积极方面:它可以是一种自然特性、一种动物,也可以是一个栖息地、一个生态系统,诸如此类。正因为如此,"无论是臭氧层的保护、河流免受污染、西伯利亚虎的继续生存,还是可为登山者利用的开阔山地,以及古代纪念碑的保护",在戴维·米勒看来,都可以算作潜在的环境善。"环境恶"则指一切环境特征的消极方面,如环境污染和生态破坏。参见 David Miller, "Social Justice and Environmental Goods", in Andrew Dobson, *Fairness and Futurity: Essays on Environmental Sustainability and Social Justice*, Oxford University Press, 1999, pp. 151—153. 转引自王韬洋:《戴维·米勒论环境善物》,载《哲学动态》2012 年第 10 期。

可能会带来灾难性的后果,如地震、火山爆发、因自然演化进程而出现的周期性气候变化等,对人类而言会导致"利益"的减损,但从总体上看,自然规律作用下的地球生态系统周而复始的自我演化、自我调节、自我更新,为人类提供了生存和发展的基础。因此,在本源意义上,大自然是人类所有福祉的源泉,是经济繁荣和社会发展的基础。虽然,自然运行的客观规律不以人的意志为转移,但可以通过认识并顺应自然规律,趋利避害,合理利用自然生态系统自身所创造的利益,实现人与自然的和谐发展。

基于自然禀赋而生成的环境利益,主要源于以下客体要素:

第一,自然资源。自然界不仅为人类生存提供了必要的空气、水、食物、温度等,还为人类提供了赖以发展的土地、森林、草原、矿藏等自然资源,以及风力、水力、地热、太阳能等能源资源,这些资源可以作为生产要素投入到企业生产中,经过劳动加工后,转化为满足人类需要的产品,或再生产所需要的生产资料。

第二,生态自维性资源。生态系统通过物质循环和能量流动而为地球上的生物提供服务,即经济学上的生态系统服务功能,除提供食物、淡水、薪材等物质产品外,还具有保护土壤、调节水文、改善气候和区域生态状况等功能;地球上的动物、植物和微生物等生命相互支持,相互制约,维持着地球生态系统的平衡,也维持着人类自身的生存。

第三,环境容量资源。环境负载能力是地球生态系统的一项基本功能,任何生态系统都有一定的负载能力,包括一定的生物生产能力,吸收消化污染物的能力,忍受一定程度的外部冲击的能力。当一个生态系统所供养的生物不超过其生物生产能力时,生态系统就会朝着良性的方向发展,否则就会恶化甚至崩溃;当人类生活、生产活动中大量排放的生活垃圾、污染物、工农业生产废弃物不超过环境自净能力的上限时,将被环境所吸收和净化,否则就会出现环境污染和生态恶化;当人类或自然力形成的冲击周期远远大于生态系统的自我恢复周期时,生态系统将被破坏。

第四,舒适性资源。指能为人类提供精神与宗教、美学享受等精神性服务的功能,满足人类精神需求的资源,主要指的是各类景观资源、公共土地、国家公园、自然保护区等。该类资源体现了对人类娱乐、美学、文化、科研认知、教育和健康方面的需求的满足。

此外,不同区域的资源禀赋、生态系统服务功能、环境承载能力具有差异性,因而满足人类需要的能力是不同的,人们获得环境利益的便利程度也是不同的。比如,中国山清水秀的江南和冰天雪地的塞北,所提供的满足人的需要的环境利益各有不同,并不具备统一的衡量标准,从本源意义上讲,正是这种"先天差异"的存在,环境利益才呈现出"区分性"的特征。

(二)人工创造的环境利益

环境政治学家安德鲁·多布森(Andrew Dobson)指出,正如社会正义是关于善物与恶物、利益与负担的分配,环境正义分配的对象也应该包括环境善物与环境恶物(以及作为其影响的环境利益与环境负担)两部分,分别意指那些"可以被积极或消极地评价的任何环境特征"。人类如果停止向自然索取物质和能量,将丧失生存的基础。因此,开发利用、改造自然的活动就贯穿了人类的历史,成为社会发展的不竭动力与基本图景。纵观人类社会的发展史,就是一部利用自然、开发自然、改造自然的历史。通过有目的的生产活动,向大自然索取更多的利益,从而推动社会的进步、文明的发展。春耕秋收,养殖放牧,植树造林,引渠灌溉……无不体现了人类对自然的改造和利用。人类对自然环境的影响主要体现在两个方面:一方面是对自然环境施加积极的建设性影响,合理利用自然资源,保护和改善环境,创造出新的更适合人类生活的人工自然或人工生态系统,实现了环境利益的创造或增进;另一方面是对自然环境产生消极的破坏性影响,使原有的自然生态平衡失调,引发环境问题,带来环境利益的减损。

基于人工创造或增进的环境利益,主要通过以下人为活动得以实现:

第一,环境保护和生态建设。环境为人提供了必要的生存条件和物质基础,在人与环境的关系中,人类自身就是环境的产物,是自然进程中物种进化的结果。但是,人类并不只是被动地适应自然,而要通过有目的的社会化劳动开发利用环境及其自然资源,从而影响和改变自然的进程。在人与自然的二维互动关系中,人类的活动不能改变自然演进的规律,不能超过环境的承载能力,不能打破自然生态系统的平衡,否则就会造成和谐状态的破坏,对人类的生存和发展带来不利影响。因此,在经济社会发展的同时致力于环境保护,采取各种预防性、保护性、救济性措施,比如设置自然保护区、风景名胜区、国家森林公园等,禁止或限制人们在这些区域的开发利用行为,使环境不致因人的活动而破坏乃至恶化,以及通过封山育林、退耕还林、生态防护林建设工程等,改善区域环境质量。这一过程事实上是环境利益的保护、创造和增进过程。

第二,生态修复和环境治理。世界各国发展的历程表明,人类社会对环境问题的认识有一个渐进的过程,早期西方国家走过的"先污染,后治理"的老路如今正在很多发展中国家重演。随着对人与自然关系认识的提高,传统道路的难以为继,以及科学技术水平的提高,对已经破坏了的生态进行修复,对历史时期形成的各种环境问题进行综合治理,是实现经济社会可持续发展的必然。如我国各地开展的流域生态治理工程,矿山地质环境治理工程等,均属于生态修复和环境治理活动。对已被破坏的生态环境进行修复治理,需要通过社会劳动来实现,也需要付出巨大的成本,但结果必然是实现了环境利益的创造和增进。

第三,环境资源的可持续开发利用。在自然环境的基础上,为了满足人类更高层次的对舒适环境的需要,人类通过有目的的社会劳动,对自然环境进行加工和改造,从而创造出更加有利于生活、生产的人工环境。如城市环境、人文遗迹、基本农田、人工林等。人工环境的创造,是通过社会劳动的投入而获得的,也是一种环境利益的创造。在不损害生态利益的前提下,对环境资源进行的可持续开发利用,是实现环境资源经济价值,增进人类福利,推动经济社会发展的基本动力。

上述从自然禀赋和人工创造两个方面对生态利益的生成原理所做的分析,仅仅是分别考虑了自然演替规律和人类活动对环境利益增进的影响,更多是一种理论上的推演。在当代,自然作用与人类活动影响已经密不可分,两者相互交织,复合叠加,协同作用,并不容易做出明确的区分。在我们所生存的地球,已经形成典型的"自然+人工"的二元复合影响。了解环境利益的增进,不仅仅是单纯考虑自然演替规律、人类活动干扰各自的影响,还应关注其复合作用。

二、环境利益的负向减损:"环境恶"

基于自然和人工二元交互作用下生成的环境利益,并不总是能够保持利益总量恒定或正向增进,自然作用或人为活动都可以引起利益总量上的减损。因自然原因和人为原因引发的生态破坏、环境质量退化、资源耗竭等环境问题,环境法学上分别称之为"原生环境问题"的"次生环境问题"。环境问题是一种消极影响和负担,环境问题越严重,环境负担就越严重,环境利益也随之出现减损或负增长,形成不利于人类生存和发展的"环境恶"。

自然原因引发的原生环境问题,是因自然环境自身变化而造成的生态破坏或环境质量下降,例如火山爆发、地震、洪水、冰川运动等造成的环境问题。一般情况下,人类无法实现对这类环境问题的控制,环境法律也无从介入。但是,人类可以利用不断发展的科学技术,采取预防性措施,尽量减少或避免危害后果的发生,并通过相应的立法对人类活动加以规制。环境法所要规制的环境问题,主要是因人为原因引发的次生环境问题。

(一)环境污染和生态破坏

在工业革命之前漫长的历史进程中,人类经历了原始农业和原始畜牧业、农耕文明等发展阶段。原始农牧业社会时期,人类以穴居树栖、采集狩猎的方式生存,劳动工具简单,对环境的开发利用能力和规模都极为有限,人类主要依靠获得自然禀赋的环境利益维系生存和发展,人类对自然界的影响无论是积极影响还是消极影响都极为微弱。农耕文明时期,对自然环境认识水平的提高、劳动工具的改进、生产力的提高,使得人类改造自然的能力有了很大提高,对自然环境的开发利用活动造成了一定程度的环境问题,如土地开垦导致局部天然植被和森林资源破坏、水土流失、环境污染、生态破坏等。但总体上看,以简单分工、自给自足为主要生产方式的农耕社会引发的环境问题区域范围不大,一般情况下,这些环境问题通过自然生态系统的资源再生能力和环境净化能力得以控制和减少。与之相对应,"在早期的人类精神意识里,存在着自然时间、空间的无限性的知觉,并产生了自然无限且永恒的社会观念和意识。"[1]

工业革命以来,伴随着生产力的发展和技术的显著进步,人类的自我意识和主体性的急剧膨胀,自然界逐渐被纳入人类社会经济体系之中,成为一个纯粹的"物化"系统,成为人类技术理性、经济理性所驯服甚至奴役的客体和对象。[2] 人类支配自然的能力空前提高,对自然资源展开大规模掠夺式的开发利用,水资源短缺、土地荒漠化、森林草场退化、石化能源枯竭等资源短缺和生态破坏随之出现。伴随着工业生产和消费过程,特别是煤和石油的消耗量的急剧增加,化学工业的发展,向环境排放的大量污染物超出了环境的自我净化能力,造成了严重的大气污染、水污染、废物污染、放射性污染、噪声污染,甚至发展成为公害事件。环境污染和生态破坏的复合作用,使得生物多样性锐减,地球生态系统失衡。面对人类的傲慢与自大,自然界对人类的惩罚也同样达到了空前的程度。以生物多样性为例,在大自然这个精巧复杂的体系中,没有任何东西是多余的,一个物种的灭绝可能会意味着生态系统的整体平稳运行被打破,迟早会对人类

---

[1] 柯坚:《环境法的生态实践理性原理》,中国社会科学出版社2012年版,第13页。
[2] 同上书,第14页。

的健康、安全利益产生严重影响。印度秃鹰的事例是一个很好的例证：千百年来，印度次大陆上的秃鹰勤勤恳恳地履行一项基本的清理义务，它们把暴露于乡野的腐烂动物尸体处理干净，高达4000万只的秃鹰每年能消灭1200万吨的动物尸体。后来，印度秃鹰在印度次大陆急剧减少几至灭绝，起因是当地人给大量牛身上注射消炎药，这些牲畜死后残留在身体里的药物被秃鹰吸收而导致其成批死亡。这很快就引发了一系列的问题，因为没有秃鹰清理动物的尸体，野狗的数量急剧增加，野狗的增加又导致被狗咬伤的人数上升，从而引发狂犬病的流行，数万人为此丧命，整个过程给印度造成超过300亿美元的经济损失。① 进入20世纪70年代，臭氧层破坏、温室效应、酸雨、光化学烟雾等广域性、全球性环境问题开始出现，新一代环境问题——环境风险的概率增大。

(二)环境风险

"风险社会"理论的倡导者乌尔里希·贝克(Ulrich Beck)认为，人类社会的现代性可以划分为简单现代性和自反现代性两个阶段。与简单现代性阶段相对应的是工业文明时代，在此阶段，现代社会包含着不断自我消解、自我创新，并将其自身从一种形态演变为另外一种形态的内在动力。自反现代性是与现代工业社会所不同的新的现代性，是指工业社会胜利成果自我创造性消灭的可能性：工业社会导致社会的自我对抗，这又不可能让工业社会体系的制度化标准进行处理和消化；现代社会的现代化越是深入，工业社会的基础便越是受

---

① ［美］蕾切尔·卡森：《寂静的春天》，许亮译，北京理工大学出版社2014年版，第36页。

到消解、改变和威胁。① 与贝克提出的第一波现代化浪潮相对应,工业文明时代所产生的生态破坏和环境污染问题属于第一代环境问题。第一代环境问题的特点是:其一,大部分具有科学上的确定性,因而相对容易得到防范和控制。这类环境问题通常可以通过科学技术手段予以事先预测,尽可能避免其发生不利于环境和人类的影响,比如,通过污染物总量控制制度,以及污染防治科技手段和设施的改进,可以有效预防或尽量减少可预见的环境污染的发生。其二,具有可恢复和可救济性。这类环境问题发生后,一般可以通过一定的事后技术性措施予以恢复治理,通过相应的法律制度予以保障救济。如通过环境与自然资源税费制度、生态恢复专项治理活动等,使受到损害的环境与生态系统尽量恢复到正常的状态。也即针对这类环境问题的"先污染、后治理"尚具有技术和制度上的可行性。

在贝克看来,自反现代化阶段对应着一种新的社会形态——风险社会。由人类实践所导致的全球性风险增大,在这样的社会里,各种全球性风险对人类的生存和发展带来严重的威胁。自反性现代化阶段的出现意味着工业文明时代的终结,它是当代社会现代性进程的异变以及现代化进程断裂的产物。风险社会的环境问题可以称之为第二代环境问题,工业文明时期所造成的环境问题尚未从根本上得到解决,气候变化、臭氧层破坏、生态系统退化、转基因生物技术、核污染扩散、对于健康或环境致害的化学物质等环境风险发生的概率和影响范围都大大增加。第二代环境问题的显著特点是:其一,科学上的不确定性增加。对于特定的环境风险,对其发生的概率、机理、损害后果、行为与损害结果之间的因果关系,科学上往往不能做

---

① [德]乌尔里希·贝克等:《自反性现代化》,赵文书译,商务印书馆2001年版,第6页。

出确定性的、可靠的预测、分析和评估。其二,环境风险的后果一旦发生,往往具有扩散性、不可逆性,对环境造成的损害很难恢复到损害发生之前的状态。科学的不确定性要求克服以往简单的、非此即彼的线性思维方式,构建开放的知识生产和决策体制,让更多元化的诉求和主体参与其中,并将融合历史、传统、价值、多元的和跨学科的知识体系与视角。如何适应风险时代的来临,将风险和风险防范的社会思想作为社会组织和社会控制的指导准则,是各国政府必须认真面对的一个重大问题。

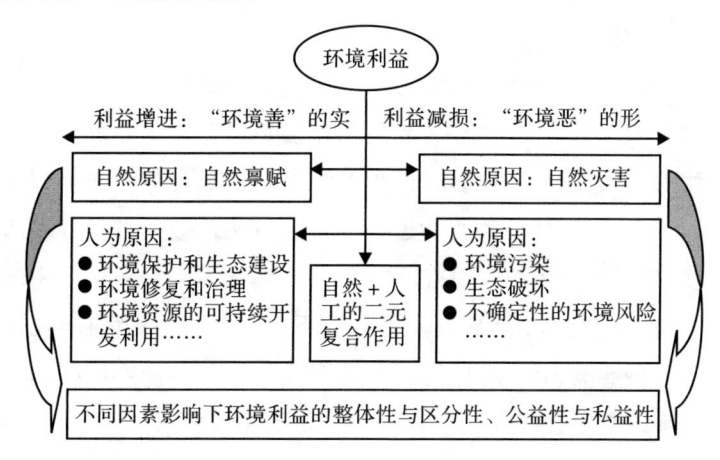

图 2.3 环境利益的增益减损原理

从"行为规制"的角度分析,环境法对环境利益的保护应当围绕人对环境施加的"利益"和"不利益"行为而展开。一方面,肯定和鼓励各类社会主体对环境施加积极影响的行为,如植树造林、防沙治沙,发展生态产业,在生态功能区实施严格的保护措施、实施改进生态系统生态服务功能的生态工程等,建立相应的激励机制和生态补偿制度,以促进生态利益的整体增进。另一方面,限制或禁止减损坏境公共利益的行为,对可能发生的环境风险进行积极预防,如污染物排放必须保持在总量控制的范围内,符合环境质量标准;对自然资源的开发利用应当限制在环境资源的自我更新和承载范围之内,实现资源利益和生态利益的统一;面对存在科学的不确定性的环境风险,采取必要的、积极的防范措施。上述目标的实现,需要有相应的强制管制制度和惩罚制度作保障。

第四节 环境利益的法律表达机制

上述分析表明:环境利益的正向生成的增进最终构成了有利于人类生存和发展的"环境善",环境利益的负向减损则导致了不利于人类生存和发展的"环境恶",两种结果既与自然自身的演化进程有关,又与人施加于环境的行为密切相关。自然进程经过亿万年的发展演变,已经形成了稳定而有恒的自然规律,维系着地球生态系统和生命支持系统的正常运转。一般情况下,如果没有违背自然规律的人为活动的影响和干预,即使因自然原因引发某种原生环境问题,自然生态系统会通过自我调节功能最终达到系统的再平衡,在自然规律的支配下实现自然进程的正常运行。因此,当代环境问题主要是人的活动违背自然规律,对环境的不当干预所引致的。环境法作为人类社会的上层建筑,虽然不能直接干预自然进程和自然规律,但可以通过规制人的行为,平衡各种利益关系,调整人与人之间的关系,进而调整人与自然的关系,实现人与自然的和谐发展。

无论是"行为规制"还是"利益衡平",环境法的制度设计都是围绕"环境利益"这一核心问题而展开的。人的行为对环境利益有增益、减损两个方面的影响,而不同主体的增益、减损行为又会对其他

第二章 环境法法权的逻辑基础:环境利益

主体的利益带来正外部性和负外部性两个方面的影响。因之,环境法对影响环境的行为进行规制的过程,同时也是对不同主体之间的利益不平衡关系进行平衡的过程。鉴于"环境利益"在环境法中的基础性地位,以及环境权进路的理论供给和实践运行之不足,有论者指出:"拨开环境权的迷雾,我们看到的是环境利益的原形,与其诉诸环境权的无共识与不完备,不如直接以环境利益为焦点,进行研究取向上的转型和法律制度的构造。"[1]这一观点深刻洞见了环境利益在环境法制度构造中的"本源性"地位,并基于环境利益的"区分性"特征,试图通过环境协商和经济诱因等手段展开"环境利益的分配",具有法理上的指导意义。但是,这一分析进路没有触及环境利益法律实现的制度路径,即建立在环境利益之上,以各类主体"环境权利—环境义务"、"环境权力—环境职责"为核心的制度安排,从制度建设的角度而言是不够的。

笔者认为,环境法围绕环境利益而进行的种种制度设计,最终会反映到公众(包括公民和公民社团组织等)、政府(包括各级政府、政府负有监管管理职责的部门等公权力机关和其他经授权的团体和组织等)、企业(包括企业、生产经营单位和其他开发利用主体等)各方主体的环境权利义务以及环境职权职责关系中。因此,建构完善的环境法法权体系,即围绕"环境权利—环境权力"的规范建构而形成动态平衡和协调稳定法权统一体,是环境利益法律表达和法律实现的必然进路。

---

[1] 杜健勋:《环境利益分配法理研究》,中国环境出版社 2013 年版,第 100—101 页。

一、以环境权利为核心的权利义务机制

环境利益是环境法的利益指向,是环境法的应然法益。环境利益从应然法益上升为实定法益,一个重要的进路就是环境利益的权利化。

生态利益的权利化。生态利益,是环境利益中具有典型公益属性的利益类型。生态利益能否上升为法律上的权利进而受到法律的积极保护?这一问题正是环境权理论争论不休的焦点。传统理论认为,加强国家环境管理职能,赋予政府环境公共权力,对污染环境和破坏生态的行为进行公权干预,是保护环境公共利益的基本路径。但是,现代环境治理实践一再证明,环境权力手段的单向性不符合现代社会治理的民主、合作、协商理念,环境问题的复杂性与环境公共权力触角的有限性,环境保护领域"政府失灵"的问题以及各种因素,决定了仅仅依靠公权力手段无法达成环境保护的目标。赋予私主体以享有良好舒适环境为内容的环境权,目的在于更好地实现对环境公共利益的保护,对环境权力进行监督制约,实现环境保护的民主参与和多元共治。环境权是指享有良好舒适环境的生态性权利,是生态利益的权利化形态。关于环境权法律保护的必要性,目前学界已基本达成共识。

环境权应当成为独立于人格权和财产权的新型法律权利。这一权利与传统人格权和财产权最大区别在于:作为权利的客体的环境资源与生态系统不具有排他性,某一特定主体提起环境权主张,既是对自身环境权利的维护,也是对环境公共利益的维护;一部分主体放弃行使环境权并不排除其他主体行使环境权。因之,环境权是一项

"社会性"权利。这一特征决定了环境权的实现不仅有赖于权利主体的积极行动,更有赖于权利主体和其他社会主体承担相应的环境义务。"环境义务是指基于行动者所身处的社会或群体中的人们的共同愿望而产生的,经由法律所设定和认可,行为者基于环境公共利益或他人的环境权益为或不为某种行为的应当性。"[1]公民在享有环境权的同时,应当履行保护环境的义务,如选择低碳、节俭等有利于环境的生活方式和消费方式的义务。同时,生态利益的公共属性,决定了环境权的实现还必须借助政府环境公共权力的保障。

资源利益的权利化。资源利益,是环境利益中具有私益属性的利益类型。资源利益的权利化,即通过对自然资源的所有权、利用权和收益权等权属制度的安排,实现自然资源的经济价值。关于自然资源所有权,由于自然资源是人类的基本生存条件和生产资料,当代世界各国大多将自然资源宣布为国家所有。在自然资源的国家所有(某些情况下有集体所有)的前提下,实现对自然资源的有效利用是自然资源权利制度的重点。

由于自然资源是人类生存和发展的物质基础,无论是大陆法系的物权法还是英美法系的财产法,很早建立了以土地为中心的自然资源开发利用的权利规范。现代民法拓展了对自然资源调整的范围,将土地以外人类现有经济和技术条件下能够开发利用的自然资源均纳入规制对象,并将其作为民法上的非典型的"物",建立起以自然资源为中心的非所有合理开发利用权利制度,民法上称之为自然资源物权制度。这类权利主要包括土地使用权、水体使用权、海域使用权,以及取水权、采矿权、采伐权、捕捞权、狩猎权等。自然资源开

---

[1] 秦鹏、杜辉:《环境义务规范论》,重庆大学出版社2013年版,第78页。

发利用权的目的,在于实现自然资源对人类产生的经济价值,但由于自然资源本身具有生态价值,对自然资源的开发利用须以不损害自然资源的生态价值为限。

自然资源开发利用权的实现,权利主体应当同时履行保护和节约自然资源的义务,并不得对其他主体合理利益自然资源的权利造成侵害。同时,权利的取得和实现或以法律授予权,或以行政许可、行政管制等手段为前提,须受到环境权力的制约。

二、以环境权力为核心的"职权职责"机制

从法益配置的角度,"权力是实现法益的第二性手段"。由于环境问题关涉到人类的生存和发展,而环境资源具有典型的公共物品性质,理论上讲,经由全体国民授权,在环境事务领域,政府以环境公共利益代言人的身份,行使环境公共权力,具有无可置疑的正当性。因之环境公共利益的"权力化",是环境利益法律表达和实现的又一重要路径。

环境权力行使的目的在于:既要保障各类主体对环境与自然资源合理开发利用的权利,又要把开发利用行为限制在不超过环境容量的承受范围内,对污染和破坏环境、损害环境质量、侵害环境公共利益和他人合法环境权利的行为依法进行管制,保护环境公共利益,保障公民享有良好环境质量的环境权。环境权力的内容体现在两个层面,一是环境职权,即法律赋予政府及其环境监管机关从事环境管理活动的资格和权力,是一种授权性规范;二是环境职责,依法行使环境职权是权力主体不可让渡的义务,当其不履行或怠于履行环境职权、违法或不当行使职权而应承担的相应的责任,是一种义务性规

范。环境权力涵盖了对环境公共利益保护的方方面面,主要包括制定和落实各类环境规范和环境标准的权力,依法管理各类环境与资源开发利用活动的权力,处理各种环境纠纷的权力,对各种污染和破坏环境资源的行为进行监督的权力等。环境权力的行使,以保障和平衡各类环境权利、不损害环境公共利益和各类主体的合法环境权利为限,同时要受到环境权利的监督和制约。

作为应对环境问题而产生的新兴部门法,环境法从一开始就体现出强烈的命令管制法的特征。建立和完善环境权利体系,构建动态平衡的环境法法权结构,让"环境权利"和"环境权力"在各自的边界内,相互协作、相互制约、相互促进,实现"环境权力"的一元主导向"环境权利—环境权力"的合作共治的转变,是现代环境法治的发展方向。

第三章 环境权利的体系架构

　　权利是当下法治宏图中无可置疑的制点,"迈向权利的时代",这种颇具宏大叙事意味的说辞,揭示出权利已成为当今时代法治精神的集中反映和未来走向。20世纪80年代以来,在权利强势的话语背景下,围绕"环境权理论"对环境权利展开的讨论始终都是环境法学领域一个占据主导地位的核心论题。"环境问题背后所反映的利益关系错综复杂,涉及众多的价值冲突、利益冲突和目标冲突,其中,政府的发展任务、企业的经济目标、公众的环境利益诉求在环境事务中构成了相互掣肘的利益相关者的互动关系。在这种复杂关系中,将各利益相关者的权利明晰化、类型化就显得尤为重要。"[①]关注环境权利体系的建构,不仅是奠定环境法学的理论基础的需要,更是推动环境法治建设的迫切需要。环境法学术研究共同体为此进行了不懈的理论探索,然而,令人遗憾的是,当下学界对环境权利体系建构的研究仍然非常薄弱,虽然与环境权利相关的各种理论和学说竞相登场,但表象繁荣的背后,往往陷入自话自说、各自为政的泥潭,缺乏必要的沟通基础,缺乏整体视角下的体系化整合,难以形成彰显部门法特色、奠定部门法学科理论基础的环境权利体系。对此,汪劲指出:中国主流环境法学界有关权利研究的课题目前主要呈分散式、条块式、

---

① 秦鹏、杜辉:《环境义务规范论》,重庆大学出版社2013年版,第1页。

断裂式状态。例如,环境权、自然资源物权、排污权以及环境法上的其他权利研究都是分别进行的。但是,由于环境价值的多样性和关联性,如果孤立地研究环境利益之上的权利,必然会陷入单向性和绝对思维的囚笼,而无法解决人与人之间围绕环境而产生的复杂的利益关系。[①]

本书所言说的环境权利,不是环境法上某一类具体的环境权利,而是形式意义上对环境法上的权利谱系的统称,即以环境资源与生态功能为客体,满足人们对环境资源与生态功能的多重需求,应当由法律认可的各种环境权利的集合体。对环境权利的应然体系和逻辑结构等问题做理论上的分析和探讨,对于建立内在协调、逻辑自洽的环境权利体系,实现环境法中不同属性的环境权利、环境权力内外部动态平衡,推动中国环境法治建设具有重要的理论和现实意义。

第一节 环境权利的正当性

从实证分析角度,现代环境治理是一个围绕管制而展开的过程,环境法是在应对环境问题和生态危机的过程中从其他部门法中脱胎而产生的法律分支,从一开始就带有明显的政策适用和命令管制的意味。这种问题关注和危机应对法的特征,使新兴的环境法看起来只需要勾画针对现实问题的"理想图景",而无须过多考虑其存在的原理和正当性。依据这一认知,环境法将会成为一个缺少独特的法理学历史渊源的制定法体系。这显然是不能令人接受的,因为:"没有哲学和历史意味的环境法只是一个苍白和贫血的创造物,只有浸

[①] 参见王社坤:《环境利用权研究》,中国环境出版社2013年版,序言第5页。

透着内在价值和哲学深度的环境法才体现了一种知识上的成就"。①权利理念的注入,为环境法奠定了伦理道德和价值基础,为现代环境治理的民主协商和多元参与提供了依据和保障,彰显了现代法治精神,也是新兴的环境法迈向"回应型法"的必然进路。②

古典自然法学理论认为:财产权是从人与世界的关系中演化出来的,并被这种关系所塑造的一种权利,与地球自身一样,财产权可以被视为造物主所创造的神圣秩序的一部分。③ 无论是大陆法系的物权法还是英美法系的财产法,很早就对环境资源的财产价值给予了关注,并构筑起以土地权利为中心的财产权或物权制度。但是,体现环境资源生态价值的环境权利概念的出现,则远在现代环境问题产生之后。20世纪60年代环境权概念的提出,其旨趣在于:公民有在良好舒适的环境中生活的权利,这一权利应当是公民的基本权利;进而,惟有架构出一套完整的环境权利体系,良好适宜的生存、生活环境的供给才不会仅仅停留在国家福利的层面上;融入环境权利元素的环境法,才能摆脱问题应对法和管制法的面相,为环境保护注入

---

① 王社坤:《环境法的正当性根源——"环境法的哲学基础:财产、权利与自然"介评》,《清华法治论衡》第13辑,第397页。

② 20世纪在美国兴起的伯克利学派将法律分类为:压制型法、自治型法、回应型法。其中,压制型法以政法合体为特征,具有威慑性和使用强制力等特征;自治型法是表现为政法分离、正当程序、司法独立等特征;回应型法则是基于自治型法适用过程中的弊端,在程序正义的基础上,更加追求实质正义。伯克利学派提倡将自然法的研究进路引入法律社会学研究中,注重价值在法律推理过程中的指引作用,主张在正当程序的基础上,通过沟通协商,鼓励公民法律参与,提升法律机构能力,构建一种文明、权利本位、限制义务的理想化法律秩序,即回应型法律模式。参见[美]P.诺内特、P.塞尔兹尼克:《转变中的法律与社会:迈向回应型法》,张志铭译,中国政法大学出版社2004年版,第59页。

③ 王社坤:《环境法的正当性根源——"环境法的哲学基础:财产、权利与自然"介评》,《清华法治论衡》第13辑,第397页。

民主参与的不竭动力,为解决现代环境问题提供新的路径。

权利的正当性是权利存在的根本。正当性(legitimacy),是一个内涵非常复杂的概念,大致来说,是指某一种事物具有被普遍承认和接受的基础,至于具体的基础,则可能是某种道德法则、自然法则、习惯法或实定法律,需要视该种事物的实际情境而定。在绝大多数场合,正当性与广义的合法性或正统性是被等值使用的。政治学上的正当性,是指一种政治统治、权力或权威能够让被社会成员所认可,被认为是合理的、合乎道义的,因而能够自愿接受、服从和认可的能力与属性,其基本要义是:"由于被判断或被相信符合某种规则而被承认或被接受。"①法学上的正当性,是判断法律是否为良法的标准,也常指某类法律权利、法律制度是否具有价值判断上的合理性和合目的性的依据。探讨环境权利体系的架构,首先需要回答一个本源性问题:作为环境危机时代的新型权利,环境权的要求,即公民享有良好舒适环境的要求为什么是正当的?以下从权利的自然法学中的环境权利意蕴、环境伦理中的环境权利基础等层面,对环境权的正当性依据进行探寻。

一、自然法中的环境伦理权利

具有悠久历史和丰富内涵的自然法理论,经常被用来证成某类法律权利的道德和伦理上的正当性。面对古今中外卷帙浩繁的自然法论著,任何试图纵观其理论发展脉络的想法都是令人望而生畏的。但是,从悠久的自然法传统中搜寻环境权利赖以附存的道德和伦理

---

① 高丙中:《社会团体的合法性问题》,《中国社会科学》2000年第2期。

根基,还是有迹可循的。

自然法学是西方法律哲学和思想史上最早的学术流派,它主张倡导超越实在法的自然法的思想和观念。17世纪的古典自然法学派代表人物格劳秀斯(Hugo Grotius,1583—1645)、巴鲁赫·德·斯宾诺莎(Baruch de Spinoza,1632—1677)等人从哲学的高度,论述了在国家制定的实在法之外,还有一种凌驾于实在法之上的超越实在法的自然法,自然法是以人类理性为基础,是一切人的共同规范,凡是有理性的人类都要受自然法支配。自然法是独立于人而存在的自然正义、自然理性和自然法则,是自然界的普遍原则,意味着上帝的旨意。在亚里士多德(Aristotle 公元前384—前322)看来,自然是反映自然存在之秩序的法律,其内容具有普遍适用、永恒不变的性质;自然法高于人定法,是人定法制定的依据。不仅如此,自然法还应当是人定法的价值判断与评价标准,人定法只有在符合自然法的情况下,才具有正当性。

自然法理论的鼻祖人物格劳秀斯认为,随着人类社会生活趋于复杂,开发地球环境资源作为一项基本权利逐渐进入私人财产领域,但是人们在对自然资源主张财产权利的时候,其能力需要受到一定的限制。这是因为,利用这些自然资源的目的只能是维持自身的发展,这是基于上帝的原始授权。后续的自然法学家从各自的角度对这一理论进行了深化,在普芬道夫(Samuel Pufendorf,1632—1694)看来,财产表达的是人控制世界的权利,而在洛克(John Locke,1632—1704)看来,财产表达的是人利用世界的特权。依据洛克的观点,环境资源可以被人类利用,但只能是基于保持和享受的目的,且不能被滥用。可见,早期的自然法学家所表述的财产权利概念,是建立在人与外部世界的关系的基础之上的,具体到"人与环境"关系中,财产权的行使以维持自身发展和不损害良好环境为限度,财产权概念的应有之义就是划定正当使用财产行为的界限,以避免财产使用行为对环境产生损害,二者存在着密切的联系,人类的发展是可以与良好环境和谐共存的。借用当下的权利话语来表达,财产权利与享受良好环境权利是可以和谐共生的,实现财产权利不能对环境权利造成损害。早期自然法家的这一思想,可以看作是环境权利的正当性的一个原初的理论依据。

这种以自然价值解释财产根源的思想在18世纪发生了改变。财产的基础被视为是规则的产物,是立法者意志的反映。这样,财产的基础并非是人类的普遍理性,不再是对世界秩序的反映,财产权利被限定在人域关系之内,逐渐远离了自然权利或自由。其后随着实证主义法学的兴起,自然法反映自然价值的观念更是一度衰落。实证主义法学家边沁(Jeremy Bentham,1748—1832)及其追随者认为,个人权利不是由社会本质塑造的,而是立法者意志的产物,通过制定法表达,是追求社会目标的工具,并不拥有任何内在的形式。财产权在本质上是一个纯粹表达人际关系的概念,以追求良好环境名义对财产权施加限制,在观念上是被抵制的。这种功利主义路径下,自然法学家关于法律规则和权利源更深层次的道德观念和自然价值的理论被抛弃了,良好环境权利所赖以存在的道德根基被消解于无形。

19世纪末20世纪初兴起的新自然法学派给自然法带来了新的活力。新自然法学的主要学说有雅克·马里旦(Jacques Maritian,1882—1973)的新托马斯主义法学,以朗·富勒(Lon L. Fuller,1902—1978)和罗纳德·德沃金(Ronald Dworkin,1931—2013)、罗尔斯(John Bordley Rawls,1921—2002)为代表的非神学的自然法学说等。新自然法学各流派有价值主张各有差异,但都不再主张实在法之上的、永恒不变的自然法,而是强调法律与道德的密切联系,强调实在法应从属正义等价值准则,要求个人权利和社会权利在理性和正义的制度下相互结合。新自然法学派认为,人权的基础是自然法,生存权、自由权利和追求生活完美的权利均属于自然法。新自然法学派倡导的权利论、正义论、民主论等自然法思想,对当代环境正义观念、环境公平价值乃至整个环境法体系都产生了深远的影响。依据新自然法学派的理论主张,环境资源的财产权利与享受良好环境的权利应当在自然权利的旗帜下实现和谐共生,两类权利均是人享有的正当权利。此外,凭借自然法的理性概念不难引申出后代人的权利主体资格和权利内容,因为当代人与后代人并非截然分开的,后代人是一个不断出现的群体,它与当代人组成了一个连续统一体。代际和谐要求人域法调整人类的具体行为,使之不致于破坏应有的代际和谐,或恢复已经失衡的代际关系。

二、环境正义的环境法表达

正义(justice),是法律的永恒价值追求,而权利是正义的表达路径。正义作为人们对于法律的愿望或者需要,是对于正义标准进行综合后的抽象性价值。正义是抽象的,以致数千年来都没有一个确切的、统一的定义。对正义的理解有无数个不同的答案,但正义是一种道德评判标准,是法的根本价值追求,是具有公正性、合理性的观点、行为、活动、思想和制度等,已经是法学研究的基础和共识。西方国家传统的有关正义的学说主要有:以毕达哥拉斯(Pythagoras,约公元前580—前500)为代表的客观正义论,以赫拉克里特(Heraclitus,约公元前540—前470)为代表的主观正义论,以柏拉图(Plato,公元前427—前347)和亚里士多德为代表的理性正义论,以阿奎那(Thomas Aquinas,约1225—1274)为代表的神学正义论和以奥斯丁(John Austin,1790—1859)为代表的法规正义论。西方现代法学派对正义价值进行了重新分类,提出了不同的学说,包括凯尔森(Hans Kelsen,1881—1973)为代表的相对正义论、以罗尔斯为代表的社会正义论,以佩雷斯(Thomas Perez)和罗尔斯为代表的形式正义论,以戈尔丁(M. P. Codling)为代表的程序正义论。

正义论的集大成者是美国政治哲学家罗尔斯。在其代表作《正义论》中,罗尔斯论述了社会正义与个人正义的区别、实质正义和形式正义的区别。他认为,社会正义的首要对象是"各种主要的社会制度用以分配基本权利和义务,以及从社会合作中规定各种利益的分配的那种方式。"①进而提出了正义的两个原则:一是平等自由原则,"每个人对与所有人所拥有的最广泛的平等的基本自由体系相容的类似自由体系都应有一种平等的权利"。② 二是机会平等和差别原则,"社会和经济的不平等应这样安排,使它们在与正义的储存原则一致的情况下,适合于最少受惠者的最大利益;依系于在机会公平平等的条件下职务和地位向所有人开放。"③一方面,罗尔斯的社会正义论着力阐述了正义的平等价值。关于法律所追求的平等,美国现代法学家博海默登对其进行了这样的诠释:"平等乃是一个具有多种不同含义的多形概念。它指的对象可以是政治参与权利、收入分配制度,也可以是不得势的群体的社会地位与法律地位。其范围涉及法

---

① 柯千:《罗尔斯〈正义论〉略评》,《学术月刊》1985年第11期。
② [美]约翰·罗尔斯:《正义论》,何怀宏等译,中国社会科学出版社1988年版,第302页。
③ 同上。

律待遇的平等,机会的平等以及人类基本需要的平等。"①另一方面,差别原则正是罗尔斯超越古典自由主义思想的精髓所在,他认为:"人们的不同生活前景受到政治体制和经济、社会条件的限制和影响,也受到人们出生伊始所具有的不平等社会地位和自然禀赋的影响,从而形成社会地位的不同等级和贫富悬殊。然而,这种差距的形成并不具有自然法或道德上的合理性,因此,正义原则应当通过社会制度,从全社会的角度来调节这种不平等,尽量排除社会历史和自然因素对于人们生活前景的影响,而那些偶然获得有利条件的人对不利条件的人应当予以一定的利益补偿。"②

20世纪80年代,在美国发生了一系列针对环境种族主义的运动,人们向当局提出抗议的核心问题是:为什么美国境内的少数民族社区长期以来被不成比例地选择为有毒废物的处理点?贫困的有色人种社区何以成为废物及肮脏工业不均衡的分布区?运动引发了对有色人种和环境污染相互关系的讨论和研究,引发了对环境正义的思考。起源于美国的环境正义运动,使得"环境正义"理念迅速成为世界各国所关注的议题,成为环境法学研究中一个新的理论分析范式。③

---

① 卓泽渊:《法的价值论》,法律出版社1999年版,第425页。
② 江帆:《经济法的价值理念和基本原则》,《现代法学》2005年第5期。
③ "环境正义"认为,强势族群和团体能够几乎毫无阻力地对弱势者进行迫害是造成自然环境破坏的主要原因;在现实生活当中,并不存在相对于所有人的环境问题,也不存在绝对客观的、统一的对自然(环境)的理解。所谓的环境问题,对于不同的人群有不同的影响,这当中,一部分人是受害者,但也存在着一部分受益的人。环境伦理在使用"人类"这样的一个全称名词的同时,实际上谋取了与他们有差异的种族、阶层或性别团体的代表权,使之被湮没在无差别主体的抽象论述之中。正是出于对这一举动的严厉批评,中国台湾学者纪俊杰指出:"我们没有共同的未来"。纪骏杰:《我们没有共同的未来:西方主流"环保关怀"的政治经济学》,《台湾社会研究季刊》1998年总第31期,第141页。

环境正义运动所代表的是一种全然不同于主流环境保护主义的环境观,它把环境问题同社会问题、政治问题联系起来,其实质是一个社会正义问题。

环境正义,是"环境"与"正义"的连缀叠加,是正义的新面向,是正义理念在环境保护领域的具体体现。从罗尔斯的社会正义论出发,一方面,与"平等自由原则"相对应,环境保护充分尊重人的主体性,使利益表达过程中所有主体都平等地享有利益表达的权利和自由,能够参与创造包括法律在内的社会规则。① 环境法是在尊重所有利益相关主体的表达自由,各主体相互交流、相互妥协的过程中产生的,在一个维度上实现环境正义目标。另一方面,与"差别原则"相对应,环境法承认当前存在生态利益与资源利益、经济利益不平衡,以及生态利益在不同主体之间、不同区域之间、不同代际之间不平衡的状况,要求对利益失衡局面中的弱势主体、弱势利益进行补偿救济,在另一个维度上实现环境正义目标。

第二节 环境权理论诸说评析

权利理念植入环境保护领域,始于20世纪60年代西方国家兴起的环境权理论。其时,全球范围内出现了以"世界八大公害事件"为代表的严重的环境污染和公害事件,引发了世界各国环境保护运

---

① 哈贝马斯指出:"一种法律制度,只有当它保证所有公民都具有同等自律时,才具有合法性。而公民要想自律,法律的受众就应当能够把自己看作是法律的主人。作为法律的主人,也仅仅意味着他们可以自由地参与到立法过程中去。"参见[德]尤尔根·哈贝马斯:《民主法治国家的承认斗争》,汪晖、陈燕谷主编:《文化与公共性》,生活·读书·新知三联书店1998年版,第351页。

动的发展,也引发人们从权利角度解决环境问题的反思。1960年,联邦德国的一位医生以"向北海倾倒原子废弃物是侵犯人权的行为"为由,向欧洲人权委员会提出控告,由于欧洲人权条约中并没有保障环境权方面的内容,由此在欧洲引发了是否应当在欧洲人权条约中增加环境权的讨论。同年,在美国掀起了一场关于公民要求环境保护的宪法依据的大讨论,在这场争论中,针对美国政府环境行政管理过程中公众参与程度低,以及环境诉讼中当事人资格等问题,美国学者萨克斯(J. Sax)提出了著名的"环境公共财产论"、"环境公共委托论"理论,认为空气、阳光、水等人类生活所必须的环境要素是一种区别于私人利益而与公共利益、公共权力相联系的新型利益,是属于全体国民所有的公共财产,不应被视为"自由财产"而作为所有权的客体,为保护和合理支配这一公共财产,其所有权人即全体国民将其委托给国家管理。① 后来,学者们在此基础上提出了环境权理论,认为公民有在良好环境中生活的权利,这一权利是公民应受法律保护的基本权利。

环境权理论提出后,在学术层面引起经久不衰的讨论,与之同时,一些环境问题和公害比较严重的国家开始尝试环境权立法的实践。1969年,日本东京都制定的《公害防止条例》率先做出规定:"所

---

① 萨克斯认为:"像清洁的大气和水这样的共有财产资源已经成为企业的垃圾场,因为他们不考虑对这些毫无利润的人们普遍的消费愿望,更谈不上对市民全体共有利益的考虑了。而这些利益与相当的私的利益一样具有受法保护的资格,其所有者具有强制执行的权利。……只有当我们一方面提出这样的问题,另一方面又意识到将公共权利的正当性作为与传统的私的财产利益相对等的东西来看待时,才能说这时我们才开始走上建立有效的环境法体系的真正道路。""像大气,水这样的一定的利益对于市民全体是极其重要的,因此将其作为私的所有权的对象是不贤明的"。参见汪劲:《论现代西方环境权益理论中的若干新理念》,《中外法学》1999年第4期。

有公民都有享受健康、安全而又愉快生活的权利。这一权利决不能因为公害而被侵犯。"1970年日本召开公害问题学术报告会,与会各国代表经过广泛讨论达成的《东京决议》明确主张,将全人类健康和福祉不受灾难侵害的环境享受权利,以及当代人传给后代人的遗产包含自然美的自然资源享受权利作为基本人权之一种,并将该原则在法的体系中予以确立。① 1969年,美国《国家环境政策法》宣示:"国会认为,每个人都可以享受健康的环境,同时每个人也有责任参与对环境的改善与保护。"1972年《人类环境宣言》宣告:"人类有权在一种能够通过尊严和福利的生活环境中,享有自由、平等和充足的生活条件的基本权利,并且负有保护和改善这一代和将来世世代代的环境的庄严责任。"此后,环境权很快在一些国际宣言和文件中得到确认。② 一些国家在宪法层面确认了公民环境权或涉及环境权内容。

国内环境法学界对于环境权理论的探讨始于20世纪七八十年代。1982年,蔡守秋在《中国社会科学》上发表"环境权初探"一文,提出:"环境权是环境法的一个核心问题,是环境立法和执法、环境管理和诉讼的基础,也是环境法学的基本理论"的观点。其时,中国的环境法制建设刚刚起步,《中华人民共和国环境保护(试行)》于1979年颁布实施,该法作为环境保护领域的综合性、基础性法律,其中大量的规范针对政府环境行政权力的设置,以及对企业环境保护义务性的规定,关于公民环境权利的规定几乎付之阙如,体现出浓厚的公

---

① 杜钢键:《日本环境权的新发展——〈环境法的展开〉译评》,《中国法学》1995年第2期。
② 比如,1973年《欧洲自然资源人权草案》,1981年《非洲人权宪章》,1988年《美洲人权公约》等国际文件和公约也都肯认了这一新型权利。

法意蕴。在全球环境保护浪潮方兴未艾的背景下,源起于西方国家的环境权理论被引入中国,数十年来,一批学者对环境权的概念、内容、权利属性、救济途径等进行了深入研究,使这一理论的内涵渐趋丰富。然而,在各种学术流派五彩纷呈的表象之下,环境权理论陷入各种观点相互冲突矛盾、不能实现理论上的逻辑自洽、无法为环境法律实践提供操作方案等困境。迄今为止,环境权尚未构建起一个成熟完善的理论体系。"自20世纪80年代初中国引入环境权理论以来,这一理论承载了环境法学人的太多理论梦想。30年来,战国争雄式的学术纷争以及低水平重复式的原地踏步,使得人们对环境权的讨论给环境法学人带来了无尽的惆怅与困惑。"[①]

学术发展史的轨迹表明,环境权的最初含义是:"公民有在良好环境中生活的权利,这一权利是公民应受法律保护的基本权利"。环境权最初是作为一项公民的基本权利而提出的,有明确的权利主体、权利内容指向,即公民享受良好生态环境的实体性权利。然而,环境权概念引入中国后,不同的学术流派异军突起,环境权概念的原初含义很快发生"变异",其主体、内容、救济途径在学术讨论中趋于泛化,成为一个似是而非的集装箱式的权利概念。纵观环境权理论的学术发展脉络,大致可以分为"广义环境权理论"、"公民环境权理论"、"狭义环境权理论"等主要流派。

---

① 参见王社坤:《环境利用权研究》,中国环境出版社2013年版,序言第5页。

一、环境权理论的不同流派

(一)广义环境权理论

广义环境权理论,即对环境权概念做广义的理解,凡是与环境相关的权利,或者凡是环境法上的权利甚至环境义务,均归入环境权范畴。在权利主体的界分、权利内容和具体的权能分类上,体现出一种"兼收并蓄"的特点。国内早期倡导广义环境权理论的蔡守秋认为,环境权就是享用适宜环境的权利和保护环境的义务,环境权的主体不仅包括国家、单位(法人或组织)、公民[1],而且还包括人类、自然体。[2] 陈泉生认为,环境权是享有适宜健康的良好生活环境,以及合理利用环境资源的基本权利,环境权的主体为全体人民,它不仅包括公民、法人及其组织、国家乃至全人类,还包括尚未出生的后代人。[3] 从主体进行分类,把环境权界分为个人环境权、单位环境权、国家环境权、人类环境权和自然体环境权等类型。[4] 关于权利内容和具体权

---

[1] "公民"概念是公法上的表述,私法上的表述为自然人。早期环境权理论对此并没有做严格区分,经常将"个人"、"公民"、"自然人"的概念混同使用。
[2] 蔡守秋:《环境权初探》,《中国社会科学》1982年第3期;蔡守秋主编:《环境与资源法学教程》,武汉大学出版社2000年版,第248—272页。
[3] 陈泉生:《环境法原理》,法律出版社1997年版,第106页;陈泉生、张梓太:《宪法与行政法的生态化》,法律出版社2001年版,第113页。
[4] 广义环境权论者对环境权主体的认识并非完全一致。与上述将公民、单位(法人及其组织)、国家、人类(当代人和后代人)、自然体均设定为环境权的主体,某类主体主张自己的环境权并不排斥其他主体行使权利,也即环境权主体可以并行不悖主张权利。也有论者并不认同这种宽泛意义上的主体界定,而是有所取舍。比如,有学者认为环境权的主体只包括公民和国家,不赞成法人及其团体是环境权的主体,也不赞同人类和自然体的主体资格。

能,论者大都把与环境相关的权利或者环境法规定的权利全部归入环境权范畴。当然,由于设定的权利主体不同,不同主体的权利内容也有所不同。大致而言,广义环境权的内容包括了享有良好环境的实体性环境权利、开发利用环境资源的经济性权利,以及国家环境管理公权力,甚至国家环境主权内容也包括其中。并且基于环境权的权利和义务的不可分割性,环境权的内容还包括环境保护的义务。

个人环境权,是指自然人享有适宜环境的权利,也有保护环境的义务。个人环境权语境下所谓的"个人"包括了环境法适用范围内的一切自然人,其范围要大于公民。由于环境是每个人赖以生存和发展的基本条件和物质基础,因此个人环境权的内容主要侧重于对良好生态享受的权利。个人是组成单位(法人或其他组织)、特殊法人(国家)乃至人类的基本粒子,所以个人(公民)环境权被认为是环境权体系中最为基础的环境权。个人环境权的内容,除了与传统的环境人格权密切相关的生命权与健康权之外,还包括日照权、通风权、安宁权、清洁空气权、清洁水权、观赏权等。[①]

单位环境权,是指单位享有适宜环境的权利,也有环境保护的义务。单位的涵义,包括了企事业单位、机关团体等法人组织,也包括非法人组织。单位环境权的权利内容包括两个方面,一是单位对环境资源的经济性开发利用权利,二是单位享有清洁、适宜环境的生态性权利。具体包括:对良好环境的无害使用权,依法排放生产废物权,享受清洁、适宜的生产劳动环境权。[②]

[①] 蔡守秋:《论环境权》,《金陵法律评论》2002年春季卷。
[②] 同上书;陈泉生:《环境时代与宪法环境权的创设》,《福州大学学报(哲学社会科学版)》2001年第4期。

国家环境权,是指国家为了保护本国环境而享有的权利,更多地体现为对环境保护的职责和义务。[①] 国家环境权是一种国家主权性质的国家基本权利,享用环境是国家不可剥夺的自然权利,保护环境是国家必须承担的基本义务。从国内法看,国家环境权是国家代表全体国民管理环境的职责,是国家开发、利用、保护、改善环境活动的依据。从国际法上看,国家环境权是主权国家独立自主地开发、利用、保护、改善本国环境的基本职责,是保护本国生存环境不受外来污染和破坏的武器,是享用国际共有环境资源和人类共同自然遗产的依据。[②] 国家环境权的内容,包括环境处理权、环境管理权,以及环境监督权。[③]

人类环境权,是指全人类共同拥有享受和利用环境资源的权利,[④]是以整个人类为主体的环境权,在国内法中是指全社会、全民族的当代人和后代人的集合,在国际法上是指各个国家的人的集合、当代人和后代人的集合。[⑤] 人类环境权包含以下内容:平等享有共同财产权、共同继承遗产权、与后代人共享环境资源权等。[⑥]

自然体环境权,或称环境的权利,"一般是指法律设定的人有保护环境的义务,大自然或非人物种有受人尊重、热爱、保护、合理利用

---

① 程杰:《论环境权的宪法保障》,《河南省政法管理干部学院学报》2000年第4期。
② 蔡守秋:《论环境权》,《金陵法律评论》2002年春季卷。
③ 陈泉生:《环境时代与宪法环境权的创设》,《福州大学学报(哲学社会科学版)》2001年第4期。此外,还有学者对国家环境权内容做出更为宽泛的界定,认为国家环境权包括六个方面的内容:国家对本国环境资源享有的永久性主权、人类共同继承财产权、发展中国家优先发展权、控制污染物越境转移的权利与义务、领土无害使用义务、共同但有区别的环境责任。参见张梓太:《论国家环境权》,《政治与法律》1998年第1期。
④ 陈泉生、张梓太:《宪法与行政法的生态化》,法律出版社2001年版,第126页。
⑤ 同②。
⑥ 陈泉生:《环境法原理》,法律出版社1997年版,第112页。

的权利,在法律没有设定的情况下,也指环境法理论和环境伦理学上所承认的自然权利。"论者认为,自然体环境权不但在法理上并不悖理,在实践中也并无害处,而且在某种意义上对保护环境资源,实现人与自然的和谐共处有积极意义。①

（二）公民环境权理论

公民环境权理论,即将环境权的主体限定为公民,从民法角度研究环境权,主张环境权的私权化。这一流派对环境权的定义是:公民享有在不被污染和破坏的环境中生存及利用环境资源的权利。公民环境权是一项新型的独立人权,属于"第三代人权",既是其他人权的基础,更是对其他人权的控制。环境权的正当性来自于环境保护对于人类生存和发展的需要,在健康优美的环境中生存的权利,是公民与生俱来的基本权利。人类享受的环境利益不是单纯的事实上的利益或反射性利益,而是法律上的利益本身,因此,环境权应当是法律上的权利。公民环境权是一个包含了公权和私权、实体性权利和程序性权利的内容丰富的权利体系,实体性权利是指环境利用的权利,具有私权性质;程序性权利表现为参与国家环境管理事务的权利,具有公权性质。

吕忠梅认为,环境权在内容上包括环境使用权、知情权、参与权和请求权。② 其中,环境使用权即环境资源利用权,属于实体性权利,这一权利的确立意味着人类为使用环境资源的合法性提供了依据。环境使用权的具体权利类型,"现有各国环境立法中关于日照权、眺望权、景观权、静稳权、嫌烟权、亲水权、达滨权、清洁水权、清洁空气

---

① 蔡守秋:《论环境权》,《金陵法律评论》2002年春季卷。
② 吕忠梅:《再论公民环境权》,《法学研究》2000年第6期。

权、公园利用权、历史性环境权、享有自然权等都是关于环境资源利用权的规定。"①环境知情权、参与权和请求权属于程序性权利。环境知情权,是公民有通过法定程序知悉国家环境管理状况及自身的环境状况等有关信息的权利,政府环境公权力机关和排污企业有环境信息披露的义务,这一权利是公众参与国家环境管理的前提。环境参与权,指公民有参与国家环境管理事务的权利,包括参与国家环境管理的预测和决策过程,参与开发利用的环境管理过程以及环境保护制度实施过程,参与环境纠纷的调解等。环境请求权,指公民合法环境权益受到损害后,有向有关国家机关请求保护和救济的权利,包括向行政机关和司法机关主张对行政行为的司法审查、行政复议和国家赔偿的请求权,对他人侵犯公民环境权的损害赔偿请求权和停止侵害请求权等。②

相对于广义环境权主体的广泛性、权利内容的庞杂性,及由此出现权利保护路径的模糊性,公民环境权论者明确提出了环境权的民法保护路径。即将公民环境权作为一种民事权利权利谱系中的一项新的权利类型,通过民法手段加以保护。一方面,在民法传统的财产权、人身权、债权体系之外,设立新的以享有和利用环境资源为内容的环境权体系,另一方面,把环境保护的理念渗透到民事立法原则和制度中,实现对传统民法的"生态化"改造,从而实现民法的个人利益与环境公共利益的衡平与沟通机制。建立环境物权制度、环境合同制度、环境人格权制度、环境侵权制度、环境民事诉讼制度等。③

---

① 吕忠梅:《环境法学》,法律出版社2004年版,第106页。
② 吕忠梅:《再论公民环境权》,《法学研究》2000年第6期。
③ 吕忠梅:《沟通与协调之途——论公民环境权的民法保护》,中国人民大学出版社2005年版,第47页。

(三)狭义环境权理论

在广义环境权和公民环境权理论研究的基础上,一些环境权论者对环境权进行了"瘦身",提出了狭义环境权理论。狭义环境权理论将权利主体和内容做了更为严格的限定,把权利的内容限定为生态环境享受权和利用权,而把实体性的经济性权利、其他涵义的权利和程序性的环境权利排除在外。关于权利的主体,狭义环境权论者则存在"人类整体"和"人类个体"的认识差异。

狭义环境权论实际上存在两种明显有所差别的观点。一种观点是把良好生态环境享受权和基于生存需要的目的对环境资源的开发利用权都归类为环境权。周训芳认为:"环境法中最核心的权利概念是公民良好环境权,良好环境权是人类的生态性权利(生态利益主要是一种精神性利益),其主体是当代和未来世代的人类整体和个体。"并且,"基于生存需要的环境资源开发利用权也属于环境权,其主体只能是公民个人。公民基于生存需要的环境资源开发利用权和公民良好环境权一起构成了环境法上的核心权利,在环境法中处于主导和支配地位,环境法上的其他权利,都服从于环境法上的核心权利。与民法、行政法、经济法所确定的类似权利相比,公民基于生存需要的对环境资源的开发利用权具有更为优先的法律地位。"[①]另一种观点认为环境权的内容仅限定为单一的实体生态性权利,环境权的主体仅限定为作为人类个体的自然人。吴卫星在《环境权研究:公法学的视角》一书中,通过对传统环境权的主体和内容的批判分析,得出的结论是:"国家、法人、人类和自然体均不能成为环境权的主体,环

---

① 周训芳:《环境权论》,法律出版社2003年版,第234—235页。

境权的内容不包括经济性权利,不包括知情权、参与权和救济权,环境权是生态性权利"。① 王社坤认为:"环境权是一种生态性权利,是对环境生态价值的权利确认,不包括所谓的环境使用权这样的经济性权利;环境权是实体性权利,不包括环境知情权、参与权和救济权等程序性权利"。② 笔者认为,这一观点与最初美国环境权大讨论中提出的环境权概念即"公民有在良好的环境中生活的权利"在内涵上具有高度契合性,可以看作是一种学术上的回归。

狭义环境权论者把环境权作为一种新的、独立的实体权利类型,而不是作为环境法的权利体系来对待,使权利的外延和内涵变得相对清晰,权利的主体、内容变得更为明确具体,进而为权利的法定化和救济提供了操作上的基础。论者还就环境权的可司法性进行了探讨,提出环境权既可以通过公民权利和政治权利的司法保障机制间接获得救济,也可以直接援引环境权而予以救济。③

需要说明的是,环境权理论在中国历经数十年的发展,学者们一度抱以极大的热情,相关论著连篇累牍,各种流派异彩纷呈,除上述三种主要流派之外,还存在环境义务论、④公众环境保护权论⑤等不

---

① 吴卫星:《环境权研究:公法学的视角》,法律出版社 2007 年版,第 93—97 页。
② 王社坤:《环境权理论之反思与方法论重构》,《山东科技大学学报》2012 年第 1 期。
③ 吴卫星:《环境权可司法性的法理与实证》,《法律科学》2007 年第 6 期。
④ 环境义务论是对环境权理论进行批判的基础上提出的,其本身并不否认环境权理论,只是认为环境权的实现路径应当以义务为重心。见第一章。
⑤ 公众环境保护权论认为,公众的生命、健康、财产等基本权利,完全可以由环境财产权利以及生命健康权在环境领域中的维护所包容,这一观点实际上是对实体性环境权的否定。在此基础上提出的"公众环境保护权",内容主要包括公众环境知情权、环境决策参与权以及公众诉权。参见朱谦:《透视环境法中的权力与权利基础》,刘茂林编:《公法评论》(第五卷),北京大学出版社 2008 年版;《论环境权的法律属性》,《中国法学》2001 年第 3 期。

同理论。即使同一流派内部,也存在不同的观点和认识。

二、环境权理论诸说的评析

第一,对混同的权利概念的认知与辩证。

环境权理论发展到今天,之所以形成不同的流派众说纷纭、莫衷一是而难以形成理论共识的,难以成为法定化的、可救济的权利类型,除了环境权本身与其他权利的属性不同外,概念认知上的分歧也是导致争论不休的理论根源。"环境权"作为一个法学概念,至少在以下层面被人们所混同使用。

①道德权利与法律权利概念的混同

权利概念有着悠久的历史渊源,不同法学流派中的权利有着不同的面相。自然法学派以自然权利、道德权利或伦理权利为本源,来论证法律体系的存在标准和权利主体的资格;实证分析法学派则以"规范"、"权威"将道德权利与法律权利分开。实证分析法学派否定自然权利的存在,"彻底划清了自身与哲学及伦理学的界限,既没有尝试从人性中推演出一个体系,也没有尝试从某些假设或经形而上学证明的初始原则中推演出一个原则的集合体,而以实证的态度看待权利。"[①]依据实证分析法学派的观点,将道德或伦理性环境权纳入权利范围,将会造成权利概念的模糊和操作上的困难,徒增一些不必要的烦恼。新分析法学派的代表人物哈特(Herbert Hart,1907—1992)将道德与法律进行区分,认为两者虽有联系,但无必然联系;另一位代表人物拉兹(Joseph Raz)认为,每一种法律体系内许多法律必

---

① [美]庞德:《法律与道德》,陈林林译,中国政法大学出版社2003年版,第56—59页。

然与权利体系相联系或预先假定它的存在,但拉兹坚守实证法学的阵地,认为法律是规范的、制度化的、强制性的,反对将有关权利的伦理规范纳入法律体系的范畴。

广义环境权理论中的自然体环境权,显然是一种道德或伦理意义上的权利,不具有实证分析意义上"法律术语"的特征。人类环境权,因主体是全人类而将在权利保护和救济上出现操作性方面困难,难以实现法定化而体现为一种道德意义上的权利,更多地出现在倡导式的国际宣言中。公民环境权和狭义环境权均将环境权定位为法律权利。所谓法律权利,是道德权利、习惯权利或应然权利法定化的表现形态。道德权利在未被法定化之前,是一种不确定的、缺少国家权力或法律强制力保护的自然权利,由于缺少实定法规范的调整,在行使过程中得不到司法保障和救济,可能会随时受到侵犯。而被法定化后,则具有了规范性、确定性、可救济性等特征。因而,法律权利较之于道德权利是一种实然权利,而后者只是一种应然权利。环境法学界展开环境权理论研究的目的,最终在于推动立法上确立环境权的地位,使之成为法律上的实然权利。当然,我们并不否认在论证环境权应在法律上确立的理由时,可以从道德权利中寻找权利来源的正当性依据,道德权利也为立法提供一种目的理念和价值导向,但最终从理论上界定的、提供给立法者的权利概念应当是法律权利的概念,而不是仍停留于伦理、道德、习惯、自然法上的权利概念,否则,将不可避免地遭遇立法者的拒绝,也难以为司法判例所适用。

基于以上理由,笔者认为,在环境权理论研究中,应当遵从实证分析主义的立场,将环境权的性质定位为法律权利,从而把道德权利、伦理权利排除在环境权概念之外。

②实质权利与形式权利概念的混同

环境权到底是实质意义上的权利类型，还是形式意义上环境法的权利体系？这是狭义环境权和广义环境权最大的分野。广义环境权论从环境法的立法目的和环境法律体系的本位来推定环境权的存在和含义，把环境法上的权利或与环境有关的权利以及环境保护义务都纳入环境权的范畴。在"环境权"概念的统摄下，权利主体涵盖公民、单位（法人或组织）、国家、人类乃至自然体等；权利内容囊括生态性权利、经济性权利、程序性权利等；蕴含了生态价值、经济价值、审美价值乃至伦理价值等诸多价值目标。这种"集装箱"式的权利概念，使得环境权成为一个开放式的、包罗万象的权利体系。在这里，"环境权"并不是一个独立的、具有实质意义上的权利类型，而是等同于形式意义上的"环境法上的权利体系"。我们不否认广义环境权论在探索环境法权利体系方面所做的努力，这种努力的方向本身是值得肯定的。问题在于：一方面，以"环境权"代指环境法上的权利体系，其概念之下又涵盖了实质意义上的权利类型"环境权"概念，即良好环境享有权，极易产生概念语言表述的混同与误用。换言之，"此环境权非彼环境权"。另一方面，形式意义上的权利体系等同于实质意义上的权利类型，将不可避免地出现主体泛化、权利边界模糊，权利救济上出现操作困难等；冠以"环境权"名义的，实际上是诸多不同质的、甚至相互冲突和矛盾的权利类型，很容易被指斥为"权利托拉斯"，[1]这些权利如何能协调共生于"环境权"概念之下，则缺乏有说服力的答案。

公民环境权论将环境权主体限定为公民，将权利的性质界定为法律权利，并着力探讨环境权的民法实现路径，极大地促进了环境权

---

[1] 吴卫星：《环境权法律化实证研究》，《青海社会科学》2006年第3期。

理论的发展。公民环境权论把环境权的内容界定为实体性权利和程序性权利,实体性权利包括了良好环境享有权和利用权,程序性环境权包括了知情权、参与权、救济权等内容,较之广义环境权论,在权利主体和内容上都有所限定。但是,公民环境权在本质上仍是环境法上的权利体系,只不过这一权利体系是"公民"的环境权利体系。狭义环境权论进一步将环境权限定为生态性权利,这种生态性权利是一种具体的、独立的、实质意义上的权利类型。狭义环境权论实际上廓清了形式权利体系和实质权利的区别,把环境权归类为实质意义上的生态性权利,而把与环境资源开发利用的有关经济性权利,为实现环境权目的而设定的程序性权利等,归类为环境法权利体系中的其他相关权利类型。环境权理论研究中的这一转向是值得肯定的,其意义在于:厘清了实质意义上的环境权的内容和边界,使其法定化和司法救济变得更具操作性;有助于在此基础展开对环境法上的权利进行体系化的研究。

综上,笔者的观点是,环境权研究中应当对实质意义和的"环境权"和形式意义上的"环境权利体系"概念进行正本清源。一方面继续深化"环境权"理论的研究,另一方面着力探究"环境权利体系"的架构及其完善。

③权利概念与权力概念的混同

在广义环境权论者看来,环境权不仅包括了良好环境享有权、环境资源开发利用权等实体性环境权利,以及相关的程序性权利,还包括了国家环境公权力,甚至国家环境主权。环境权力是环境法律体系中一类重要的规范,是国家环境管理的依据。理论上讲,广义的权利概念包含了权力,权力衍生于权利,以环境权涵盖环境权力并无不可。但是,在环境法所涉及的民事法律关系中,环境权利是指民事主体享有的权利,是狭义上的权利;环境权力则是环境行政法律关系的重要内容,是环境行政机关基于法律的规定而享有的环境职权与承担的环境职责,有其自身的运行逻辑。勉强地将环境权力纳入环境权利体系,将会导致环境行政法律关系被"兼容"于环境民事法律关系的混乱;况且,两类不同质的权利、权力共融于一个所谓的权利体系,必将带来权利体系内部的冲突和不协调。

因此,笔者认为,对于环境权利中的"权利",应做狭义的理解,即民事主体享有的环境权利,而环境权力是作为国家公权力主体的环境监管行政机关享有的职权,环境权利并不能涵盖环境权力的内容,二者是彼此制约的关系,虽有密切联系但不可混同,应从各自的进路出发构建各自的体系。

第二,对泛化的权利主体的分类与辨析。

关于环境权的主体,广义环境权论把公民、单位、法人或其他组织、国家、人类甚至自然体均纳入其中。[①] 公民环境权论将权利的主体资格赋予公民,期冀环境权能够发展成为民法上的新的权利类型,以公民私权的形式予以保护。狭义环境权论否认单位、法人或其他组织、国家、人类、自然体的权利主体资格,仅承认自然人的环境权主体资格。[②] 权利主体不同,对应的权利内容也不同。有关环境权的理

[①] 蔡守秋在《环境权初探》一文中指出:环境权的主体包括国家、法人和公民。在其后续的研究中又对环境权的主体范围进行的拓展,认为人类、自然体也是环境权的主体。罗典荣、陈茂云认为,环境权的主体包括国家、法人和公民。陈泉生认为,环境权主体为全体人民,不仅包括公民、法人及其组织、国家乃至全人类,还包括尚未出生的后代人。参见蔡守秋:《环境权初探》,《中国社会科学》1982年第3期;罗典荣、陈茂云:《环境权初探》,《法学研究》1988年第3期;陈泉生:《环境法原理》,法律出版社1997年版,第106页。

[②] 吴卫星:《环境权研究:公法学的视角》,法律出版社2007年版,第109页。

论争鸣和探讨仍在深化。多元化的理解是学术研究的应有之意,对事物本质的认识过程本身就是不断的探索和争鸣中趋于真理的过程。

①"人类"之主体资格分析

人类环境权论者认为,环境权的主体是人类。生态利益的客体是地球生态系统及其环境资源要素,具有共享性而没有排他性,人类共同生存于地球,生态性环境权利的主体只能是人类全体,据此提出:"人类环境权的主体是人类整体"。不同的是,早期的环境权论者在主张人类环境权的同时,并不否认公民环境权、法人或其他组织环境权、国家环境权、后代人环境权等其他主体环境权的存在,而是认为环境权是由上述不同主体环境权所共同组成的权利体系。"人类环境权,是指全体人类共同拥有享受和利用环境资源的权利。人类环境权的主体不仅包括国家、国际组织、公民、法人及其他组织,还包括尚未出生的后代人。"[①]后期有论者主张人类是环境权的主体,否认其他主体的环境权主体资格。比如,徐祥民认为,人类是环境权的权利主体,人类的分体及这些分体的各种形式的组织(公民个体、法人及组织、国家等)是环境权的义务主体。[②]

对此,笔者有以下认识:第一,从生态利益是全人类共享利益的角度,推导出环境权的主体是人类全体,满足了环境作为人类共同利益要求的客观正当性和公共产品属性,在理论上是正确的。但是,"人类"概念的广泛性和模糊性特征,当今世界利益冲突和利益分化

---

① 陈泉生、张梓太:《宪法与行政法的生态化》,法律出版社2001年版,第126页。
② 徐祥民:《环境权论——从人权发展的历史分期谈起》,《2003年中国环境资源法学研讨会中国海洋大学法学院论文集》。

加剧的背景,决定了在操作层面寻找一个可有效地代表全人类意志来主张人类环境权的机构,是不现实的。^① 所谓人类环境权,从权利实现的角度必然会遭遇障碍,从而成为一种虚无缥缈的、难以落实的"权利"。第二,在生态危机时代,国家主权概念不是被抛弃而是得到拓展、深化和提高,建立在"国家至上"理论基础之上的互不干涉主权的理论逐渐演变为"共存至上"的合作共赢的理论。各国行使国家环境主权将受到生态利益人类共享性的限制,必然要与他国进行意志协商,从而达成实现全人类的共同意志的可能性。这样,通过国家环境主权的协商合意而达到保护人类共同生态利益的目的,会比直接将全体人类作为环境权主体更具现实性、可操作性和民主性。[2] 因此,对人类共同生态利益的保护,尽可以通过国家环境主权的深化与完善得以实现,而不必另外创设虚化的、不具操作性的"人类环境权"概念。第三,将人类整体与作为人类分体的公民个体、法人和其他组织、国家共同作为环境权的主体,实际上是将种概念与属概念相并列,在同一权利客体上设置可以相互涵盖的权利主体,会导致主体重叠的现象。

综上,笔者认为,从人类整体的角度,人类环境权更多地体现为一种道德权利,难以法定化;从国家的角度,人类环境权的实现实际上是国家环境主权的实现过程。因此,不同意作为法律权利的环境

---

① 联合国作为一个全球性的组织,从理论上讲,具有形成、表达和执行全体人类意愿的组织功能,但从实践操作看,这一组织的功能基本上是以国家之间的契约化合作作为人类意愿形成、表达和执行的基本运行机制,而不是受全人类委托行使人类环境权的机构。参见王蓉:《环境法总论——社会法与公法共治》,法律出版社2011年版,第74页。

② 同上书,第75页。

权的主体是"人类整体"的观点。

②"国家"的主体资格分析

"国家环境权"的论证进路有二：其一是基于国家环境主权的角度。"环境问题的全球化提出了国家环境权问题，而当代国际经济与政治的发展趋向，则迫切需要对全球范围内的环境与自然资源权属做进一步划分，对国家环境权做出明确界定。"① 国家环境权是对尊重国家主权原则、国家环境责任原则、各国对其自然资源拥有永久主权原则等国际法原则的总称，其内容包括环境处理权、环境管理权、环境监督权、保护和改善环境的职责、履行环境义务。② "国家环境权是一种国家环境主权性质的国家基本权利，它既是对国家主权原则的补充，也是对国家主权原则的合理的自我限制"。③ 其二是基于国家环境管理权的角度。"国家环境权在国家范围内，是指国家环境资源所有权和环境管理权、监督权"。④ "国家环境权是指国家为了保护本国环境而享有的权利，它更多地体现为对环境保护的职责与义务"。

上述两种进路均为后期环境权研究者所诟病，其逻辑缺陷是明显的。第一，混淆了"环境主权"和"环境权"两种不同性质的权利。国家对其主权管辖范围内的环境资源进行开发、利用、保护和改善的权利是国家主权原则在国际环境法中的体现，国家环境主权在国际环境关系领域内表现为各国对其国内环境事务的最高权和对国际环

---

① 张梓太：《国家环境权》，《政治与法律》1998 年第 3 期。
② 蔡守秋主编：《环境资源法学教程》，武汉大学出版社 2000 年版，第 252—255 页。陈泉生、张梓太：《宪法与行政法的生态化》，法律出版社 2001 年版，第 125—126 页。
③ 同②蔡守秋书，第 254 页。
④ 冯忠秋、尤俊生：《环境权探析及环境侵权的民事救济》，《上海环境科学》1997 年第 4 期。

境事务的平等参与权；环境权是对良好生态环境享有权，二者不具有同质性。国家环境主权尽可以在国家主权的体系框架内得以实现，将其纳入环境权体系，冠以国家环境权称谓，既无必要，也无法实现权利体系的融合共生。第二，混淆了"环境权利"和"环境权力"两种不同性质的权利。环境权是具有公共属性的生态利益的法律化，从国家层面而言，权利客体是全体国民所共享的环境资源要素与生态系统，从这个意义上讲，环境权是具有社会属性的权利。国家既不可能像人类那样在环境中"生存繁衍"也无须享受"清洁空气"。[①] 国家行使的环境资源所有权、环境管理权和监督权等"环境权力"，是国家作为公共受托人的身份，基于委托而代表全体国民行使权利但自身并不具有权利主体资格。

综上，笔者的结论是：从主权角度讲，国家环境权是国家主权的体现，与环境权是不同质的权利，不宜纳入环境权范畴；从国家环境管理权的角度讲，国家环境权本质上是环境公权力，国家作为环境权的权利行使主体，即环境权力主体是无可非议的，但作为权利主体则无法在理论上得到圆满的论证。

③"单位（法人或其他组织）"的主体资格分析

主张单位（法人或其他组织）环境权的观点认为，单位（法人或其他组织）也有享用适宜的环境的权利。享有适宜环境的权利是基于公共生态利益而生成的社会性权利，单位何以能成为公共利益的代表？如何感知并"享用"适宜的环境？这种说法不免过于牵强。论者自圆其说的逻辑是："单位环境权，是指单位有享用适宜环境的权利，也有环境保护的义务。单位享用适宜环境包括依法合理开发、利用环境资源，依法

---

① 徐祥民：《对"公民环境权论"的几点疑问》，《中国法学》2004年第2期。

享受适宜的环境条件,即开发利用权、排污权和劳动环境权。"①"法人及其他组织的环境权,是指法人及其他组织拥有享受适宜环境和合理利用环境资源的权利。它在内容上包括对良好环境的无害使用权,依法排放其生产的废物权,享受清洁适宜的生产劳动权。"②

所谓单位环境权的论证逻辑存在以下明显缺憾:第一,单位(法人或其他组织)"拥有享受适宜环境的权利"不具备正当性,且将引起权利的冲突。作为拟制法律主体,单位(法人或其他组织)本身并不具有感知适宜良好环境的能力;退一步讲,即使在法律上拟制单位、法人及组织具备这种能力,以其作为生态利益这种典型公共利益的主体,也不具备正当性依据。况且,单位(法人或其他组织)理所当然包含了企业,企业如果享有适宜环境的权利,与其"排污权"如何协调共生于一个权利体系?这是逻辑上的"以子之矛,攻子之盾"的悖论,无法自圆其说。第二,开发利用环境资源权的初始载体是资源利益,其本质是经济权利或财产权利;排污权是从资源利益中一类独特的利益类型——环境容量利益法律化而派生出来的权利,是实现环境不被污染的情况下企业正常生产活动的权利,既体现为生态性权利又体现为经济性权利。劳动环境权是指劳动者在健康、清洁的环境中工作的权利,其本质是受《劳动法》等法律保护的与劳动环境相关的健康卫生权利,是劳动者的个体权利而非单位(法人或其他组织)的权利。几类权利不宜混为一谈。

通过以上分析,笔者认为,排除了单位的"良好环境享有权"和"劳动环境健康卫生权",所谓单位环境权实际上是企业、法人和其他组织开发利用环境资源的经济性权利,属于财产权或物权范畴。这

---

① 蔡守秋主编:《环境资源法学教程》,武汉大学出版社2000年版,第250—252页。
② 陈泉生、张梓太:《宪法与行政法的生态化》,法律出版社2001年版,第124—125页。

类权利不应当纳入体现为"生态性权利"的环境权,但毫无疑问应归类为环境权利体系,应当在环境权利谱系中的"经济性权利"中去寻找其对应的位置。

④"自然体"作为法律主体之反思分析

自然体环境权,即以动植物和无生命的自然体作为环境权的主体。这一观点发端于环境伦理学的非人类中心主义,非人类中心主义思潮在对传统的人类中心主义环境伦理进行批判的过程中,强调人与自然是一个有机整体,世界万物都有其内在价值,自然不是人们统治、占有、掠夺的对象,而是有待人去照料的花园,从而超越了现代哲学在人与自然关系上的二元对立论。"在这个星球上,我们的真正角色是自然的一分子,而不是自然的宰制者。应当从根本上变革人类中心主义的褊狭和自私,以人与自然的整体性为第一原则,从人类回归到荒野,寻求地球法理、生命旋律、大地之法。"①非人类中心主义以肯定自然的内在价值、承认自然的权利为核心价值,提出动物权利论、生物中心论、生态中心论等学说,其不同之处仅在于把权利赋予不同层面的自然存在物。其中,动物的权利论认为,②人拥有天赋价

---

① [南非]科马克·卡利南:《地球正义宣言——荒野法》,郭武译,商务印书馆2017年版,第166页。
② 动物的权利论的倡导者是澳大利亚学者辛加(P. Singaar),1975年他撰写了《动物的解放》一书,认为,谈到平等就应当考虑所有存在的利益,尤其在动物的场合更有必要解除它们的痛苦。他说,道德的共同体所包含的生物具有可以感觉到痛苦的充分发达的神经组织,哲学家们将其称为"有感觉生物"。他反对因食用及实验而利用动物,从而提出"素食主义"的思想。与辛加同时期提出动物权利理论者还有美国学者雷根(Reagan)。他在1975年撰写文到,动物是具有与人类相同的重视自己生命的能力的生物,具有其"固有的价值"和"对生命的平等的自然权"。因此,他主张应当像尊重人类的自然权那样给予动物以平等的幸福。雷根在《动物权利的根据》一文中,还提出了"动物的权利运动是人权运动的一部分"的主张。

值或内在价值的根据在于人是"生命的主体",即感受痛苦和享受愉悦的能力,而动物至少是某些哺乳动物也具有"有感觉生物"或"生命的主体"的特征,因此动物也拥有值得我们尊重的天赋价值,它们也有获得尊重的、不遭受痛苦的权利。生物中心论认为,[①]动物权利论的道德视野还不够宽阔,对动物之外的生命还缺乏必要的道德关怀,因而主张将道德关怀的范围扩大到整个生物圈。生态中心论认为,[②]应当从道德上关心无生命的生态系统、自然进程以及其他自然存在物,要把物种和生态系统作为整体视为道德权利的主体。与前三种理论相比,生态中心论更关注生态共同体而非某一类生态有机个体,它是一种生态整体主义而非个体主义伦理学。[③]"自然的权利"主张提出后,受到现代人类中心主义伦理学的强烈批判和反对。[④] 现代人类中心主义强调人类的主体地位,不承认自然的内在价值和主体地位,认为保护自然的出发点和最终目的是保护人类的自身利益而绝

---

① 生物中心主义论的倡导者是挪威学者乃斯(Arne Naess),他于1973年在其论文《浅层与深层:远距离生态运动》中开始使用"深层生态学"的用语。他认为,人类中心主义(即一般环境主义)是浅层生态学,而生物中心主义则是深层生态学。浅层生态运动只是对污染和资源枯竭所作的抗争,目的是提高各先进国家人们的健康水平。而深层生态运动则向人们展现了如下两个方面的思考:第一,在环境中消除人类的印记,而提倡与之相关的全部原野的形象。即本质关系是有机体的结合。第二,作为原则,应当强调生物圈平等主义。
② 美国现代环境伦理学家纳什(R. F. Nash)在《自然的权利》中论述该书的意图时写到:"在道德中,应当包括人类与自然之间的关系"。他指出,伦理学应当从认为它是人类(或者人类之神)的"专有物"这样的思想中转换出来,将其关心的对象扩大到动物、植物、岩石,进而扩大到一般的"自然"或者"环境"。
③ [美]纳什:《大自然的权利》,杨通进译,青岛出版社1999年版,第155页。
④ 现代人类中心主义伦理学以帕斯莫尔(John Passmore)、墨迪(Willim H. Murdy)等人为代表,认为尊重自然是为了更好地保护人类利益,所谓自然的"内在价值"、"内在权利"不过是人类为了保护自然而做的道德和法律规定,其最终目的是为了保护人类自身,自然本身是无所谓权利的。

非所谓自然的利益,只不过对自然破坏的最终后果将由人类来承担,因此有必要对极端的人类沙文主义和传统的绝对人类中心主义加以改进,在强调人类利益的同时对自然加以保护。可见,环境伦理学内部在"自然的权利"问题上,非人类中心主义的各种观点更多的是起到了一种伦理倡导和思想启蒙的作用,各种主张和观点仍处于各执一端的状况。

发端于环境伦理学的非人类中心主义的"自然权利"理论在法学领域产生了深远的影响。美国学者 C. 斯通首先将这一理论运用到实定法学领域,他在 1972 年发表的《树木应当有原告资格吗?》一文,认为法律可以赋予树木、海洋、河流等自然物体以权利主体资格,并通过设置代理人为它们行使权利。这一观点在 1972 年"塞拉俱乐部诉莫顿案"的审理过程中得到认可,[①]产生了广泛的影响。在中国,基于对传统法律价值观的反思,"环境法学研究共同体似乎是凭借某种学术本能而求

---

① 塞拉俱乐部(Sierra Club)成立于 1892 年,是美国历史上久负盛名的非政府环保组织。加利福尼亚州一处未被开垦的矿金峡谷,它作为美国国家森林的一部分,被划为禁猎区。因此,它基本用于娱乐消遣目的,保持着原始荒野的神秘本色。而作为矿金峡谷管理人的美国林业局,则试图将其开发成娱乐场,在这里修建高速公路和滑雪胜地。塞拉俱乐部则希望能够继续保持矿金峡谷的现状,并且认为改变矿金峡谷的用途将会引起该区域美学和生态的变化,对公园风景、自然和历史遗迹、野生动物等造成很多不利后果,甚至将毁灭它们。该案最先聚焦于塞拉俱乐部的起诉资格的问题,道格拉斯大法官认为,那些与矿金峡谷密切相关的人,比如经常在矿金峡谷远足、垂钓、打猎、宿营的人,也包括那些仅仅欣赏它的自然美的旅行者,都是和将要被侵害的自然物有密切联系的人,只有他们才能真正感受到在那里修建公路和滑雪场会使矿金峡谷的美学和休闲价值减损,因而他们都有资格成为这些自然物的合法代言人,都有资格代替自然物提起诉讼要求通过司法程序提供法律保护。该案虽几经反复,上诉至联邦最高法院,最终仍以塞拉俱乐部的败诉而告终。然而,此案例却将环境资源的生态价值、美学价值以及娱乐价值等确认为一种法益,应当受到法律的保护。参见汪劲:《美国联邦法院环境诉讼经典案例选》,北京大学出版社 2007 年版,第 55—88 页。

助于环境伦理学"①,提出一系列自然权利或生态权利主张,兹列举其要者如下。2000 年,汪劲发表《环境法律的理念与价值追求:环境立法目的论》,提出应以"生态利益中心主义"作为环境法的基本价值理念。同年,陈泉生发表《可持续发展与法律变革》,提出要建立"生态本位"的法律观,引入自然生态利益原则,扩大权利主体的范围和诉讼能力,承认尚未出生的后代人和其他生命物种种群的实体权利及诉讼权利。2003 年,蔡守秋发表《调整论——对主流法理学的反思与补充》,提出著名的"调整论",倡导主客体一体化,主张环境法不仅调整人与人的关系,还调整人与自然的关系。2005 年,郑少华发表《从对峙走向共和:循环社会法的形成》,其中提出:权利之发展,已经走过了自由权时代与社会权时代,将要进入一个可称为"生态权"的时代。"生态权"层面的环境权的具体展开包括:①人的权利,这是作为生态系统之一员所拥有的权利;②后代人的权利;③自然的权利,包括动植物,甚至无生命物质的权利。② 2009 年,常纪文发表了《"动物权利"的法律保护》等论文,提出要规范人与动物的关系,对包括宠物在内的动物实施有效的法律保护。③ 另一方面,对上述观点的质疑和批评也从来没有停止过,批评的声音,有法理学、部门法学的学者,甚至有自然科学领域的学者。比如,2004 年,卓泽渊发表《"调整论"并不构成对主流法理学的挑战》一文④,

---

① 高利红:《环境法的生态伦理外套》,《郑州大学学报》2002 年第 2 期。
② 郑少华:《从对峙走向共和:循环社会法的形成》,科学出版社 2005 年版,第 52 页。
③ 常纪文:《"动物权利"的法律保护》,《法学研究》2009 年第 4 期。
④ 卓泽渊:《"调整论"并不构成对主流法理学的挑战》,《东南学术》2004 年第 5 期。卓泽渊在首届"福州大学东南法学论坛"上质疑:法律是要调整人与自然之间的关系,但它是通过调整人与人之间的关系,从而调整人与自然的关系。在既有的理论和概念已经够用的情况下,为什么要去创新? 哪不是徒劳吗? 那不是增加人类思维上的负担和困难吗? 哪不是把已经清晰的理论弄得更加混乱吗?

对法律调整人与自然关系的观点进行了反驳;福州大学"东南学术论坛"组织了针对"调整论"的辩论,支持和反对的观点针锋相对。2004年,杨立新发表《动物法律人格之否定——兼论动物之法律"物格"》一文,[①]对动物的法律人格说进行了反驳。2009年,清华大学自动化系赵南元针对常纪文的动物福利论的观点,发表"动物福利无需立法"等针锋相对的观点,对动物权利和动物福利的观点进行反驳,一些动物保护组织也加入论战。关于动物和自然体法律主体资格的争论成为环境法学领域的一大景观,至今余波未息。

对于自然体的法律主体地位,笔者有如下认识。第一,在人与自然关系趋于紧张的生态危机时代,"自然的权利"更多地表达了人们希望与自然和谐相处的一种道德主义理想,作为一种新型的环境伦理观,是值得肯定和张扬的。但是,如果直白地将其论证为法律权利并试图通过做出对应的法律制度安排,将道德主体上升为法律主体,则混淆了法律规范与道德规范各自的功能界限。环境法无论具备怎样的道德关怀,其作为法律规范,应当立足于法规范本身所具有的性质和功能去分析和解决环境问题,"如果环境法不能与环境伦理区别开来,无异于消解了环境法本身存在的必要性。"[②]环境伦理学学者对此也保持清醒的认识,"某个抽象的伦理学能够解决环境问题是错误的,无视科学、技术和其他相关学科,而只是抽象地进行伦理、哲学分析,这对解决环境问题是毫无作用的。"[③]第二,如果自然体的权利主

[①] 杨立新:《动物法律人格之否定——兼论动物之法律"物格"》,《法学研究》2004年第5期。
[②] 梁剑琴:《环境正义的法律表达》,科学出版社2011年版,第70页。
[③] 戴斯·贾丁斯:《环境伦理学——环境哲学导论》(第三版),林官明、杨爱民译,北京大学出版社2002年版,第11页。

体资格获得法律上的确认,由于自然体本身并不具备感知权利和履行义务的能力,其"权利义务"将不得不借助人类的制度安排来分配和实现。如通过建立"自然体"代理人制度,代为行使权利和承担义务,但是,无论设计怎样的制度,自然体的权利的实现、义务的承担都无法摆脱人的主观能动性或人类理性的自我约束。人类的主导作用又回到了出发点。第三,道德本身具有超验性,环境伦理学渗入部门法领域,实际是将环境伦理观定位于能够同时统领人类和自然的"超自然"法则。道德和伦理的诉求内化为法律的规范,必须能够转化为法律上可操作的规范,否则不但不能成为法律现实,反而会导致法律的虚妄。针对我国环境法学界存在的以环境伦理学作为思想基础进行理论论证和制度创新的研究思路,不少学者已进行了理性的批判反思,提出"法律与伦理应有适当的分野"、"审慎对待环境伦理"等观点。

综上所述,对自然体环境权,笔者的看法是:所谓自然体环境权,是典型的道德权利或伦理权利,以其道德关怀,在哲学、伦理学的价值层面值得大力弘扬。在环境立法上,这种道德权利为环境法提供了一种目的理念的价值导向,但是,自然体环境权与法律权利存在明显的分野,难以成为法律上的实定权利。

第三,对混杂的权利内容的梳理与分析。

关于环境权的内容,不同学术流派的环境权论者列出了不同的"权利清单"。

广泛环境权论对权利内容的界定非常宽泛。比如,蔡守秋把环境权的权能概括为环境享受权能、环境使用权能、环境收益权能和环境处理权能,根据环境权的各种权能,可以推演、派生出自然资源开发权、排污权、宁静权、日照权、净水权、净空权、眺望权、景观权、知情权、求偿权、环境诉讼权、环境管理监督参与权等具体权利。[1] 常纪文把环境权的内容界分为环境所有权、环境使用权、环境占有权、环境收益权、环境人格权、环境精神美感权等。[2] 陈泉生认为,环境权的内容包括生态性权利和经济性权利,前者体现为环境法律关系的主体对一定质量水平环境的享有并于其中生活、生存繁衍,其具体化为生命权、健康权、日照权、通风权、安宁权、清洁空气权、清洁水权、观赏权等;后者表现为环境法律关系的主体对环境资源的开发和利用,其具体化为环境资源权、环境使用权、环境处理权等。并且,基于环境权的权利和义务的不可分割性,环境权的内容还包括了环境保护的义务。[3] 可见,广义环境权以享有良好环境权利和开发利用环境权利为核心,不仅包括了不同权利主体享有良好环境的生态性权利,为实现这一权利而设定的程序性权利,还包括了开发利用环境资源的经济性权利,以及环境保护义务。

公民环境权论对环境权内容的界定相对于广义环境权论有所限缩。比如,吕忠梅教授认为,环境权是公民享有的在不被污染和破坏的环境中生存及利用环境资源的权利。公民环境权的内容,包括环境使用权、知情权、参与权和请求权。环境使用权包括日照权、清洁空气权、清洁水权等,参与权包括参与国家环境管理的预测和决策过程,参与开发利用的环境管理过程以及环境保护制度实施过程,参与环境纠纷的调解等,请求权包括对行政行为的司法审查、行政复议和国家赔偿的请求权,对他人侵犯公民环境权的损害赔偿请求权等。[4]

---

[1] 蔡守秋:《论环境权》,《金陵法律评论》2002年春季卷。
[2] 常纪文:《环境法原理》,人民出版社2003版,第45页。
[3] 陈泉生:《环境法原理》,法律出版社1997年版,第115—116页。
[4] 吕忠梅:《再论公民环境权》,《法学研究》2000年第6期。

可见，公民环境权论者在环境权内容的界定上，包括了享有良好环境的生态性环境权利、利用环境资源的经济性权利，以及程序性环境权利等内容。

狭义环境权论者普遍认为，环境权是指实体性的享有良好环境的生态性权利。吴卫星认为，环境权的内容不包括经济性权利，不包括知情权、参与权和救济权，环境权是生态性权利。[①] 此外，周训芳教授把"良好生态环境享受权和基于生存需要的目的对环境资源的开发利用权"都归类为环境权，[②] 即认为环境权是由两个向度的权利内容所构成。这一观点把"基于生存需要的目的对环境资源的开发利用权"归入环境权的范畴是有问题的。对环境资源的开发利用权属于经济性权利，既包括了基于生存需要而进行的开发利用，也包括基于追求更多经济收益的需要而进行的开发利用，前者应当属于生存权的范畴，是在任何情况下都不应当被限制和剥夺的基本人权；后者属于合理开发利用自然资源的资源权，其对应的坐标应当是环境权利谱系中与生态性权利相并列的经济性权利。环境权的内容应当限定为单一的实体生态性权利，其他与环境有关的经济性权利或属于环境权利体系中的权利类型，但不应当归入环境权范畴。

可见，中国的环境权研究虽然流派众多，但从总体上判断，对环境权的设计存在主体泛化、概念混同、内容杂异等问题，权利内容的冲突性、边界的模糊性、操作上的欠缺性等使其不能成为一个具有内在逻辑的独立权利类型；无法被立法所确认、被司法所适用，难以获得法律上的救济。鉴于环境权在理论和实践中的双重困境，有学者

---

① 吴卫星：《环境权研究：公法学的视角》，法律出版社 2007 年版，第 93—97 页。
② 周训芳：《环境权论》，法律出版社 2003 年版，第 234 页。

另辟蹊径,从环境利用关系入手,探讨环境利用权的体系建构,并宣称:旧的"环境权"已经死亡,新的"环境利用权"已然诞生。①

对于环境权理论研究的未来进路,笔者提出以下思路:第一,在形式意义上,摒弃笼统的、大而化之的、模糊不清的环境权概念,代之以"环境权利体系"的研究。对环境法上各种以生态利益、资源利益为法益的权利进行类型梳理与分析,区分不同主体和内容、不同性质和价值理念的具体权利,探究权利体系的结构、内在逻辑关系、权利冲突与边界、权利的实现和救济途径等问题。在此基础上,建立逻辑自洽、和谐有序的环境权利体系。第二,在实质意义上,以狭义环境权论为基点,将"环境权"界定为单一的享有良好生态环境的权利。作为环境权利体系中的一项具体权利,进而深入探讨这一新型权利的属性、权利的法律保障和救济之途,特别是这一权利与传统的人身权、财产权的关系,与环境权利体系中其他类型的权利如自然资源开发利用权、排污权的关系,确定各自的权利边界。环境权这一新型权利的确立,是构建环境法权利体系的核心问题,也是环境法从"强制型法"向"自治型法"转变的基础。

第三节 环境权利体系的类型化界分

由于环境功能所体现出的生态价值和经济价值的二元性,以及

---

① 王社坤在《环境利用权研究》中,提出用"环境利用权"概念取代"环境权"概念。论证的出发点是:环境法律关系的本质是环境利用关系,以环境利用关系为基础,以环境为客体的权利均属于环境利用权。环境利用权可以界分为本能性环境利用权与开发性环境利用权,其中,本能性环境利用权在本质是以环境的生态效益享受为实质内容的权利,"是对原有的环境权概念的扬弃"。参见王社坤:《环境利用权研究》,中国环境出版社2013年版,第152页。

人们对环境需求的多层次性,决定了环境权利必然是一个由不同质的权利共同组成的多维度的权利体系。那么,环境权利体系应该是一种什么样的架构?不同类型的环境权利之间是一种什么样的逻辑关系?

一、传统环境权利体系研究的反思

环境权利体系,即环境法上不同权利按照一定的逻辑建立起来的多维立体的权利体系,是环境法法权结构的子体系。环境法权利体系的建构必然要运用体系化的方法,即遵从一定的逻辑关系,将环境法上不同主体、不同类型的权利规整到一个有机统一体,以实现权利之间的和谐有序、协调自洽。当下环境法学界对环境权利体系的研究,主要有两条路径:一是通过环境权视角来开展对环境权利的内容和体系的探讨;二是通过论证环境法律关系的内容而展开。通过对相关研究成果的梳理,笔者认为,上述两种路径得出的结论仍不能廓清环境权利体系的基本构造。

(一)基于"环境权"视角的不足

从上节对环境权理论发展脉络的梳理中,不难发现,不同流派的环境权理论,实际上已涉及对环境权利体系的讨论。

早期的环境权论者把不同主体、不同质的生态性环境权利、经济性环境权利、环境权力甚至国家环境主权统统归于"环境权"概念之下。那么,这种权利到底是实质意义上的"环境权",还是形式意义上的"环境权利体系"?论者并没有做出明确的区分,有时似乎在两种意义上交替使用这一概念。如果用以指称实质意义上的环境权,那么,这种集装箱式的权利概念显然存在内涵过大,不能实现逻辑自洽的问题,也必然会遭遇操作上的困境。退一步讲,如果用以指称形式意义上的"环境权利体系",那么就应当对这种权利体系之下各类具体环境权利的逻辑结构、相互关系、权利冲突与衡平、权利实现路径等问题展开有说服力的论证,遗憾的是,这方面的努力显然是不够的。新近的狭义环境权论把环境权还原为良好生态环境享有权,明确了环境权是一项实体性权利,是环境权利谱系中的一类具体权利,使环境权有了比较清晰、确定的内涵。对"环境权"这一法律概念的内涵达成共识,避免不同语义下的自话自说,是学术讨论和交流的基础。

法律概念,是以一种简略的方式辨识具有共同或相同要素的典型情形的思维工具,是法学家为进行交流而创造的符号,是法学逻辑体系建构的基础。[1] 德国法学家魏德士(Bernd Ruthers)认为:"法律概念是法律规范和法律制度的建筑材料"。[2] 法律概念产生的基本原因在于,法律作为社会关系的调整工具,无法对纷繁复杂的社会事务做出事无巨细的规定,因而不得不采用一套专门的术语对社会关系进行分门别类的界定。"将大量本身彼此不同,而且本身极度复杂的生活事件,以明了的方式予以归类,用清晰易变的要素加以描述,并赋予其中法律意义是'相同'者同样的法律效果,正是法律的任务所在。"[3]在法学发展史上,作为西方重要法学流派之一的概念法学,强调对法律概念的分析和构造法律的结构体系,是近现代法制史上功

---

[1] 韩光明:《论作为法律概念的"意思表示"》,《比较法研究》2005年第1期。
[2] [德]魏德士:《法理学》,丁晓春、吴越译,法律出版社2003年版,第94页。
[3] [德]卡尔拉伦茨:《法学方法论》,陈爱娥译,商务印书馆2004年版,第319页。

勋最为卓著的学派,它把西方绵延千年的自然法思想与近代理性主义、人文主义和科学主义结合起来,适应现代民主、自由、法治和市场经济的需要,奠定了现代法律制度和法治大厦的最重要的基石。时至今日,任何进一步的法律制度的完善,都是立基于概念法学的成就之上。概念法学固因其局限性而受到批判,但对概念法学的批判并不能否定概念和概念思维的正当性。概念是任何一门学科大厦的基石,法律概念则是法律规范和法律体系的基本构成单位。环境权理论研究,同样应当从理论上厘清概念的内涵和外延。

对"环境权"与"环境权利"概念应当进行正本清源。环境权,从其本源意义上讲,是为了对抗各种污染、破坏环境的行为,监督、制约政府环境公权力的良性运行而产生的一项新型权利概念,其核心内容是对良好环境的享有权。环境权利,指以环境资源与生态功能为客体,以生态利益和资源利益为内容的各种权利的统称,是产生于人与环境关系基础上的权利体系,"是一个类权利的概念,不具有实质性内容,和民事权利、行政权利、刑事权利、诉讼权利等概念一样表示某一部门法律领域内所有权利的概称。"[1]因此,对两者应当做出如下理解:环境权利是一个形式意义上的权利概念,环境权是一项具有实质内容的权利概念,环境权是环境权利体系中的一类具体权利。

早期的环境权论正是由于在研究的起点上没有区分权利的实质概念和形式概念,导致环境权被指斥为"权利托拉斯"、"权利大杂烩",内容包罗万象但权利边界模糊、缺乏权利救济上的操作性。实际上,从形式概念的意义来理解,广义环境权论、公民环境权论都涉及环境权利的类型化界分,如关于生态性环境权利和经济性环境权

---

[1] 王社坤:《环境利用权研究》,中国环境出版社2013年版,第112页。

利;实体性环境权利和程序性环境权利的区分等。但是,研究者并没有从体系化的角度,将其作为环境法上的权利谱系,在类型化的基础上,深入探究权利体系的构造、各种权利之间的相互逻辑关系、权利体系的协调性等问题。可见,环境权研究中对环境权利体系整体架构的探讨存在明显不足。

(二)基于"环境法律关系"路径的不足

传统法理学认为,法律关系是法律规范所确认和调整人们行为过程中形成的权利和义务关系,权利与义务是法律关系的基本内容。对环境法律关系的理解,学者们大都是将法律关系的一般定义套用到环境法的语境中。典型的表述是:环境法律关系是指环境法主体之间,在利用、保护和改善环境与资源的活动中形成的由环境法规范所确认和调整的具有权利、义务内容的社会关系。在环境法律关系的主体、内容、客体三要素中,环境法律关系的内容是指法律关系的主体依法所享有的权利和所承担的义务,[①]具体而言是指环境法律关系主体所享有的环境权利和承担的环境义务。

国内不同版本的环境法学教科书中,对环境权利内容的探讨大都是在环境法律关系分析的框架内进行分析界定,即从环境法律关系的内容——环境法权利和环境法义务规范中探寻环境权利的具体内容。环境法权利,是指法律规定的环境法律关系的主体主张其法定利益的可能性,主体实现自己的利益的行为界限是法律的规定;环境法义务,是指环境法律规范对环境法律关系主体做出一定行为和不得做出一定行为的拘束力或要求力。由于环境法律关系并不是单

---

① 金瑞林主编:《环境法学》,北京大学出版社1999年版,第40—43页。

一类型的法律关系,其主体、内容、客体均具有明显的广泛性和综合性,学者们在讨论环境权利内容时,往往是从权利主体出发进行界定。比如,吕忠梅把环境法律关系的主体划分为管理主体和受控主体,进而把环境权利划分为管理主体的权利和受控主体的权利。其中,管理主体的权利(力),包括环境管理规范制定权、环境行政处理权、监督权、处罚强制权、准物权等;受控主体的权利包括参加环境管理权、环境使用和收益权、环境利益保障权、申诉和控告权等。[①] 此外,还有学者从环境法律关系的不同性质,把环境法调整机制中的权利义务配置方式划分为公法性质的权利义务、私法性质的权利义务。公法性质的环境权利,分为环境行政机关的权利(力)和行政管理相对人的权利,前者包含了宏观调控权、环境管理规范制定权、环境行政处理权、行政强制和制裁权、行使国家环境容量物权和自然资源物权的某些权能、代表权、调解和居中裁判权等;后者包括环境管理参与权、环境使用和收益权、请求权、监督权和行政救济申请权。私法性质的环境权利,主要包括环境物权、环境债权、环境公力救济申请权等。[②] 其他关于环境权利的探讨也大都是从法律关系内容的角度出发,对环境权利的内容和种类做类似的简单罗列。

上述对环境权利内容的界分,符合法律关系理论的一般原理,揭示了环境法律关系中涵盖的两类基本法律关系,即公法关系和私法关系,或环境行政法律关系和环境民事法律关系,反映了环境法律关系内容多元性特点。但是,这一分析进路仍然存在以下问题。

第一,笼统地将环境法上所有的权利义务关系都归为环境权利

---

① 吕忠梅:《环境法学》,法律出版社 2004 年版,第 76—78 页。
② 常纪文:《环境法原理》,人民出版社 2003 年版,第 45 页。

和环境义务,将具有公权力性质的环境行政权力和私权利性质的环境民事权利统归于"环境权利体系"名下,造成概念外延过大,掩盖了二者的冲突性和矛盾性,且不利于实现权利和权力的均衡配置。退一步讲,即便对"权利"概念做广义解释,把"权力"的内容也涵盖其中,但在同一概念体系内,对广义权利概念和狭义权利概念交替使用,很不严谨。比如,上述从管理主体和受控主体角度对环境权利(力)所做的划分中,管理主体的权利是从广义角度理解的,即包含了权力内容,而对受控主体的权利又是从狭义角度理解的。这种概念上的不统一,容易引起语义解释上的歧义和理论上的混乱。

第二,依据环境法律关系内容对环境权利和环境义务进行的分类,没有摆脱传统的行政权力和民事权利的既有框架,很多权利(力)类型实际上只是传统的行政权力或民事权利在环境保护领域的拓展表达,使得基于环境法的法益而生成的环境权利概念淹没在一般行政权力体系和民事权利体系之中。比如,环境管理规范制定权、环境行政处理权、监督权、处罚强制权等,以及参与环境管理权、请求权、监督权、申诉和控告权等,不过是行政法律关系中的双方主体的传统权利;环境使用和收益权甚至环境物权、环境债权这样似是而非的概念,其本质不过是民法的权利类型而已。那么,依据这一分类,所谓环境法上的权利类型,绝大多数可以划归行政权力体系和民事法律体系,独立的"环境法权利体系"是否能够成立恐怕是有疑问的。

第三,这一分析进路下,论者往往只是对各类环境法上的权利仅给出了一个平铺式的简单列举,对环境权利中的原权利与衍生权利、实体权利与程序权利,各种权利之间的相互关系,权利体系的层级结构等问题,均未进行深入的探讨。

由于环境法公私兼具的社会法性质,环境法律关系既包含了私法意义上的平等型民事法律关系,又包含了公法意义上的管控型行政法律关系。前者主要体现为平等主体之间的"权利—义务"关系,而后者主要体现为行政管理主体和行政管理相对人之间的"权力—义务"关系。因此,笔者认为,在环境法律关系内容的框架内讨论"环境权利"和"环境权力"本身并无不妥。尽管从理论上来讲,环境权力派生于广义的环境权利概念,但是,由于两者的性质、法律表达方式均存在质的差异性,甚至存在冲突、对抗的可能性,笼统地将其全部归之于所谓环境法上的权利体系,则是不妥当的。应当依据不同的进路分别构建各自的体系,进而研究二者的相互关系。

笔者提出的思路是:第一,在讨论环境权利内容及其体系的时候,应当区别于环境权力体系,即将环境权力的内容剔除出来,以"权利"为圆点展开;对环境权力内容及其体系的讨论,应当通过另外一个层面以"权力"为圆点而展开。由于环境权利和环境权力的相互依存性,在讨论各自体系的基础上,以统一的"环境法法权"上位概念为统摄,进一步探讨二者的均衡配置。第二,环境权利体系,其逻辑构造如何、各类具体环境权利之间存在什么样的关系等问题的回答,需要有一个相对明确的标准。现有以环境法律关系分析为进路对环境权利内容进行的研究成果并没有妥当回答上述问题。法益分析路径或可为解决上述问题提供一个思路。

二、法益分析路径下环境权利的基本类型

在以环境权利体系建构中,针对环境权理论研究中实质概念和形式概念混同而带来逻辑上的混乱,以及以法律关系主体为标准界分权利内容的种种不足,笔者给出的"替代解决方案"是:环境法的权

利体系的构建,应当基于环境法的法益分析展开。法益分析方法,即以法律所保护和调整的利益类型作为分析权利构造的方法。法益分析可以为认识环境权利体系及其逻辑构造提供了一个合理的思路。从法益分析的角度,一种法律权利的生成,无非是与其对应的某种特定利益在法律上的反映,抑或经由某种受法律保护的利益衍生而来。既然权利来源于受法律保护的利益,权利的位阶高于利益,那么对利益结构的分析就应当成为解析权利体系的起点。

从法益分析的路径出发,梳理环境法所保护和调整的利益类型,抽象提炼出基于不同环境利益之上的基本环境权利类型,在基本环境权利类型的基础上,对各类权利之间的相互关系,"类权利"之下的"子权利"体系的层级结构等问题进行研究。这一分析进路的合理之处在于:环境利益背后所反映的实际上是环境法所调整的社会关系,以环境法的法益即环境利益为出发点分析问题,较为充分地体现了环境资源的价值及人与环境的关系,避免了环境权利淹没在行政法和民法的既有框架中而失去独立性;对环境权利体系提供了一种不同于以主体为标准界分内容的客观界分标准;能够为环境权利的正当性提供合法性依据;在环境权利体系内部的相互关系中,以环境权利的基本类型——生态利益和资源利益为载体而生成的权利类型为核心展开分层式探讨,有利于建立立体式的环境权利体系,避免从权利主体出发对权利内容所做的平铺式列举不能很好反映权利之间相互关系的问题。因此,以法益分析进路认识环境权利体系,至少是对以法律关系主体为标准界分环境权利内容的一种有益补充。

前文对"环境利益的逻辑构造"作了分析,我们已经明了,环境法的应然法益,也即环境法所应当保护和调整的环境利益,可以界分为生态利益和资源利益两大类,两类利益既具有共同的载体而又具备不同的属性,既具公益性又具私益性,既具整体性又具区分性。环境利益由环境法的应然法益上升为实定法益,也就是环境利益法定化的过程,因利益属性的不同,大致有两种实现路径:一是环境利益权利保障路径。环境利益中可以有特定的利益主体、客体和内容、符合权利的构成要件的那部分利益,可以经法律确认而上升为特定的环境权利;二是环境利益权力保障路径,环境利益中具有明显公共利益属性,不能实现权利化的那部分利益,由公权力机关以公共利益代表的身份,通过行使环境权力而给予保护,法律对环境权力的配置,是实现环境利益的另外一种路径。

环境权利既是环境利益的权利化形态,又是环境利益的法律实现方式。对应环境法的应然法益——生态利益和资源利益,上升为环境法实定法益的环境权利,其体系构造也应当进行分类建构。

第一类,生态性环境权利:环境权。

生态性环境权利,是生态利益的权利化,指公民享有不被污染和破坏的环境,以及享受良好环境权利,其本质是对良好环境品质的享有权,权利指向是环境资源的生态价值。权利的实现同时应满足人们对环境资源合理开发利用的需要。

所谓的生态性环境权利,是依据法益分析路径推导出来的环境权利的基本类型,与环境权理论中的"狭义环境权"的基本涵义趋于同一。狭义环境权概念的演进和形成,是在对广义环境权理论、公民环境权理论经过学术反思的基础上,对权利主体、权利内容进行瘦身、减肥,排除了环境权概念中的经济性权利、程序性权利等其他涵义的环境权力,最终将环境权界定为单一的生态性实体环境权利。比如,吴卫星认为:"环境权不包括经济性权利,不包括知情权、参与权和救济权,环境权是生态性权利"。[1] 王社坤认为:"环境权是一种生态性权利,是对环境生态价值的权利确认,不包括所谓的环境使用权这类经济性权利;环境权是实体性权利,不包括环境知情权、参与权和救济权等程序性权利"。[2] 上述分析结论将环境权明确界定为单一的生态性环境权利,即良好环境品质享有权。

由于生态利益的公共利益属性,对于这一利益类型能否权利化的问题,正是环境权理论数十年来争论不休的问题。笔者认为:对生态利益的法律保护,应当破除非此即彼的思维定势,确立"生态公共利益"与"环境权"两种并行不悖的路径。前者是环境权力作用的主要领域,后者是一种具有实质意义的公民权利,是生态利益的权利化,是公众参与环境保护的权利依据。生态利益权利化,即设定法律上的实体性环境权利——环境权,这是一种区别于传统人身权利和财产权利的新型权利,其显著特征在于权利客体不像人身权和财产权那样具有排他性。设置这一新型权利的必要性在于,为公众参与环境保护提供权利依据;形成了对环境公权力机关的监督制约力量;弥补生态损害情形下传统的人身权、财产权无法提起权利救济的缺陷,有利于对抗环境污染和破坏,以及生态损害行为对公共利益的侵害。

第二类,资源性环境权利:资源权。

资源性环境权利,即资源利益的权利化,是指社会主体对自然资源开发利用的经济性权利,其本质是对自然资源的经济性的收益,权利指向是自然资源的经济价值。权利的实现以不损害环境资源的生

---

[1] 吴卫星:《公法学视角的环境权研究》,法律出版社2007年版,第93—97页。
[2] 王社坤:《环境权理论之反思与方法论重构》,载《山东科技大学学报》2012年第1期。

态价值为限。

由于环境与自然资源是人类生存和发展的物质基础,是人类一切财富的源泉,无论是大陆法系的物权法还是英美法系的财产法,很早就对环境与自然资源的经济价值给予了关注,通过权属制度设计实现不同社会主体对环境与自然资源要素的占有、利用、支配和收益。当然,传统的物权法或财产法意义上的资源权利,虽以环境与自然资源要素为客体,但其着眼点侧重于环境资源对人类产生的经济价值,通常以物权或财产权的形式予以表达。环境法上讨论的资源性环境权利,同样关注环境资源的经济价值,但这种经济价值的实现须以不损害环境公共利益为限,权利的行使同时要受到环境资源管理制度的公权制约。

资源性环境权利包含了自然资源所有权、自然资源开发利用权。由于当代各国多将自然资源宣布为国家所有,自然资源所有权主体的单一性以及国家作为权利主体在一定程度上的虚拟性,使得必须依靠对自然资源各种有用性权利的设置,通过自然资源的利用实现对自然资源有效利用及其权利的实际运作。[①] 此外,就现代物权制度而言,其关注的重心已由所有向利用转移。因此,关注自然资源的"非所有利用权利"制度,是研究资源性环境权利的重点。资源性环境权利的权利内容,由民事法律中的自然资源物权制度和《土地管理法》、《水法》、《森林法》、《草原法》、《矿产资源法》、《野生动物保护法》、《渔业法》等自然资源单行法律中的自然资源管理制度共同体现。

第三类,排放性环境权利:排污权。

---

① 张梓太:《自然资源法学》,北京大学出版社2007年版,第59页。

排放性环境权利，即利用环境容量消解污染物的能力，向环境合理排放污染物的权利。这类权利的客体是环境容量，环境容量既包含了无形的生态系统服务调节功能，又包含了有形的环境自然资源要素。从环境法所保护的法益分析，这一权利背后既体现了生态利益，又体现了资源利益。因之，排放性环境权利的指向是环境与自然资源的生态价值和经济价值。权利的行使以不损害生态性环境权利和资源性环境权利为限。

人类正常生活难免要向环境排放代谢物和废弃物，消费和生产的过程也难免向环境排放各类污染物。因基本生存需要而向环境排放代谢物、污染物是人的基本生存权，任何情况下都不应当加以限制和剥夺。因生产经营和发展需要向环境排放污染物，如果不超过环境容量的上限，法律也无介入必要。事实上，在现代工业社会之前，人类排放的污染物并没有超出环境消解污染物容量的上限，因而排放污染物被看着是行使财产权的必然结果。但是，当环境污染严重到超过环境容量上限，成为一种"环境负担"的时候，排放污染物的行为就需要受到法律的限制。具体而言，国家对一定时期、一定区域的环境容纳污染物的总量进行量化，然后通过行政许可的方式逐层分解给排污企业，排污企业在许可范围内排放污染物，或者将节余的排污指标通过市场交易方式有偿转让给其他排污企业，均是其合法的权利。可见，所谓"排污权"是一种受到严格限制的"权利"，排污权的设定，其目的在于保护生态利益不因排放的污染物突破环境容量而受到损害，同时保障生产者在法定限度内实现其合理开发利用环境资源的资源利益。

针对不同的污染因子，如气态、液态、固态污染物，以及噪声、放射性等物理性污染物，制定不同的污染物排放标准，在总量控制的目标下,依据《大气污染防治法》《水污染防治法》《海洋环境保护法》、《环境噪声污染防治法》《固体废物污染环境防治法》《放射性污染防治法》等污染防治单行法律法规,经法定的行政许可程序进行合法排污,是排污权的基本法律依据和实现路径。

三、环境权利的基本类型及其逻辑关系

笔者认为,环境权利体系的基本构造,可以界分为生态性环境权利、资源性环境权利、排放性环境权利三大类别,从法律概念的规范意义的角度,可以分别称之为环境权、资源权、排污权。环境权是不受污染和破坏的良好的环境品质,是生态利益的反映和实现路径,其本质是生态性权利;资源权是在开发利用环境资源过程中获取的经济利益,是资源利益的反映和实现路径,其本质是经济性权利;排污权是保护生态利益不因排放的污染物突破环境容量而受到损害,同时保障生产者在法定限度内实现其合理开发利用环境资源的资源利益的"限制性"权利,其本质是将排放污染物的"环境负担"行为限制在不损害前两类权利的界限之内。不同类型的环境权利因属性不同,其权利主体和客体、权利内容和权能、实现路径均应当有不同的架构。"类权利"、"权利束"之下,又可以分别界分出若干属权利或衍生权利类型。

三类权利的共同客体是环境资源要素与生态系统的服务功能,体现了同源性;但在属性上不具有同质性,其内涵、价值目标并不完全一致,且存在相互冲突的可能。其中,环境权应当是环境权利体系中具有基础地位的权利,资源权、排污权配置和行使应当以环境权不受侵害为边界。实践中,资源权、排污权的行使有对环境权的天然侵

害倾向,需要环境权力的介入而受到必要的限制。资源权与排污权之间也存在冲突的可能,排污权既可能侵害以享受良好环境为内容的环境权,也可能会侵害以合理开发利用自然资源为内容的资源权,需要通过环境权力手段施以更为严格的限制。环境法的基本使命之一,就是建立不同类型环境权利之间的协调和平衡机制,弥合和协调权利冲突,促使其向协调有序发展,实现环境保护和经济社会可持续发展的目标。

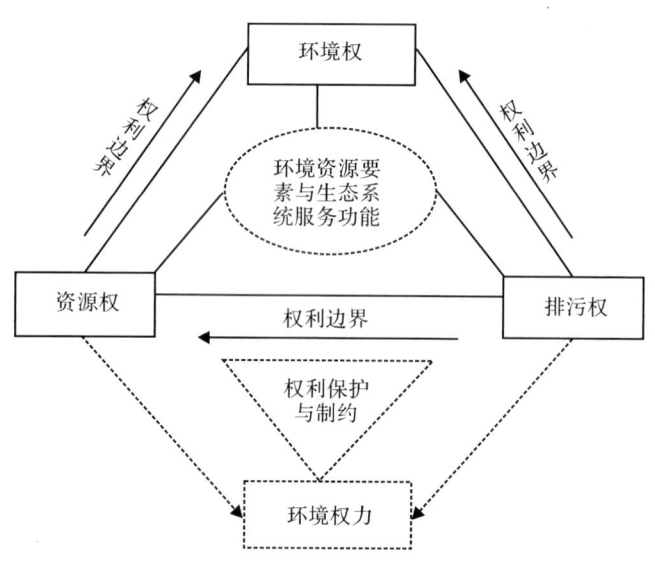

图 3.1　环境权利的基本类型及其相互关系

第四节　生态性环境权利:环境权

上文分析中把"环境权"与"环境法上的权利体系"概念做了区分,把环境权的概念限定为单一的享有良好生态环境的权利。那么,这一新型的权利提出的依据是什么？环境权的构造及其区别于传统人身权、财产权的"独立性"是什么？在环境权利体系中如何定位，与资源权、排污权的相互关系及各自的权利边界又在哪里？

一、环境权的定位：法学权利谱系中的新型权利

法理学理论认为，权利的本质是受法律保护的利益。[①] 并不是所有的利益都要上升到法定权利的层面，只有当一种利益需要成为社会成员的普遍诉求，成为满足一个时代的物质或精神生活的迫切需要时，这种利益才可能被立法者所回应，使之上升为法律上的权利，受到法律的保护。我们处在一个生态危机的时代，工业社会以来积累的环境问题积重难返，环境污染和生态破坏的加剧，环境风险的威胁增大。时至今日，温室效应引起全球气候变化、臭氧层破坏、生物多样性锐减、森林破坏与水土流失、土地荒漠化、水污染和水资源短缺、大气污染和酸雨、海洋污染和破坏、危险废物跨境污染等环境与生态问题，如同高悬在人类头顶的达摩斯利剑，无时不在威胁着人类的生存安全。

这一时代背景下，基于人的良好环境需要，以环境与生态系统为客体的生态利益就成为一种社会的普遍利益诉求。在应对环境问题的初期，各国普遍通过加强国家环境管理职能，加强环境管制立法，赋予政府环境公共权力来干预和应对污染环境和破坏生态的行为，保护公共生态利益。但是，实践证明，环境权力手段的单向性不符合现代社会治理的民主、合作、协商理念，政府因自身目标偏好并不总

[①] 张俊浩：《民法学原理》，中国政法大学出版社1997年版，第74页。

能不偏不倚地代表公共利益,政府权力行使过程中与利益集团的各种现实利益纠葛,以及环境问题的复杂性与环境公共权力触角的有限性,环境保护领域"政府失灵"的问题,决定了仅仅依靠公权力手段无法达成环境保护的目标。于是,通过私主体的权利的配置,实现环境保护的民主参与和多元共治,不仅成为现代国家政府治理变革的方向,也成为法治国家环境法治的一个新的面向。日本学者原田尚彦认为:"在法律的世界,良好的环境也早已不是无价值的东西,要求确保国民的每一个人能够在清洁的空气和水、天然的风景、安静的环境环绕之下健康安全的生活,这就是环境权的主张。"[①]于此,环境权理论应运而生,并蓬勃发展成为环境法学领域的"显学"。

  我国学界对环境权的讨论已有30多年历史,但迄今尚未形成具有普遍共识的主流理论架构。上文对环境权理论的发展轨迹、主要流派和观点做了简单梳理,并对理论研究中存在的混同的权利概念(道德权利与法律权利的混同、形式概念与实质概念的混同、权利概念与权力概念的混同)、泛化的权利主体(公民、单位、法人或其他组织、国家、人类等)、杂乱的权利内容(生态性环境权利、经济性环境权利、环境权力、国家环境主权等)进行了分析批判,最终提出区分"环境权"与"环境权利体系",将环境权限定为单一的享有良好生态环境的权利,以环境权研究为核心,着力构建环境法上的权利体系的思路。环境权是为保护生态利益而提出的权利类型,是生态利益的权利化,是法学权利谱系中的新成员,是环境法权利体系中的基础性权利。

  这里需要回答一个问题:通过对传统法学权利谱系中已有的权

---

① [日]原田尚彦:《环境法》,于敏译,法律出版社1999版,第66页。

利类型如人格权、财产权的解释和拓展,能否有效解决环境问题? 如果可以,是否还有必要创设环境权这一新型权利? 这一问题正是环境权理论研究中质疑环境权独立性和必要性的关键问题。反对者认为,所谓"享有良好环境的权利",其各项权能和具体权利类型,实际上都可以从传统的人格权、财产权中找到对应的位置。比如,"不被污染和破坏的环境"是生命权、健康权、财产权得以维护的基本条件,环境污染和破坏侵害的权利无非是传统的生命权、健康权、财产权;所谓清洁水权、清洁空气权都可以归结为生命权和健康权;环境使用权是物权的新发展,日照权、通风权、采光权都可以归结为物权;景观权和亲水权是对公共物品的使用权;所谓"环境人格权"、"环境物权"的提法不过是人格权、物权在环境保护领域的体现,其本质仍然不能脱离人格权和财产权的范畴。对于侵害人格权和财产权的污染环境和破坏生态的行为,完全可以通过民事侵权制度加以救济。因此,环境权所适用的功能,完全可以通过人格权和财产权在环境领域中的适用来实现,没有必要单独创设环境权。[①] 此外,还有学者从权利冲突的角度对环境权的独立性提出质疑,"环境权作为新兴权利将增大权利冲突的概率……环境权作为环境风险时代的一种利益主张,它的利益内容在很大程度上超出传统利益的需求与范围,它将人们所构想的全球性整体图景这个未来目标视为当下权利体系重构的任务,这种权利主张及其逻辑进路势必引起与财产权、经营权等传统权利的冲突。"[②]

[①] 朱谦:《透视环境示中的权力和权利基础》,《公法评论》(第五卷),刘茂林主编,北京大学出版社2008年版。徐祥民、张峰:《质疑公民环境权》,《法学》2004年第2期。
[②] 秦鹏、杜辉:《环境义务规范论》,重庆大学出版社2013年版,第73页。

环境利益所涉及的生态利益、资源利益来源与环境与自然生态系统,具有满足人的需要的有用性,既与传统利益格局中的人格利益息息相关,又与财产利益息息相关,因之,建立在环境利益之上,以环境资源与生态系统的服务功能为客体的环境权利必然与已有的人格权、财产权产生密切的联系,甚至存在相互交叉和共同作用的领域。但是,上述质疑并不能成为否定环境权独立地位的理由。事实上,从法权角度考察,环境权正是在传统民事权利制度和行政权力制度均无法单独应对环境问题的背景下才被提出的。绝大多数学者对创设环境权的必要性已达成了共识,环境权作为一项新兴权利之所以具有必要性,主要基于以下理由。

第一,已有的人身权和财产权制度均着眼于个体的私权保护,不足以保护环境公共利益。现代民法无论怎样发展,其本质都是保护平等主体的人身权利和财产权利的私法,虽然现代民法"权利社会化"的倾向有助于保护环境公共利益,但民法权利制度对环境保护的功能终究是有限的。环境问题所造成的损害往往侵害不特定的多数人的公共利益,包括人身权利和财产权利,危害后果严重,有时甚至具有不可逆转性。因此,环境法确立了一项重要的原则"预防原则",即解决环境问题应当立足于预防,而不是等损害后果发生以后再采取补救措施。人身权和财产权制度恰好是已发生实际损害或者危及人身健康和财产安全时才提起救济,而且其救济方法往往是侵害方对受害方进行损害赔偿。这对环境保护而言,是远远不够的。环境权的创设,有利于在损害后果还未发生时就据以提起权利保护请求,这对环境问题"预防原则"的落实显然具有重要意义,更有利于保护环境。

第二,已有的环境侵权制度不足以救济环境损害。环境问题造成的损害后果可能会有两种情形：一种情形是侵害特定的人身权和财产权，即构成环境侵权，同时构成了对环境本身的损害后果；另外一种是可能没有构成环境侵权，即没有造成特定的人身和财产损害，但导致对环境本身的损害后果。在构成环境侵权的情形下，依照民事侵权法就特定的人身和财产损失进行救济就可以解决问题；但是，只构成环境损害而不存在对特定的人身权和财产权构成侵权的情形下，则无法依据侵权法提起环境损害救济。环境权的创设，为环境损害致公共环境利益受到侵害的情形予以权利上的主张提供依据，可以弥补侵权法的不足。

第三，环境权的设立目的、行使方式和传统人身权、财产权不同。人身权、财产权的目的，在于维护特定的人身和财产权利，是典型的私权，基于当事人的意思自治原则可以放弃或转让，并且使该权利归于消灭。环境权的目的，在于维护公共环境利益，尽管环境权可以赋予私人主体来行使，但权利行使的目的不仅在于维护个体的权利，更在于维护环境公共利益。环境权的客体是"良好舒适的环境"，与传统意义上的人身权、财产权客体不同，不具有排他性。这也意味着，一部分主体放弃行使环境权并不意味着权利归于消灭，其他主体的环境权不因这种放弃而受到影响。因之，环境权是一项"社会性"权利，这是环境权与"私权性"的人身权与财产权的重要区别。环境权体系中另外一类以实现环境与自然资源的经济价值为目的的资源权，区别与以实现环境与自然资源生态价值为目的的环境权，在本质上也属于财产权，但权利的实现要受到较多的环境公共权力的干预，不是典型的私法意义上财产权，同时受民法和环境保护法的调整。

因之，环境权是生态危机时代为保护公共环境利益而提出的一项新的独立的权利类型。环境权区别于：（1）环境公共权力；（2）实现环境与自然资源经济价值的资源权(具有公权属性的私权);(3)私法上与环境保护有关的人身权(生命权和健康权);(4)对应人权形态的其他人权(生存权和发展权)。环境权的提出,为公众参与环境保护、维护环境公共利益提供了权利上的依据;为资源开发利用权、污染物排放权的权利行使确立了权利边界;同时,为制约环境权力的合法运行提供了监督机制。因之,环境权被认为是"环境法的一个核心问题,是环境立法和执法、环境管理和诉讼的基础,也是环境法学的基本理论"。[①] 在环境法的权利体系中,环境权是具有基础性地位的权利类型。

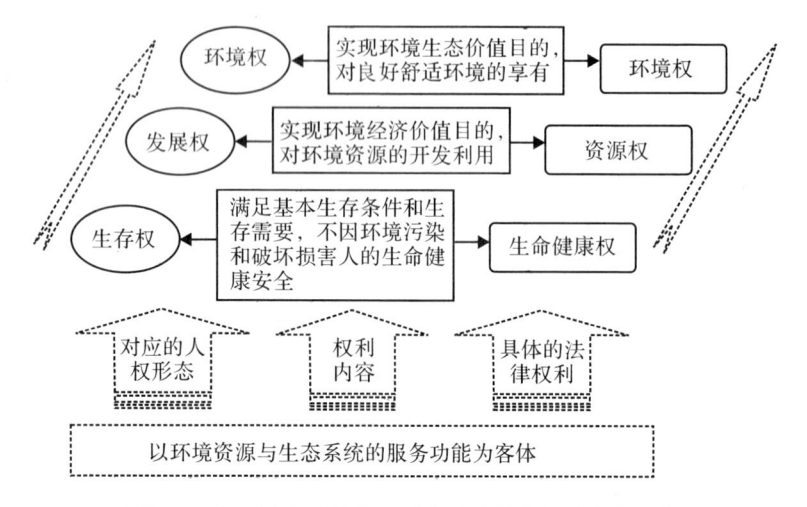

图 3.2 与环境有关的权利及其对应的人权形态之区分

---

① 蔡守秋:《环境权初探》,《中国社会科学》1982 年第 3 期。

二、环境权的法律属性

(一)环境权的主体和客体

对于环境权的主体,广义环境权论者先后提出公民、单位、法人、或其他组织、国家、人类甚至自然体等。国家拥有的与环境相关的权利从主权角度属于国家环境主权,从国家环境管理的角度属于环境公共权力;单位、法人与环境相关的权利实质上是开发利用环境资源的经济性权利;人类与环境相关的权利,主要体现在一些国际文件(宣言)中,从人类整体的角度更多地体现为一种道德权利,难以法定化,从一国国民的角度则体现为国家环境主权;自然体与环境相关的权利是一种道德权利和伦理权利,并不具有实定法上的意义。因此,上述主体均不能成为环境权的主体。所谓"享有良好环境的权利"的主体只能是具有生物感知能力的自然人(公民)。

依据上述逻辑,会产生一个问题:环保团体等社会组织能否成为环境权的主体?答案当然是肯定的。在现代法治国家,通常赋予环保团体等社会组织参与环境保护的权利。事实上,环保团体以及其他社会组织在西方国家已经成为环境保护的中坚力量,在保护环境公共利益、维护公众合法环境权益方面发挥着重要的作用,我国新修订的《环境保护法》也明确规定符合条件的社会组织可以提起环境公益诉讼。赋予个体以环境权主体资格,在法理上是没有问题的,但是,个体行使环境权往往存在权利能力不足、维权动机不足等问题,需要借助拥有一定的专业知识和权利能力的利益代言人代为行使环境权,这时候,环境团体及其他社会组织就成为最合适的选择。因此,虽然环保团体和社会组织是拟制的法律主体,自身并不具备感知"良好环境"的生物能力,本身并不拥有环境权,但可以以权利主体代理人的身份从事保护环境公共利益的活动。并且,这种代理活动一般均有法律规定的条件和权限,如我国环境保护法关于社会组织提起环境公益诉讼的条件是:依法在设区的市级以上人民政府民政部门登记;专门从事环境保护公益活动连续五年以上且无违法记录;不得通过诉讼牟取经济利益等。因此,环境团体等社会组织依照法律和团体章程从事环境保护活动,无需经过环境权主体的个别授权。社会组织行使环境权,是实现不特定的多数个体的"集体性"环境权的一个基本路径。从这个意义上说,环境权既是一项个体权利,又是一项集体权利。

环境权是生态利益的权利化形态。环境利益是环境法的应然法益,可界分为资源利益和生态利益两大类,资源利益是开发利用环境资源而获取的经济性利益,生态利益是享有良好环境的生态性利益,两类利益具有同源而不同质的特点。其中,生态利益体现为一种公共利益,是环境与生态系统生态价值的体现。因之,环境权的客体,就是环境与生态系统的服务功能。作为环境权客体是环境,是人的行为和活动所能影响、支配和调节各种天然的人工改造的自然因素的总体,环境法一般都对其做出列举式的规定。除作为有形物的环境要素外,作为无形物的生态系统服务功能也是环境权的重要客体。关于环境、自然资源、生态等概念的法学含义及其区别与联系,见第二章。

环境权要求以"享有良好环境"为实现权利的标准,那么,对"良好环境"应当根据什么标准做出判断? 一般认为,环境法上规定的各类环境标准可以作为判断环境是否"良好"的标准。环境法上的环境标准,有针对污染物排放和环境质量的最低标准,也有根据不同的环境功能区所规定的分级标准。如各类污染物排放标准就是一个对污染物排放量不致污染环境的最低限度的要求;而在环境质量标准中,大气环境质量标准根据不同的空气功能区分别适用一级标准、二级标准;噪声环境标准则依据0—4共五类声环境功能区,分别规定了不同的环境噪声限值。无论是最低标准还是分级标准,实际上都是针对某一区域或环境功能区的最基本的环境质量要求,也就是以不对人体健康造成损害为衡量环境质量的客观标准。这种标准实际上是一种较低层次的环境质量是否"达标"标准,而不能用来作为判断环境质量是否"良好"的标准。环境权的核心内容是良好环境享有权,在未来环境权成为法律上的实定权利后,应制订较高层次的"良好环境质量标准",作为判断权利是否实现的技术标准和法律依据。当然,何为"良好"是一个主观性较强的判断,应当根据一定时期经济社会发展水平、人对环境质量的需求层次,以及环境科学技术的发展等因素,综合做出界定。

(二)宪法基本权利和具体法律权利的双重性

环境权从一开始就是作为一项基本人权而被提出的。人权主要是一种应然权利,它不考虑各国具体制度的现有的物质条件,仅以人性为根据,主要是人所应该享有的、与生俱来的、不能被任何外在力量剥夺和侵犯的权利。从环境权的属性分析,这一权利是人人生而享有的权利,是整体性与个体性的统一、长远利益与眼前利益的统一;环境权不能用其他权利来替代也不能转让,具有优先于其他权利的基本权利地位,符合人权的基本属性;从环境权的立法实践分析,环境权作为一项人权已经得到一系列国际法律文件和许多国家宪法的肯定。因此,环境权是"既合乎理性分析又为立法实践所承认的一项人权",[①]这一点在学界已有共识。但是,将环境权停留在应然的人权的层面是远远不够的。

法定权利是人们运用法律这一工具对应有权利的法律化、制度化,法律制度为权利的实现提供了最为有效的保障。同应有权利相比,法定权利是明确的、具体的。从环境权立法的实践来看,很多国家都将环境权规定为宪法上公民权利,即公民基本权利。传统理论认为,"基本权利的效力直接拘束国家权力活动是现代各国宪法普遍确认的一项原则,同时也是宪法的基本功能之一。基本权利产生与发展的内在需求与动力源于限制国家权力的客观必要性,在国家与社会二元化的结构下,基本权利主体首要的任务是限制与抵抗国家权力可能带来的侵害,从国家权力的侵害中维护自由的价值,以维护人的尊严。因此,基本权利最初是以抵抗国家权力为目标而产生的社会个体主观的公权,具有防御性质。"[②]随着社会生活的发展与变化与各国法治进程的发展,基本权利效力总体上呈现出不断扩大的趋势。现代宪法理论认为,除国家权力领域外,社会生活的各个领域逐步受到基本权利效力的影响,基本权利也可以在私人之间适用。这一理论为作为宪法基本权利的环境权的司法救济提供了可能性。

从部门法的角度,具体法律权利是实现基本权利的一种方式。环境权是否能够成为部门法上的具体法律权利,能否通过私法路径进行保护?这一路径在理论和实践层面都遇到了不小的障碍,比如,

---

① 吕忠梅:《论公民环境权》,《法学研究》,1995年第6期。
② 韩大元:《论基本权利效力》,《判解研究》2003年第1期。

环境权内容和范围的不明确性,由私主体主张公共利益与传统私法理念存在某种"不兼容"等特征,在司法实践中难以为法院的判决所承认。随着环境权理论的发展,环境权已逐步具备了作为具体法律权利的基本要件。其一,具备正当性基础,即享受良好舒适的环境是公民的基本人权。其二,有明确的权利主体,即公民个体和作为公民集体代理人的社会组织。其三,有明确的权利客体,环境权的客体是环境与生态系统的服务功能。产生于环境与生态系统服务功能,以满足人的生态性需要的生态利益是环境权的利益基础。其四,环境权的内容,以对良好环境的享有为核心,可以通过列举而具体化。尽管目前对环境权的权利内容的分类标准、具体类型还没有形成理论上的共识,但是,环境权完全可以建立起区别于传统人身权、财产权的独立权利体系,这应当是没有疑问的。最后,环境权的实现,要求政府、企业和其他生产经营者、公民承担保护环境的义务,以环境义务的履行作为实现权利的手段。因此,从正当性、主客体要件、内容、实现方式等方面考察,环境权已经具备了法律权利的要件,不仅应当成为宪法上的基本权利,还应当成为部门法上的具体法律权利,通过环境法、民法等机制予以保护。

(三)环境权具有社会权利性质

首先,从权利的利益基础分析,环境权是生态利益的法律化,生态利益的属性决定了环境权的属性。生态平衡、生物多样性,光照、气温、清洁的空气、清洁的水,以及生态系统的调节服务功能等生态利益的载体,是人类的基本生存条件和保障,只能共同享有而无法进行个体意义上的权属分割,具有公共性而不具有排他性,是一种重要的社会公共利益。环境污染与生态破坏会导致不特定的人群发病率上升,健康水平下降,身心得不到良好的休憩,身体的舒适和心理的安宁被侵害等。传统意义上的生命权、健康权的权利行使目的,仅在于保护个体的生命和健康不受他人非法伤害,对于上述情形则无能为力。生态利益与传统人格利益相同的地方在于都是人的利益,不同的地方在于前者具有公共性、多元性,以及与环境不可分离性等特点,[①]后者具有私益性、单一性,某些情况下可以与环境相分离等特点。生态利益的社会公共利益属性,决定了建立在生态利益之上的环境权是一种社会权利。

其次,环境权的实现需要广泛的环境义务保障。环境权的权利主体和义务主体存在不一致性或"错位性",权利主体是公民,而公民实现其环境权不仅需要自负义务,还需要政府、企业或其他生产经营者、其他公民履行环境保护的义务。从这个意义上讲,环境权不完全是自得权,也不是单纯的不受他人干涉即可实现的自由权。这里需要讨论一个问题:既然环境权的实现需要权利主体自负义务,那么环境权是否应当包含环境义务的内容?"环境权包括主体享用适宜环境的权利及保护环境的义务两个方面"[②]这个观点能否成立?实际上,同一主体"享用适宜环境的权利"和"环境保护的义务"并不是发生在同一环境法律关系之中,公民环境保护的义务并不是对其环境权的限制,而是对公民的其他权利特别是财产权、经济自由权的限制,"权利义务相一致"原则在这一语境中不具有逻辑上的内在联系。因之,公民环境义务是保障环境权实现的条件,而不是环境权本身的内容。此外,在环境权的实现过程中,政府环境职权和职责的履行是

---

① 白平则:《论环境权是一种社会权》,《法学杂志》2008年第6期。
② 蔡守秋:《环境权初探》,《中国社会科学》1982年第3期。

最基本的保障,公民和企业等其他主体环境保护义务的履行也必不可少。正因为如此,世界上很多国家的宪法在规定公民环境权的同时,都规定了国家保护和改善环境的基本义务,以及公民的基本环境义务。义务主体的广泛性、社会性特点,决定了环境权是一种社会权利。

再次,从环境权的实现方式看,环境权既可以由作为私主体的公民个体所主张,也可以由公民集体的代理人社会组织来行使,无论哪种方式,主张权利的目的不仅是保护个人环境权利,更在于保护环境公共利益,具有实现公益的目的。由私主体主张公共利益,这一特性决定了环境权不是传统意义上的私权利,而是属于社会权利,即公民从社会获得基本生活条件的权利。

三、环境权的类型与程序保障

环境权的基本权能,应当包括享有良好环境和生态功能的权能、排除干预的权能和请求改善环境的权能。享有良好环境和生态功能的权能,是权利人不以占有为目的,通过对环境与生态系统服务功能生态利益的"非排他利用"而实现自我需要的满足。排除干预的权能,要求企业或其他生产经营者、其他公民在开发利用环境不得损害环境及其生态功能,不得妨碍权利主体对良好舒适环境的享有;请求改善环境的权能,要求政府积极履行环境保护职权和职责,在环境破坏发生时采取措施进行恢复治理,或者采取积极措施提高环境质量。

类型化是环境权研究走向深入的必由之路。环境权的具体类型有哪些？联合国人权和环境委员会的原则草案中规定的环境权包括：[①]①免受环境污染、恶化和对威胁人类生命、健康、生存、福利和可持续发展的活动的影响；②保护和维持空气、土壤、水、海洋、植物群和动物群、生物多样性和生态系统所必要的基本的进程和区域；③可获得的最高健康标准；④安全健康的食物、水和工作环境；⑤在安全健康生态的环境中享有充分的住房、土地使用和适当的生活条件；⑥适合生态地进入自然和保持可持续地使用自然和自然资源；⑦保存独特的遗址；⑧土著居民享有传统生活和基本生计。[②] 根据环境法学界的研究，环境权是一组权利束，主要包括清洁空气权、清洁水权、安宁权、达滨权、景观权、历史环境权等。"未来的环境权研究应当着眼于这些具体的个别的权利而展开，进而再上升到环境权的一般法理。"[③]

环境权是单一的享有良好环境的实体性权利，环境权的内容不应包括程序性权利的内容，但环境权的实现需要得到有效的程序工具的保障。如果缺乏足够的可操作性程序权利的保障，一旦权利受到决策者和其他权利主体的潜在或可能的侵犯，环境权主体的实体权利也将无法实现。程序性权利是一组独立的权利，有一系列特殊的规则原则和技巧，将获得信息、参与决策与获得司法救济的程序性权利，纳入以环境为客体的实体性权利菜单中是不合适的。[④] 作为保

[①] 1994年，联合国人权委员会特殊报告委员起草的最后报告——《联合国人权与环境基本原则草案》，从实体意义和程序意义上规定了环境权的内容。
[②] 转引自黄应龙：《论环境权及其法律保护》，徐显明主编：《人权研究》（第二卷），山东人民出版社，2002年版，第397页。
[③] 吴卫星：《我国环境权理论研究三十年之回顾、反思与前瞻》，《法学评论》2014年第5期。
[④] 周训芳：《欧洲发达国家公民环境权的发展趋势》，《比较法研究》2004年第5期。

障环境权得以实现的程序性权利,包括环境信息知情权、环境事务参与权、环境侵害救济权等。

第五节 资源性环境权利:资源权

环境法的部门法体系中,围绕自然资源的开发利用、保护建设而形成的各种自然资源开发利用权利、自然资源监督管理权力,是自然资源法这一环境法子体系的核心范畴。经济学理论认为,产权界定是解决公共资源供给与需求矛盾的主要方法。产权制度在法律上表现为所有权和他物权制度。关于自然资源所有权制度,由于自然资源是人类的基本生存条件和生产资料,当代世界各国大多将自然资源宣布为国家所有。我国宪法和法律在整体意义上确立了自然资源的国家所有权和集体所有权,确认了自然资源公有制的基本格局,其出发点既是对公有制经济体制的法律宣告,也是对自然资源公共属性的法律认可,具有正当性和合理性。实际上,自然资源国家所有的制度设计与其利益归属和利益实现并没有太大关系,自然资源所有权主体的单一性以及国家作为权利主体在一定程度上的虚拟性,使得必须依靠对自然资源各种有用性权利的设置,通过自然资源的非所有利用,实现对自然资源有效利用及其权利的实际运作。[①] 国家作为自然资源所有人,往往通过行政许可的方式赋予私主体对自然资源的非所有开发利用;集体作为自然资源的所有人,往往是通过承包、租赁等方式赋权集体成员对自然资源的非所有开发利用。就现代物权制度而言,其关注的重心并不是在所有权制度方面,而是在

---

① 张梓太:《自然资源法学》,北京大学出版社2007年版,第59页。

"非所有利用"即他物权方面。下文重点对自然资源非所有的开发利用权制度进行分析。

一、资源权概念的环境法意蕴

环境法体系中以自然资源的开发利用而形成的各种自然资源权利,是资源利益的权利化,是指社会主体对自然资源享有的合理利用的经济性权利,其本质是对自然资源的开发、利用和收益的权利,权利指向自然资源的经济价值。这类权利以自然资源要素为客体,其着眼点侧重于自然资源对人类产生的经济价值,但自然资源经济价值的实现须以不损害自然资源的生态价值为限,权利的行使同时要受到自然资源公权力手段的制约。在概念表述上,我国有关自然资源开发利用的权利通常表述为自然资源使用权、自然资源利用权等,我国《民法通则》、《物权法》等民事法律,以及《水法》、《森林法》、《渔业法》等自然资源单行法律在相关规定中均采纳了"自然资源使用权"的概念,《物权法》将其置于用益物权体系之中。代表性的观点如,崔建远将自然资源物权界定为"准物权",归类为用益物权之列。[①] 笔者认为,上述概念是典型的民法表述,在环境法中,围绕自然资源的开发利用形成的权利称之为"资源权",更加恰当。

第一,民法中的自然资源使用权概念,是以物权或财产权为起点的认识和界定。自然资源是人类生存和发展的物质基础,是人类一切财富的源泉。无论是大陆法系的物权法还是英美法系的财产法,

---

① 崔建远:《准物权的理论问题研究》,《中国法学》2003 年第 3 期;《再论界定准物权客体的思维模式及方法》,《法学研究》2011 年第 5 期。

很早有对自然资源开发利用的调整规范。早期的"土地中心主义"法律观,以土地这一最为重要的自然资源作为物权的客体,将土地之外的其他自然资源看作是土地的依附,将地表和地下的自然资源视为土地的成分、附属物和天然孳息,一切与土地相关自然资源均视为土地的附属,与之相关的权利也被认为是土地权利的附属权利。在人类社会早期,与土地相关的自然资源是充足的,纳入物权客体的自然资源非常有限。随着自然资源稀缺性的日益显现,"资源中心主义"逐渐取代"土地中心主义",纳入物权客体的自然资源范围不断扩大,除土地外,水权、矿业权、渔业权、狩猎权、林业权等逐渐进入物权的范围。自然资源纳入物权的客体,使得传统物权理论有了新发展,但是,物权理论并不能完全解决与自然资源相关的权利建构问题。主要原因在于,民法理论中作为物权客体的"物",必须具备稳定性和独立性的特征,而自然资源所具有的整体性、生态性特征与"物"的这一特征相去甚远。因此,自然资源物权制度在自然资源权利体系的建构方面仍然存在功能上的局限。黄锡生教授认为,自然资源物权法律制度是对传统物权制度的借鉴和超越,应彰显秩序、平等、公平、正义、效益、可持续利用等理念,应以"定分止争"、"物尽其用"为价值目标,应当遵循物权法定、经济社会发展相协调、资源综合利用、自然资源产权化和有偿使用、国家管制的原则。[①] 从环境法的角度出发,自然资源使用权是对自然资源的合理开发利用的相应制度构建,当然是一个建设性的路径,但是,由于自然资源作为"物"的属性上的特殊性,以及环境法上的自然资源开发利用不惟经济价值更要考虑其生态价值等方面的特殊性,"自然资源使用权"这一民法术语并不能完

---

① 黄锡生:《自然资源物权法律制度研究》,重庆大学出版社2012年版。

全涵盖自然资源权利的环境法内涵。

第二，自然资源使用权概念的私权意蕴，能够保障自然资源的经济价值的实现但不能充分保障自然资源生态价值的实现。传统物权法或财产法已将土地、矿产、森林、水资源等部分"自然物"纳入财产或物的范畴，在经济利益与生态利益冲突尚不明显的时代，这一制度安排对于实现自然资源的"定份止争"、"物尽其用"无疑是恰当的。基于自由主义传统，民法以个人权利为本位，在生态破坏和环境危机日益严重的当今时代，已无法完全解决环境正义问题。传统民法对环境的保护一般仅限于事后损害赔偿，加之它以私人财产权为中心，反而在法律上支持了生态损害。面对此种情形，现代民法尝试"绿色化"或"生态化"的转型，如规定行使自然资源开发利用权时应负担生态保护义务，扩大民法的对生态损害的预防功能，尝试将生态损害纳入侵权责任的保护范围等。但是，限于民法自身的"人法"和"财产法"性质，民法并不能承载太多的"促进人与自然和谐"的功能，换言之，民法的生态保护功能是有限的，它只能促进有限度的人与自然的和谐。

第三，传统民法对自然资源生态属性保护的缺失，是由后来产生的环境法弥补的。[1] 环境法是以促进人与自然和谐为理念的部门法，其对自然资源开发利用的关注主要集中在几个方面：一是对那些生态价值巨大的自然资源如森林、海洋等，如何在实现对其经济价值进行合理利用的同时保证其生态价值不会受到破坏和威胁；二是对不可再生的资源如石油、煤炭等，如何保障合理的开发利用限度，不致因过分开发而耗竭；三是在开发利用自然资源的过程中如何将开发利用行为本身对自然环境的影响降到合理限度之内。对上述内容的

---

[1] 吕忠梅：《关于物权法的"绿色"思考》，《中国法学》2003年第3期。

关注,必然伴随着对民法上的自然资源物权的诸多限制。① 环境法对自然资源的关注,实际上是对自然资源所蕴含的资源利益和生态利益的重新定位,在两类彼此冲突的利益面前,环境法的任务就是建立新的平衡,通过权利、权力的重新配置,解决由于利益冲突而造成的紧张局面。而这种平衡必须是建立在已有的平衡的基础之上,它不是也不可能是对已有秩序的彻底破坏。② 环境权利体系中的资源权,实际上是建立在民法物权所规范的自然资源物权基础之上,同时需要借助公法手段,通过环境权力的设置,对权利人课以相应义务,划定权利行使的边界,实现资源利益和生态利益的平衡,达到促进人与自然和谐的目的。

综上,笔者将环境上的自然资源开发利用权利称之为"资源权",以区别于民法权利体系中的"自然资源使用权"。所谓资源权,是指环境法律关系的主体所享有的对自然资源的合理开发利用权利。资源权的权利实现的目的,是保障自然资源的合理利用和保护,在实现"物尽其用"和"不损害环境公共利益"两大目标之间达到平衡。资源权是集合性权利,是由一系列属性相同的权利所组成的权利束。

二、资源权的法律属性

(一)资源权是具有公权属性的私权

由于资源权既有私权的属性,又有公权的属性,学界对其法律性

---

① 王社坤:《环境权利用权研究》,中国环境出版社2013年版,第195页。
② 吕忠梅:《环境法的新视野》,中国政法大学出版社2000年版,第133页。

质的认识存在争议。"私权说"基于传统民法的立场,认为资源权是一种物权,但对自然资源物权的定位,则有不同的观点。[①] 其中,"特别法上的物权说"从资源权的法律渊源的角度,认为物权可以分为民法上的物权和特别法上的物权,民法以外的法律所规定的物权为特别法上的物权。这一观点将水法、矿产资源法、渔业法、森林法、狩猎法等法律看作是民事特别法,由这些法律分别规定的水权、矿业权、渔业权、林业权、狩猎权等资源权由此成为特别法上的物权。"特许物权说"从自然资源物权取得方式的角度,认为除了土地资源外,其他各类自然资源物权的取得一般都需要经过法定的行政许可,这与一般物权的取得是基于双方当事人的合意有明显的区别,是物权的特殊形式。"准物权说"从物权法定角度出发,认为民法中采用物权法定主义,水权、矿业权、渔业权、林权、狩猎权等自然资源物权并不是民法上规定的权利,因此并不是纯正的物权,但与民法中的物权具有某些相同的性质,在法律上将其视为物权而准用民法关于不动产物权的规定。"公权说"则认为,水权、渔业权、矿业权、林权、狩猎权等资源权是基于水法、渔业法、矿产资源法、森林法、野生动物保护法等公法而产生,权利的取得一般需要经过行政许可,因而是公法上的权利。并且,自然资源在本质上属于公物的范畴,自然资源之上设定的权利必须符合公物的公共性特征,只能是一种公权。

自古罗马法学家乌尔比安(Domitius Ulpianus,?—228)提出公

[①] "特别法上的物权说"为我国台湾地区的民法学者王泽鉴、谢在全等人所主张,大陆地区部分学者也采用此说。参见王利民:《物权法研究》,中国人民大学出版社2002年版,第610—613页。"准物权说"发端于日本,并在立法中得到了采用,我国台湾地区立法例中也有采用,大陆地区部分民法学者也认同此说。参见崔建远:《准物权研究》,法律出版社2003年版。

法与私法的界限之后,公私法划分理论一直是大陆法系的重要传统和主流学说。然而,近代以来,伴随着诸多社会问题的产生和社会法的兴起,这一理论备受质疑。在近代法律发展史上,公私法的界线已经不再那么壁垒森严,出现了大量的公法私法化、私法公法化现象。与之相对应,公权力与私权利也出现互相渗透和交融。比如,民法上的"准物权"理论认为,像渔业权、矿业权等需要通过行政许可获得、带有公权性质的权利可以视为物权,准用土地的有关规定。[①] 资源权正是这样一种带有公权色彩的私权。首先,资源权具有私权的本质属性,资源权的本质是对自然资源的合理开发利用,对经济性利益的追求是权利实现的目的;从法律发展的实际看,资源权的具体权利类型如水权、矿业权、渔业权、林权等基本上都具有可交易性,权利受侵害后可以通过民事诉讼程序要求救济,因而体现为一种私权。其次,由于自然资源生态利益的公共性,资源权的实现要受到环境公权力的制约,比如,权利取得一般需要经过法律授权或行政许可,权利实现要受到开发利用的数量、强度、方式、地域等各方面的限制,带有明显的公权色彩。因此,资源权在法律属性上是一种具有公权属性的私权,是一种"协同性"权利。

(二)资源权是对自然资源合理利用的财产权

自然资源具有双重价值属性,一方面是人类经济活动最重要的物质基础和生活生产资料来源,具有经济价值;另一方面是生态系统的有机组成部分和生态系统服务功能的基本载体,具有生态价值。自然资源的经济价值和生态价值都具有正当性,资源利益和生态利

---

① 崔建远:《准物权的理论问题研究》,《中国法学》2003年第3期。

益对人类而言都要是正当的利益诉求,这一特性决定了自然资源权利涉及私权和公权,应当从双重视角出发,实现资源利益和生态利益的平衡。

将自然资源纳入物权的客体范围,建立自然资源物权制度是实现自然资源"定分止争、物尽其用"的制度设计,其目的是保障自然资源经济价值的实现。环境法关注的重心,在于保护维护自然资源的生态价值,实现资源利益和生态利益的平衡。环境法权利体系中资源权制度的构建,是在自然资源物权制度的基础上,通过环境公权力的配置,限制对自然资源经济性开发利用对其生态价值的侵害。因此,资源权首先是一种通过开发利用自然资源活动而获取经济利益的财产权,只不过,这种财产权是有边界的,权利的行使以"合理"为限度,具体而言,资源权的取得需经过环境公权力机关的行政许可,权利人的开发利用行为要符合环境法所规定的开发强度、开采数量和时间、开采的技术手段等要求,并承担自然资源恢复和修复等法定义务。

(三)资源权的主体和客体

资源权的本质是自然资源的经济利益,即资源利益的实现。虽然出于对自然资源的生态利益保护和平衡的目的,现代环境法对自然资源经济利益的实现施加了种种限制,但是,资源权作为财产性权利的基本属性并没有改变。作为财产权利,资源权的主体是一般主体,并没有特殊要求。任何合理开发利用自然资源的公民、法人或其他组织甚至国家都可以成为资源权的主体。但是,与一般的财产权主体不同的是,资源权的主体往往并非遵从纯粹意思自治的结果,而是要经过法律的赋权或特别程序认可。一方面,自然资源所有权属于国家或集体,其他主体要行使对自然资源的开发利用权利需经所有权人的同意;另一方面,出于保护自然资源生态价值和公共利益的需要,自然资源开发利用要受到较多的公法管制,权利的原始取得主要有三种途径:一是许可取得。对国有自然资源的开发利用必须事先向自然资源管理机关申请,由行政机构审核同意后颁发自然资源利用许可证,我国的自然资源许可制度就是这种公法手段运用的具体形式,如采伐证、捕捞证、狩猎证、取水权证等。二是授予取得。即开发利用者向法定的国家机关提出申请,国家机关依法将被申请的自然资源的使用权授予申请人。三是转让取得。通过买卖、出租、承包等形式取得开发利用自然资源的权利,在我国,这一取得方式有许多限制条件。对集体所有的自然资源,往往只限于集体组织内部成员通过承包等方式进行开发利用,某些集体所有的自然资源必须获得行政机关的许可后方可开发利用,如集体林木的采伐权。可见,虽然资源权的主体是一般主体,但要获得资源权的主体资格,需要前置的行政许可程序或授权。

资源权的客体是自然资源,即自然界中可以被人类利用的一切物质和能量。自然资源与环境是密不可分的两个概念,环境是由各种生态系统要素所组成的,而自然资源则是组成各种生态系统的物质基础,并从中体现着自己的物质形态。[1] 自然资源是以其对人类是否具有"有用性"作为判断标准来界分的,因之并非一成不变的,随着人类经济技术的发展,自然资源的范围、类型亦会发生变化。关于自然资源的具体形态及基本类型界分,本书第二章已有详细。需要说明的是,作为资源权客体的自然资源,其物理形态和自身属性既有共性,亦各有不同之处。这种差异性导致了对自然资源利用方式的差

---

[1] 刘天齐:《环境保护通论》,中国环境科学出版社1997年版,第88页。

异,也让不同类型的资源权在实现路径上呈现出差异性。又如,某些资源权的实现需要对自然资源的排他占有和消耗,如采伐权、采矿权、捕捞权、狩猎权等;某些资源权的实现体现为非排他的利用,如林地使用权、海域使用权等。

三、资源权体系的类型化构建

自然资源本身具有多重价值,如经济价值、生态价值、审美价值等。传统社会对自然资源价值的需求侧重经济价值的实现,在现代社会,人们对自然资源价值的追求趋于多元化,尤其是环境问题的生态危机彰显的背景下,对自然资源的生态、精神、美学等非物质方面的需求越来越突出。由此,以"自然资源"为共同客体的"资源权"体现为一种类型多样的"权利束"。比如,以水资源为客体的权利就可以进一步界分为满足基本生活需要的饮用水权、满足农业生产需要的灌溉用水权、满足工业生产需要的水环境容量使用权、满足航运需要的航运水权、满足生态建设需要的生态用水权,等等。这些具体权利类型的产生,或因不同主体对自然资源的不同价值的利用而产生,或因对自然资源相同价值的不同利用而产生,或因对自然资源同一价值的相同利用而产生。有学者将这种在同一自然资源上存在多个资源权的现象称之为"资源权的堆迭"。[1]

于此情形下,对资源权体系的类型化建构就显得尤为重要。类型化,即"对具有大致相同的外部特征的经验事实和社会现象按照一定的标准进行分类而形成内在要素强弱不同、深浅不一的各种类型

---

[1] 金海统:《资源权论》,法律出版社2010年版,第108—109页。

组成的类型体系"。① 主流理论对自然资源使用权体系的构建,是以权利客体即不同类型的自然资源为标准进行的。

(一)主流理论对自然资源使用权类型化构建的不足

当下环境法学对资源权体系的研究中,以自然资源的不同类型为标准对"自然资源使用权"的体系进行类型化建构,是主流的研究方法。自然资源是人类社会经济发展的生存保障和物质资料基础,随着人类经济技术水平的提高,自然资源的范围会逐渐扩大,人们对其开发利用的方式和强度也会逐渐增大。上述分类方法就是建立在自然资源的不同类型及不同开发利用方式的基础之上的。国内不同版本的自然资源法教材中,"自然资源使用权"一般被分类为土地使用权、林权、水权、矿业权、渔业权、海域使用权、狩猎权、采集权等。在立法层面,我国《土地管理法》、《水法》、《森林法》、《矿产资源法》、《草原法》、《渔业法》、《野生动物保护法》等自然资源单行立法对相关的自然资源类型及其资源权利进行了立法确认。《物权法》对自然资源物权的规定也采用了这一分类方法,第122条和123条分别规定了海域使用权、探矿权、采矿权、取水权、养殖权和捕捞权。

传统民法的物权制度是"土地中心主义",土地作为主要的不动产类型,在物权制度构建中占据着举足轻重的地位,"民法上的物是一个不断发展的概念,从罗马法开始直到近代,物权的主要客体是土地。"②鉴于物权制度中关于土地权利的规定已经相对成熟和完善,本部分不展开详述。综合学界通说,以自然资源为中心的权利束主要

---

① [德]拉伦茨:《法学方法论》,陈爱娥译,商务印书馆2003年版,第347页。
② 王利明:《物权法研究》,中国人民大学出版社2002年版,第26页。

由水权、林权、矿业权、狩猎权、渔业权等所组成。

水权。关于水权的概念和内容,学界有不同认识。"单权说"认为,水权是对地表水和地下水进行使用和收益的权利,是独立于水资源所有权的一项法律制度,包括了取水权、蓄水权、排水权、航运水权、竹木流放水权等具体权利。[①]"双权说"认为,水权是指水资源所有权和使用权,水资源使用权可以进一步划分为自然水权和社会水权,其中,自然水权包括生态水权和环境水权,社会水权包括生产水权和生活水权。[②]"多权说"认为,水权是人们对于水资源所享有的有关权利的总和。比如,蔡守秋认为,水权是指由水资源所有权、水资源使用权(用益权)、水环境权、社会公益性水资源使用权、水资源行政管理权、水资源经营权、水产品所有权等不同种类的权利组成的水权体系。[③] 笔者认为,上述观点中从将水资源所有权、水资源行政管理权纳入水权概念的观点是一种对水权概念的广义理解。作为自然资源使用权的下位权利,水资源相关权利主要是一组非所有利用的权利束,作狭义的理解比较恰当,即水权是对水资源进行使用和收益的权利,但这种权利的行使要承担相应的义务,并受到水资源行政管理权等环境公权力的制约。在水权的权利构造中,取水权与航运水权、竹木流放水权等具体权利的取得方式、利用方式是存在差异的,需要做具体区分。

---

① 以崔建远、裴丽萍为代表的民法学者多持这一观点。参见崔建远:《关于水权争论问题的意见》,《政治与法律》2002年第6期;裴丽萍:《水权制度初论》,《中国法学》2001年第2期。
② 水利实务部门的专家多持这一观点。参见汪恕诚:《水权和水市场》,《中国水利》2001年第11期;李焕雅、雷祖鸣:《运用水权理论加强资源的权属管理》,《中国水利》2001年第4期。
③ 蔡守秋:《论水权转让的范围和条件》,《城市环境》2002年第1期。

渔业权。渔业权是指对渔业资源合理利用的权利,是"以养殖、捕捞水产动物及其附属加工产品为主要内容的排他性支配权。"[1]渔业权的具体权利内容,主要可以分解为养殖权和捕捞权。有学者对"渔业权"概念的科学性提出质疑,认为渔业权是与其他自然资源权利概念命名方式不同,是一个以产业类型为基础的名称,并且,养殖权和捕捞权在权利构造方面存在较大差异,前者是利用水体从事养殖活动为特征,后者以取得水产品的所有权为特征,在权利体系中实无合并之必要。[2]

林权。也被称之为林业权,广义上的林权是指森林、林木和林地的所有权和使用权。我国法律对森林、林地和林木规定了国家所有权和集体所有权以及个人所有的林木。狭义上的林权,是对林地、林木和森林资源合理利用的权利,是"占有、利用森林资源、林木、林地和采伐森林、林木的权利。"[3]林权的权利客体包括林地、林木以及森林中的各种资源,林权的权利构造,主要包括林地使用权、采伐权、森林资源采集权、森林景观开发利用权等。林权的概念同样是以产业类型为基础的名称,其中的林地使用权、森林景观开发利用权以对林地及森林资源的"合理利用"为特征,而采伐权则以取得林产品所有权为特征,在利用方式上存在实质性差异,同样需要进行具体区分。

矿业权。是指探采人依法在已经登记的特定矿区或者工作区内勘查、开采一定的矿产资源,取得矿产品并排除他人干涉的权利。[4]由于我国的矿产资源属于国家所有,且矿产资源与土地分离,不论土

---

[1] 肖乾刚、肖国兴:《自然资源法》,法律出版社1999年版,第408页。
[2] 王社坤:《环境权利用权研究》,中国环境出版社2013年版,第214页。
[3] 同[1]书,第378页。
[4] 崔建远:《矿业权法律关系论》,《清华大学学报》2001年第3期。

地属于国家还是集体,矿产资源的所有权主体都是国家,因此,矿业权在属性上是对矿产资源非所有的合理开发利用的权利。矿业权的权利构造,主要包括探矿权和采矿权,两类权利的取得虽然都需要经过行政许可,但在性质上亦存在差异。探矿权并不涉及开采行为,以运用知识和科学手段勘查矿产资源为特征,很难说是一种物权;而采矿权以取得矿产品的所有权为目的,可以归类为用益物权的范畴。

狩猎权。狩猎权是野生动物资源合理利用的权利,是依法定程序取得的猎捕、捕捞野生动物,取得猎获物所有权的权利。[①] 我国的野生动物资源属于国家所有,因此狩猎权是对野生动物资源的非所有利用的权利,狩猎权的行使需要得到行政机关的许可,以通过狩猎行为取得野生动物产品为特征。狩猎权的权利构造,可以划分为猎捕权、捕捞权,前者的客体是陆生野生动物,后者是水生野生动物。

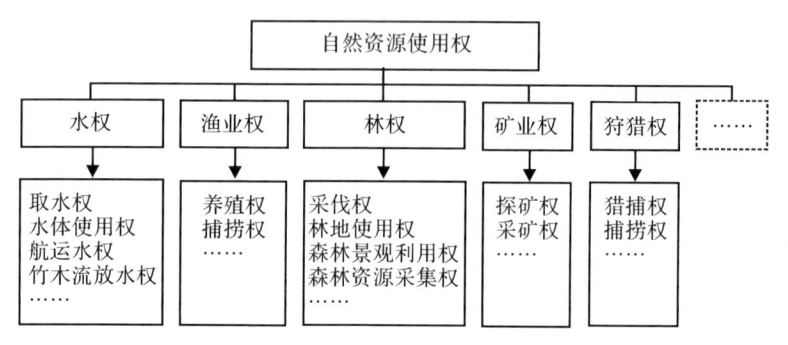

图 3.3 传统以自然资源客体为标准划分的自然资源使用权权利体系

通过以上对以自然资源客体为标准进行的权利分类的简单梳理,我们发现,这一类型划分方法的优点在于,使作为权利客体的自然资源自身的差异性及由产生的权利实现路径上的差异性得到了较

---

① 宁丽红:《狩猎权的私法界定》,《法学》2004 年第 12 期。

为清晰的体现。鉴于自然资源物理形态的千差万别,对自然资源的开发利用方式也存在很大差异,因此,对权利"个性"的关注是必要的,也是有价值的,能够充分体现不同资源权利的特点。但这一方法也存在明显的局限性,其主要的不足是:其一,个体化的权利界分方法往往"各自为政",未能从整体上抽象归纳出资源权中相同的权利类型的共性特征和普适性理论。其二,以权利客体为标准对权利体系所做的划分,存在同一自然资源客体上的权利划分不清,如同一水域可能同时存在取水权、航行权、养殖权等权利,而这些权利的实现方式之间和权利内容有很大差异,置于相同的类权利之下,并不能准确地反映其权利内容的实质差异。其三,以权利客体作为划分标准并不能很好地解决"资源权堆迭"的问题,可能会导致资源权某些具体权能的重叠,不能很好地实现权利体系的逻辑自洽性,比如,渔业权中的养殖权与水权中的水体使用权,狩猎权与捕捞权等,并不存在本质的差异。[①] 其四,因新的自然资源类型的出现,必然要涉及到对新的权利类型的具体界定,耗时费力而事倍功半。

(二)以"利用方式—权利客体"为标准的权利体系构建

基于传统的类型化方法的局限性,近年来,不少环境法学者对资源权的权利体系进行了新的类型化探索,试图弥补传统分类方法的不足。

1. 以自然资源开发利用方式为标准的类型化

张璐从自然资源的开发利用方式出发,认为尽管自然资源类型多样,对自然资源的开发利用方式也千差万别,但大致可以将其分为"将资源作为物质载体的开发利用;利用自然资源自身生产能力的开

---

① 王社坤:《环境权利用权研究》,中国环境出版社2013年版,第209页。

发利用;直接获取自然资源的开发利用"等三大类别。将其中直接获取自然资源的开发利用方式称之为"对物的采掘",其主要特征是直接将处于自然赋存状态下的自然资源转化为资源产品,是一种消耗性的开发利用方式;以资源作为物质载体和利用自然资源自身生产能力两种开发利用方式称之为"非对物的采掘",其主要特征是以自然资源作为完成一定社会经济活动的媒介,这种利用方式在很大程度上能够保持自然资源的原有赋存状态,是一种非消耗性的开发利用方式。[①] 以自然资源开发利用是否以构成对自然资源本身的"消耗",进而将资源权利界分为"对物的采掘型"和"非对物的采掘型"两大权利类型。其中,"非对物的采掘"主要是指那些具有基础性地位的自然资源如土地、海域等,其对应的土地使用权、海域使用权主要体现为对物的"使用",完全可以在传统的物权理论框架内得到合理解释。"对物的采掘"主要是指矿产资源、水资源、森林资源、野生动物资源等的开发利用,开发利用的后果是导致自然资源在数量上的减少或形态上的改变,与之对应的矿业权、水权、渔业权、狩猎权等,不能完全满足物权制度对"使用"的要求,往往成为自然资源权利研究中争议的焦点所在。应当以推进自然资源物权化为目标,将其视为"准物权"或"特别法上的物权",准用物权制度的相关规定。

上述依据自然资源的开发利用方式所做的分类,其优点是直观地反映了两类资源权利在内容上的差异,即"非对物的采掘型"权利属于完全物权,"对物的采掘型"权利不属于纯粹意义上的物权,是准物权。这一分类阐明了"对物的采掘型"权利的物权化困境的制度根源,并指明了自然资源物权制度完善的方向,颇具理论和实践价值。

[①] 张璐:《生态经济视野下的自然资源权利研究》,《法学评论》2008年第4期。

不足之处在于,"非对物的采掘"、"对物的采掘"这样的表述虽然直观但缺乏法律用语的规范性,且论证的基点是基于自然资源物权制度的拓展。笔者认为,资源权权利体系的构建,仅从自然资源物权角度进行研究是不够的,自然资源既有实现经济利益的"物权性"特征,又有实现生态利益的"公共性"特征,需要在探讨物权化制度的同时,从环境法的角度关注对自然资源开发利用的环境公权力手段,即通过设置市场准入、行业管理等方面的规则,以环境公权力来维护自然资源开发利用中的公共秩序。换言之,资源权权利制度,应当是"自然资源物权制度"和"自然资源管制制度"两者的统一。

2. 以自然资源满足人的不同需求为标准的类型化

金海统认为,人对自然资源的需求具有多元性,但最基本的需求可以归为两类,即最低限度的维持自然存续的生存需求和基于增进人类福利的发展需求。以此为标准,将资源权划分为两大类型,一类是"自然性资源权",即法律上为了满足人的生存要求而对自然资源所享有的合理利用的权利。在自然资源归于国家所有的前提下,这类权利实际上是公有的责任,在自然资源归于私人所有的前提下,则成为所有权的责任。"自然性资源权"在性质上属于生存权。具有如下特质:第一,利用上的合理性。权利人所利用的自然资源主要用于自用,不构成浪费性利用;利用的目的是为了满足人的自然需求,一般采取对环境和其他人权利造成的影响最小的方式展开利用。第二,取得的自由性,自然性资源权的取得不需要经过政府的许可和他人的同意,更不需要支付任何代价。第三,客体的差异性,凡是人类生存所需的自然性资源都属于资源权的客体,自然资源颁布的不均衡性导致自然性资源权在实际享有时其客体不尽相同。第四,性质上的身份性,自然性资源权具有浓厚的身份权属性,不能作为任何权利的标的。另一类是"人为性资源权",是法律上为了满足人的发展需求而对自然资源享有的合理利用的权利。与自然性资源权不同,人为性资源权的取得需要经过国家的许可,在性质上是一种财产权,具有取得的有偿性、客体的限定性、利用的营利性、存续的时限性、权利的可交易性、效力的物权性等特征。人为性资源权在利用上同样应当具有合理性,在行政许可的范围内进行开发利用,避免对环境的破坏和浪费性利用。① 在这一基本界分下,水权、矿业权、林业权、狩猎权、排污权、渔业权等资源权的具体权利类型都可以从"自然性资源权"和"人为性资源权"两个层面进行进一步界分。②

这一类型化方法的思路是,基于开发利用的目的对自然资源进行基本类型界分,在此基础上以自然资源客体为标准对资源权的体系进行再界分,由此构建起一个层次清晰、具有内在逻辑关联的资源权体系。但是,这一分类将为了满足人的基本生存需要的所谓"自然性资源权"纳入资源权的体系,则是值得商榷的。为了满足人的基本生存需要而从环境中获取必要的自然资源,属于人权中最基础性的权利——生存权。③ 前文论述资源权是合理利用自然资源的权利,在

---

① 金海统:《资源权论》,法律出版社2010年版,第111—116页。
② 同上书,第147页。
③ 我国《水法》第48条规定:直接从江河、湖泊或者地下取用水资源的单位和个人,应当按照国家取水许可制度和水资源有偿使用制度的规定,向水行政主管部门或者流域管理机构申请领取取水许可证,并缴纳水资源费,取得取水权。但是,家庭生活和零星散养、圈养畜禽饮用等少量取水的除外。《矿产资源法》第35条规定:国家对集体矿山企业和个体采矿实行积极扶持、合理规划、正确引导、加强管理的方针,鼓励集体矿山企业开采国家指定范围内的矿产资源,允许个人采挖零星分散资源和只能用作普通建筑材料的砂、石、黏土以及为生活自用采挖少量矿产。类似以保障人的基本生活需要而允许对自然资源进行少量"免费"利用的规定,实际上出于保障生存权的需要,与追求财产价值的资源权是两个范畴。

本质上仍属于财产权。基于实现自然资源生态价值的目标强调"合理"开发利用,也即这一财产权的行使要受到一定的制约,但生存权是人人生而享有的基本权利,任何人都不能限制和剥夺。将生存权纳入财产权的范畴,将导致资源权承载超越其权利属性而实现对基本生存保障的价值追求,这是资源权权利体系的"不能承受之重"。此外,这一分类将导致资源权权利体系与生存权具体权利和权能的重叠。资源权权利体系的建构,应当以满足人的发展需要,实现自然资源的经济价值为出发点。

3. 以自然资源的利用方式和对象为标准的类型化

王社坤在其《环境利用权研究》一书中,对自然资源利用权的体系进行了细致的梳理,基于"人与环境之间是一种利用关系"的判断,将资源权界定为"自然资源利用权"。在借鉴以自然资源利用方式和自然资源开发利用的"目的性—手段性"两种类型化方法的基础上,以自然资源的利用方式和对象为标准,将自然资源利用权界分为两大类别:一类是资源产品取得权,即以取得自然资源产品所有权为直接目的的自然资源利用权;另一类是资源载体使用权,即不改变自然资源的物理属性和自然分布,利用自然资源作为人类从事活动的平台或利用自然资源自身的生产能力从事生产活动的权利。两类权利的区别在于:第一,在传统物权体系中的定位不同。资源载体使用权可以归类到传统的用益物权名下,而资源产品取得权在传统的物权体系中并没有相应的位置,是一种新型的对物之权,但很难说就是物权。第二,取得方式不同。资源载体使用权取得方式主要有承包经营和行政许可两种,而资源产品取得权只能通过行政许可方式获得。第三,权利客体存在差异。资源载体使用权的客体是一种载体性资源,往往是其他自然资源存在的载体,资源产品取得权的客体则是可与其自然状态分离的自然资源。第四,权利内容存在差别。两类权利都要受到公法干预,但资源产品取得权受到的干预更为强烈。"资源产品取得权"的具体权利类型主要包括捕捞权、狩猎权、采矿权、采伐权和取水权等;"资源载体使用权"的具体权利类型主要包括土地使用权(含草地使用权、林地使用权等)、海域使用权、水体使用权(含养殖权)。[①]

这一分类最大的优点在于,以自然资源的利用方式和对象为标准,厘清了"资源产品取得权"和"资源载体使用权"两类自然资源利用权的实质性差异。两类权利都属于财产性权利,都以追求自然资源的经济利益为目的,但其在权利客体、取得方式、权利内容及其在物权法中的定位均存在着实质差异。这一类型化方法特别点明了两类权利最为本质的区别:资源产品取得权以取得自然资源产品的"所有权"为手段,资源载体使用权以对自然资源的"利用"为手段。是新近自然资源权利体系研究的一大进步。

前述从环境法的角度出发,采用"资源权"的概念,以"资源中心主义"为依归,以实现自然资源的经济价值和生态价值的平衡为权利体系的构建目标。鉴于资源权内部具体权利类型多样,形态各异,不同权利存在冲突的可能性,资源权权利体系的类型化建构,应当遵从以下原则:其一,共性和个性的统一。既有利于提炼和归纳资源权所具有的共性,又能反映不同类型资源权利的个性。不同种类的自然资源禀赋不同,开发利用的方式也有差异,因此在权利配置上要进行有针对性的分析;同时,不同种类自然资源之间具有深刻的相互依存、相互影响关系和内在联系,需要对其共性进行提炼和归纳。其

---

① 王社坤:《环境权利用权研究》,中国环境出版社2013年版,第201—215页。

二,稳定性和开放性的统一。作为法学的权利体系,资源权的体系应当具有相当稳定的特质,但是,由于自然资源可能会因为人类经济技术的进步而增加新的类型,从而增加新的资源权权利,权利体系的建构应当在保持稳定性的前提下,通过类型化提炼,对未来可能产生的新权利类型保持容纳性。其三,自洽性和周延性的统一。资源权体系,是从环境法的视角,对自然资源开发利用、保护和建设等方面的权利的平衡体系,应当是一个以"资源权"母权、类型化的资源权、具体的资源权利等不同层次的权利所构成的逻辑自洽的权利体系,与民法中的自然资源使用权或自然资源物权体系有所重合,二者研究视角有差异,但并不是相互对立而是互为补充的关系,尽可以在不同的进路下实现权能。

笔者赞同以自然资源的利用方式为标准对权利类型进行划分,但在此基础上,还应当辅以自然资源客体的不同类型的标准,对权利体系进行进一步的划分。

具体而言,依据自然资源的不同开发利用方式,对权利体系做出第一层级的划分:将利用自然资源及其自身的生产能力为媒介的权利概括为"利用性资源权",将以取得自然资源产品所有权为目的的权利类型概括为"获取性资源权"。利用性资源权的最大特征是对自然资源的开发利用是非消耗性的,作为权利客体的自然资源及其自身生产能力通常具有恢复更新能力,可以重复利用。利用性资源权的客体,大致可以界分为土地(包括林地、草地)、水体和海域(海域可以看作是国土的延伸),虽然与其他自然资源一样,都表现出整体性和公共性,但是,"绵延无限的土地,在形式上世界形势物理上本非独立之物,但依社会经济观念,仍可以人为方式进行划分,而按宗登记,赋予地号,则各该地号之土地自得分别成立物权。"[①]因之符合用益物权的特征。获取性资源权的最大特征是对自然资源的开发利用是消耗性,权利的实现往往会导致作为权利客体的自然资源在数量上的减少和形态上的改变,因此要受到更多的环境公权力制约。这类权利的客体是赋存相连的自然资源,很难对其进行人为划分,并不具备物权客体稳定性和独立性的特征,但是,经济学理论告诉我们,适当的产权界定有助于实现自然资源经济利益的最大化,也有助于解决"公有地的悲剧"问题。因此,主流的法学理论将此类通过一般需要行政许可方式取得的资源权视为物权,准用物权的有关规定,立法实践也逐步对其加以认可。

在划定第一层级权利类型的基础上,依据自然资源客体的不同类型,对资源权体系进行第二层级的界分。这一划分实际上抛弃了传统的以自然资源客体作为第一层级的权利分类标准而得出的水权、林权、渔业权等宽泛笼统的权利概念,而将其中存在实质差异的具体权利类型分解到"利用性资源权"和"获取性资源权"两类权利之下,使不同客体但同类性质的权利类型中处于同一位阶,实现权利体系的周延性和逻辑自洽性(图3.4)。

由于自然资源同时具有生态价值,资源权的行使要受到环境公权力的制约,权利人行使权利以承担相应的"合理"开发利用义务为边界。不同的是,对"利用性资源权"的公权力限制主要是通过禁止性规定,防止过度开发利用破坏自然资源及其自身生产能力的自我恢复更新能力。对"获取性资源权"的公权力限制更为严格,比如,通过限制自然资源开发利用的方式、强度、数量等措施,以及要求权利

---

① 谢在全:《民法物权论》(上册),中国政法大学出版社1999年版,第50页。

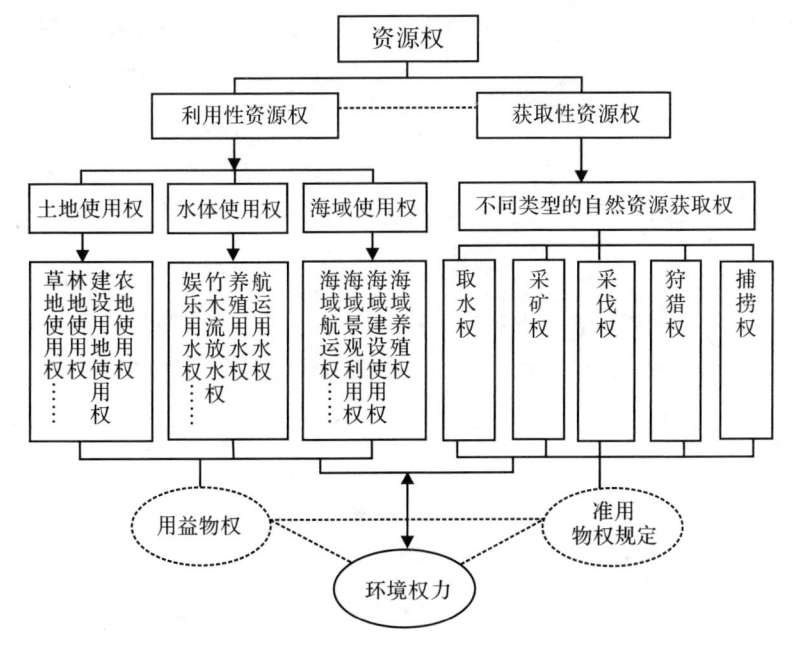

人承担相应的恢复义务,维护其生态功能和可持续利用的能力。

图 3.4 以"利用方式—权利客体"为标准的权利体系

第六节 排放性环境权利:排污权

人类施加给环境的影响,剥去纷繁复杂的表象,用最简约的语言表达,其本质不外乎"向环境索取有用物"和"向环境排放废弃物"两个向度。"向环境索取有用物",就是满足人的需要的环境利益的实现过程。我们将环境利益界分为生态利益和资源利益两大类型,对应在法律的权利制度设计上,就是以实现生态利益为目的的环境权、以实现资源利益为目的的资源权。"向环境排放废弃物"则建立在环境容量基础之上,其载体既可能是某类自然资源如水体、土壤等,也可能是生态系统的调节服务功能如通过物质循环和能量流动实现生态平衡的功能。排放废物的行为如果超过环境容量与生态系统的调节能力,则可能对生态利益和资源利益同时造成损害。

环境容量,是环境资源与自然生态系统容纳、消解污染物的能力的最大限度。人类正常生产和消费活动必然会产生废弃物和污染物,但是,只要将排放的污染物总量控制在环境容量的可以承载的范围之内,就不会造成环境污染和环境质量下降。在现代工业社会之前,人类排放的污染物并没有超出环境消解污染物容量的上限,因而排放污染物被看着是行使财产权的必然结果。20世纪中叶以来,随着环境污染物种类和数量的持续增长,环境容量开始成为一种稀缺资源,利用环境容量的行为不再是无限制的,环境容量被赋予价值,从而成为了权利客体。环境权利体系中出现了新的权利类型——以合理利用环境容量消解污染物的能力为内容的排污权。

绝大多数学者将排污权归类为环境权利体系中的资源权,其论证逻辑是:环境容量是一种日益稀缺的自然资源,对环境容量的使用意味着排污企业取得经济上的收益;在污染物总量控制制度下,获得排污许可的企业可以在指标允许的范围内行使环境容量使用权,获得生产收益,也可以通过转让其环境容量使用权而获得相应的补偿性收益。因之,排污权是一种以实现环境容量经济价值为目的的开发利用自然资源的权利。在笔者看来,这一观点存在如下问题:第一,两类权利的行使方式不同。资源权的行使方式是"获取"、"利用"自然资源,而排污权的行使方式是向环境"排放"废弃物。第二,退一步讲,尽管这种"排放"的方式也可以看作是对环境资源的"利用",但资源权主要是一种经济性权利,以实现自然资源的经济价值为目标;

而排污权是严格管制下的有限排放污染物的权利,排污权交易是环境保护的一种市场机制,首要目标是保护环境,其次才是企业的经济效益;排污权的权利客体环境容量既包含了资源利益又包含了生态利益。因此,排污权可以看作是实现环境权的保障,同时也是实现资源权的手段,但不宜看作是资源权本身。第三,最为重要的是,排污权既与环境权有存在冲突的可能性,也与资源权有存在着冲突的可能性,比如,向水体排放污染物的行为可能会影响对水体的经济性开发利用,将两类可能存在冲突的权利归类到资源权名下,会导致权利构造上的矛盾。排污权权利行使的边界正是环境权和资源权权利实现的限度。因此,笔者认为,排污权应该成为与资源权相并列的环境法上的权利类型。

一、排污权概念的环境法意蕴

"排污权"这一概念是一个舶来品。1968年,美国人戴尔斯(J. H. Dales)首次提出排污权的概念。戴尔斯在《污染、财富和价格》一文中提出:"让污染的权力像股票一样卖给最高的投标者,政府作为社会的代表和环境资源的所有者,可以出售排放一定污染物的权利(排污配额、排污许可证或排放水平上限等),污染当事人可以从政府手中购买这种权利,或与持有这种污染权的其他当事人彼此交换污染权。"上述对排污权定义的核心理念是:政府以其依据污染总量控制指标,经核算后给企业发放排污许可证,而得到排污许可证的企业可以合法排污,也可以将许可排污指标进行自由交易。可见,排污权是一种基于交易而被创设出来的"权利"。

在我国,学界在讨论排污权的概念时,大多将其认定为环境容量使用权。是指基于政府排污许可而获得的合法排放污染物,以环境容量为客体,对环境容量资源进行使用、处置和收益的权利。创设这一新型权利的目的,不仅在于保障企业合法排放污染物从而保障企业正常的生产经营,还在于建立排污权交易这一环境保护市场机制。[①] 获得排污许可的企业可以在指标允许的范围内行使排污权,合法排放污染物,从而保障正常的生产经营活动,实现企业的经济效益。同时,企业也可以通过市场交易有偿转让其环境容量使用权,排污权交易的目的,则是通过市场机制将企业污染环境的成本内部化,促进企业改进生产技术和排污设施,淘汰落后的生产工艺和设备,降低排污量,从而达到环境保护的目的。可见,排污权具有实现企业经济效益和环境保护的双重功能。

  排污权是建立在使用环境容量的基础之上的。理论界一般认为,排污权是一种用益物权或准物权。笔者认为,用益物权或准物权的观点是典型民法思维的结果,从环境保护的角度,排污权是公法上的行政许可性权利和私法上的财产权利的结合,这一权利具有保护公共生态利益和实现企业经济利益的双重目标。排污权应当受到法律的保护,但这一权利受法律保护必须满足一个条件:企业以及其他排污单位不得超过环境容量排放污染物。否则,排污权就失去了受

---

① 比如,吕忠梅认为:"作为整体的环境容量可以经过技术化分割后确定给私人,形成环境容量使用权,也就是可以在合法取得的环境容量范围内排放一定数量、一定性质的污染物。私人对其依法取得的环境容量也可以在国家的监督下进行转让,实行环境容量交易。"参见吕忠梅、刘长兴:《试论环境合同制度》,《现代法学》2003年第3期。蔡守秋认为,"排污权交易的实质是环境容量使用权交易,是环境保护经济手段的运用,是一种典型的私法手段。它以追求最大的成本收益为原则,在价值取向上较好地把握了公平与效率这一对矛盾的平衡,可以刺激环境保护的进展。"参见蔡守秋:《论排污权交易的法律问题》,《河南大学学报》2003年第5期。

法律保护的前提和依据。这样,排污权的概念就带有浓厚的环境法意蕴。

这里附带讨论一个问题:有人对企业排放污染物的"权利"提出道德上的质疑,认为在环境污染泛滥成灾的现实背景下,赋予企业有污染的权利匪夷所思。这其实是对排污权性质的误解。其一,环境系统是有一定的自然消解污染物的能力的,在环境承载力内授予企业排污的资格或能力,并不会对社会造成损害,反而会促进社会福利的增加。在排污总量控制和行政许可的前提下,企业向环境排放不超过环境容量的污染物,是其应受法律保护的基本权利。其二,排污权对排污企业具有"硬约束",企业丧失排污权很可能意味着要停业。为了避免这一后果的发生,企业会倾向于提高技术改造能力,提高利用率,节约生产成本,节余排污指标。因之,赋予排污权有利于企业达标排放,有利于环境保护目标的实现。

二、排污权的法律属性

排污权,往往给人以道德上的质疑,污染的"权利"从何而生?进而,权利的性质是什么?排污权的法律性质决定着排污权的分配原则和具体模式,决定着其具体权能,也是排污权交易中出让方获利的正当性和合理性之所在。

排污权和传统的财产性权利有本质上的区别。在最早开展对排污权交易立法规制的美国,有关法案对排污权的性质做了小心翼翼的表述。1988年美国在修订《清洁空气法》时,立法者就回避了排污权的权利性质问题,把它称为"排放消减信用(实际排放量和法定排放量之差）"①，而且明确提出政府根据情况调整排污数量而不予以补偿，刻意弱化了"排污权"的财产权的私权属性。其后，该修正案在送交国会的时候，经过激烈的公开辩论，那些"认为排污权是财产权，或者至少具有财产权的部分特点"的观点被抛弃，一方面几乎所有实力强大的非政府环保组织都反对将其界定为财产权，因为永远也不应该有"污染权"的存在，承认排污权的财产权地位会给环境保护产生冲击。另一方面不少经济学家都认为，认可排污权的哪怕是微弱的"财产权"的性质，将会对交易市场的正常运行产生威胁，同时也不利于保护政府出于环境公益的目的，征收、没收或削减这种"可允许的排放量"。于是该法案在送交参议院表决时，又特地附加了一个条款"这种可允许的排放量并不构成一个财产权"。而参议院随后的报告和后续的补充性法律文件则逐渐明确了"可允许的排放量"是行政许可和财产权的有机统一：它不是财产权，不受美国宪法第五修正案的保护，但它是一种基于保护环境被创造出来的一种"经济商品"，具有一定的流通功能和经济价值。②"美国《清洁空气法》修正案公开讨论过程中关于排污权法律属性的争议以及法律规定有非常重要的意义，因为它直接影响随后温室气体排放权的属性设计"。③ 2005 年通过的《欧盟排放交易体系》也回避了排放权的性质，但同时指出欧盟可允许排放量的法律概念，认为它赋予权利拥有者在一定期限内排放二氧化碳、甲烷等温室气体的权利，它们可以在欧盟范围内交易，

---

① 该法正式通过后，该名称被改为"可允许的排放量"，即限额交易，区别于减量的信用交易。
② 王清军：《排污权初始分配的法律调控》，中国社会科学出版社 2011 年版，第 29—33 页。
③ 同上书，第 31 页。

并接受行政当局的适当监管。2007年美国东北10个州签订《控制温室气体排放协议》,涉及排放权的性质的时候,再次明确这种排放权是受行政管制的排放许可,不构成财产权。

(一)排污权性质相关学术观点述评

国内关于排污权的法律性质有诸多观点,分歧较大,主要有行政许可性权利说、环境权说、物权说、用益物权说、无形财产权说、功能性权利说等不同观点,反映了对排污权法律性质认识上的纷乱。

①行政许可性权利说。沈满洪认为,从排污权交易的实质来看,真正用于交易的对象是削减的排污指标。"行政许可确认了排污单位在许可限度内排污的行为,即赋予企业为一定行为的权利",所以排污权是一项行政许可型权利。[①] 但是,排污权交易制度是以实现"流通功能和经济价值"的经济刺激制度,单单认定排污权是"行政许可性权利",与事实不符。况且,"行政许可性权利"本身含义模糊,只能传递出来"这种权利是以行政许可的方式确定的",但到底是一种什么权利,却很含糊。[②] 环境行政许可是加强对排污者监督管理的有效手段,是环境管理和环境保护的支柱性制度,适用范围十分广泛,种类非常多样,根据外在的形式来认识和把握一种权利的性质,似有偏颇。

[①] 沈满洪、钱水苗、冯元群等:《排污权交易机制研究》,中国环境科学出版社2009年版,第192—193页。
[②] 如王洪亮认为,行政许可是一种公法行为,但其除了公法管理的效果外,还有对抗第三人、对损害的要求赔偿的权利以及让与获利等等的私法效果,同时在程序法上也有若干重要的意义,比如行政许可和行政诉讼对于民事审判之间的拘束力等。参见王洪亮:《论水权许可的私法效力》,《比较法研究》2011年第1期。

②环境权说。蔡守秋认为,排污权是环境权的重要内容。"既然在现行条件下,单位和个人为了生产和生活必须排污,并且这种排污已经获得政府的许可,那么这种获得许可的排污就理所当然地成为单位和个人的权利。"[①]环境权是一种丰富的人权,包括很多权利,公民和企业法人对环境的使用权和依法排污权就是建立在环境权这种"属权利"基础上的"子权利"。[②] 这一观点值得商榷,环境权是以享受良好环境为内容的生态性权利,是与排污权存在潜在冲突的权利类型,将实践中存在冲突对抗的一对权利勉强放在一个权利体系中,似有不合逻辑之嫌。

③准物权说。邓海峰认为,排污权具有准物权属性。[③] 崔建远认为,排污权具有"准物权"的性质,"因其以权利人对环境容量的使用和收益为权利内容,而不以担保债权的实现为目的,故排污权属于他物权;又因其与一般的用益物权在权利对象、行使方式、权利效力等诸方面存在着明显的不同,所以学者们一般将其定性为准物权。"[④]林旭霞认为,"碳减排量的自然属性及其所承载的利益关系决定了其作为权利客体的适格性;碳减排量与其他权利客体的区别使林业碳汇作为独立的权利成为可能。碳减排量符合资源性物权客体的规格与标准,同时也具有非典型资源权客体的特征,由此决定了林业碳汇权利的准物权属性。"[⑤]

[①] 蔡守秋、张建伟:《论排污权交易的法律问题》,《河南大学学报》2003年第5期。
[②] 何延军、李霞:《论排污权的法律属性》,《西安交通大学学报》2003年第3期。
[③] 邓海峰:《排污权与不同权属之间的效力冲突和协调》,《清华法学》2007年第3期;《排污权的法域定位与民法财产权结构之完善》,《林业、森林与野生动植物资源保护法制建设研究——2004年中国环境资源法学研讨会(年会)论文集》,2004年。
[④] 崔建远:《准物权研究》,法律出版社2003年版。
[⑤] 林旭霞:《林业碳汇权利客体研究》,《中国法学》2013年第2期。

④用益物权说。高利红认为,中国的排污权交易制度的构造着眼点就是在法律上确立排污权的用益物权地位。[①]"排污许可证交易仍然是一种买卖制度,法律上理应归入债权制度之中。为建构一种新的债权关系,必须要以一定的物权为前提"。也有学者认为排污权是一种新型的用益物权。"排污权虽然是用益物权,但是和其他的用益物权相比,排污权具有自身的特殊性,是一种新型的用益物权。排污者享有环境容量使用权时,并无相对的义务人。"[②]目前,国内主流观点基本认可排污权是环境容量使用权,是一种新型的用益物权。

"准物权说"和"用益物权说"均是从民法学的进路,将排污权的性质界定为财产权。亦存在可商榷之处,排污权和传统的财产权明显有所不同。其一,"财产权说"以传统的私法对财产权保护的研究范式为进路,体现了私法对环境容量使用者权利的保护,但忽略了排污权交易的公法意义:即促进污染物排放量的削减进而维护公共生态利益。其二,在排污权交易制度设计中,交易的对象并不都是环境容量,比如,在国际应对气候变化的制度设计中,排污权交易的对象有时是"减排信用",和环境容量之间并不完全契合。在传统民事权利理论尤其是物权理论框架下讨论排污权的法律性质,面临种种障碍,"排污权物权化也许是大陆法系财产权理论困境的一个缩影"。[③]

⑤无形财产权说。该观点借用知识产权的理论逻辑,认为排污

[①] 高利红、余耀军:《论排污权的法律性质》,《郑州大学学报(哲学社会科学版)》2003年第5期。
[②] 关于排污权的特殊用益物权或准物权属性,参见吕忠梅:《论环境使用权交易制度》,《政法论坛》2000第4期;朱家贤:《环境金融法研究》,法律出版社2009年版,第44页;邓海峰:《排污权——一种基于私语境下的解读》,北京大学出版社2008年版,第84页;李霞、狄琼、楼晓:《排污权用益物权性质的探讨》,《生态经济》2006年第6期等。
[③] 王清军:《排污权法律属性研究》,《武汉大学学报(哲学社会科学版)》2010年第5期。

权是基于污染防治的现实需要,而被创造出来的一种权利,这种权利缺乏物质载体,但能够带来财产收益,从排污权交易的具体操作层面看,排污权交易的对象是虚拟的无形财富。[①] 这一观点看到了排污权和知识产权的相同点,但存在的问题是,知识产权给权利人带来利益或福祉的同时,并不损害社会的、他人的合法权益,国家授权给一项智力成果并不受到道德正当性的拷问和质疑,这和排污权是很不相同的。

⑥新财产权下之功能性权利说。传统"财产权"被认为是典型的"私权利",但随着人类社会生存形态的变化,通过私人合意以及国家的积极介入创造出了一系列"新财产",导致财产问题的研究也渐渐进入了公法领域。美国有学者据此提出"新财产权"理论,认为各种形式的政府赠予物应被看作一种"新的财产",因而应给予适当的法律保护。在此基础上通过宪法控制、实体法控制、程序法保障等方式保障此类财产分配的公正。[②] 在环境法学领域,有学者借用新财产权理论,认为要在排污主体和政府之间的行政隶属关系中审视排污权的性质,排污权是财产权中"非基础性权利"的"功能性权利"。它被设置的目的是通过权利界定、分配以及交易来解决环境污染外部不经济性所带来的直接管制成本过高的问题,讨论排污权的性质必须考虑排污权的这一目的。在此目的之下,排污权具有激励功能、促进

[①] 陆益龙:《流动产权的界定——水资源保护的社会理论》,中国人民大学出版社 2004 年版;龚向前:《气候变化背景下的能源法的变革》,中国民主法制出版社 2008 版。

[②] 比如,美国学者查理斯·里克(Charles A. Reich)认为,财产不仅包括传统的土地、动产、钱财,还包括了社会福利、公共职位、经营许可等传统的政府供给。这些供给一旦变成个人的权利,那么就应该受到宪法个人财产保护条款的保护。参见高秦伟:《"新财产权"理论对中国法治建设的借鉴意义》,《浙江学刊》2007 年第 6 期。

功能、节约功能和引导功能。如果将财产权分为基础性权利和功能性权利,那么排污权就是一种典型的功能性权利:排污权首先源于公法上的行政许可,同时又具有私权上的部分属性,是缘于公法创制的一种私益,具有公权和私权的双重属性,受公法和私法的双重调整。[1]比较而言,功能性权利理论也许更加符合排污权的本质属性。

(二)排污权的法律属性:功能性权利

所谓新型财产权,是基于对传统"财产权"的"私权利"性质的扩展,其本质上仍然是财产权,但是有着明显不同于传统所有权特点的财产权。依据新财产权理论,政府供给的社会福利、经营许可等亦可以成为受法律保护的新型财产。传统"财产权"概念的核心乃是所有权,起源于物品所有权的财产权法律概念不断地被突破,"财产权被分解为一系列不连续的部分,它们互不联系,没有共同语言。"[2]

笔者认为,从权利行使的目的看,排污权实现了保护公共生态利益和交易双方当事人经济利益的双重目的,与"功能性权利"理念有着高度契合;从权利属性看,排污权是公法上的行政许可性权利和私法上的财产权利的结合,符合功能性权利的特征。

首先,从社会公共利益的角度来看,基于市场机制的排污权交易通过市场的力量来寻求污染物削减的最低边际费用,使整体的污染物允许排放量的处理费用趋于最低,实现了社会资源的优化配置,保护和改善了环境,是保护公共生态利益的有效制度之一。从私人财

---

[1] 王清军:《排污权初始分配的法律调控》,中国社会科学出版社2011年版,第36—41页。
[2] 同上书,第36页。

产利益角度来看,出让方通过改进技术节余排污指标获得了财产利益,受让方由于购买的成本比自行治理污染的成本高而通过购买来节约了成本,双方都实现了财产利益。

其次,排污权的取得,其逻辑前提是总量控制和排污许可证制度,具有明显的公权特征。总量控制制度是指由政府确定出一定区域的环境质量目标,根据环境目标、国家环境质量标准、污染物扩散模式和区域环境容量等测算出该区域特定污染物的允许排放总量,并将总量指标分配到整个地区、行业以及污染源个体。总量控制具体是通过排污许可证制度而得以实施的,排污控制总量以排污许可证的形式进行分配,排污单位的排污指标是总量控制目标下的具体量化。排污许可证是国家对排污者排污权的法律确认,并且是排污者唯一的合法排污方式。排污者必须依法按照许可证核准的污染物种类和排放量限额排污,无证或超量排放将受到法律处罚。在总量控制制度下,一定时间、区域内可利用的环境容量资源是一个确定值。[①] 总量控制制度从定量的角度确定了环境容量资源的稀缺性,而排污许可证制度的实施使得污染严重区域和生态脆弱区域的生产者特别是新进入者,不可能都能廉价甚至无偿地取得能满足生产排污需求的排污许可证。这样,就产生了购买排污许可指标的必要性和排污权交易的可能。排污许可指标进入交易市场后,交易双方在符合法律规定的条件下,基于意思自治对排污指标进行的交易,则是一种私法上的行为。

[①] 胡春冬:《排污权交易的基本法律问题研究》,王树义主编:《环境法系列专题研究》,科学出版社2005年版,第320页。

(三) 排污权权利和义务的双重性

排污权虽然是国家针对"环境容量资源"所做的一种可给相对人带来财产收益的制度安排,但这种安排的初衷并不是界定自然物的初始产权,其首要价值目标在于保护环境,是一种引导企业、其他排污者履行其法定环境保护义务的激励机制,而不是基于对物享有的某种权利所带来的收益。经济学原理告诉我们,导致环境污染的原因是外部性问题。但是,外部性问题只是导致环境污染的一种可能性,而不是一种现实。如果不超出环境容量,即便外部性没有被消除,也不会出现"公地的悲剧",也就不会导致环境污染。实际导致环境污染的原因是生产力的急剧发展,区域经济规模的排污总量超出了环境容量。可以说,环境污染产生的原因对环境容量的使用缺乏必要和适当的管理。

考察我国现行环境保护立法,无论是环境保护法还是各类污染防治的单行法规,大都为限制企业的排污而规定了种种环境义务。从排污收费到排污权交易,只是调控的机制和手段发生了变更,并没有改变目前限制、控制企业排污的法律性质。即便是被认为是"排污权交易"制度的法律依据的《水污染防治法》第20条:"国家实行排污许可制度。直接或者间接向水体排放工业废水和医疗污水,以及其他按照规定应当取得排污许可证方可排放的废水、污水的企业事业单位,应当取得排污许可证;城镇污水集中处理设施的运营单位,也应当取得排污许可证。排污许可的具体办法和实施步骤由国务院规定。禁止企业事业单位无排污许可证或者违反排污许可证的规定向水体排放前款规定的废水、污水。"这些条文中更多体现的是对企业排污行为的严格限制。

基于公共生态利益保护的需要，国家享有当然的环境管理权。适宜环境权和人的生命安全紧密相关，当适宜环境权和企业的排污权相矛盾和冲突时，只能由国家的环境管理权来约束和限制企业的排污权，授予企业的排污指标，更应该被认为是在政府的严格监管之下的一种环境义务，体现排污权法律特征的是它的义务特质。

由此可见，排污权的法律特征具有双重性：首先，企业是社会经济和企业生存和发展所必须的权利；其次，是在目前环境污染和环境危机不断加剧的情况下，企业在国家环境质量标准和污染物排放标准、政府环境管理部门严格约束之下的环境义务。排污权的特征因之体现为权利和义务的有机统一。

三、排污权的类型界分

排污权的具体权利的类型界分，根据其权能，可以划分为作为排污权客体的环境容量的使用权、收益权和转让权。其中，排污权转让权的实现就是排污权交易制度。

关于排污权的类型界分，有学者依据排污行为产生的原因，将排污权分为"自然性排污权"和"人为性排污权"两类，前者是为了满足人的自然需求而对环境容量进行合理利用的权利，后者是指为了实现经济增长需求而对环境容量进行合理利用的权利。[1] 笔者认为，将满足人的自然需求为目的对环境容量合理利用的"排污"行为归入排污权的范畴，是不明智的。这是因为，基于"自然需求"（换句话说即"生理需求"）而向环境排放污染物或代谢物的权利，属于人的基本生存权范

---

[1] 金海统：《资源权论》，法律出版社2010年版，第170页。

畴,是人人与生俱来的天赋人权,无需政府许可、同意,任何人也不得随意剥夺。所谓"自然性排污权"不得营利、不得用于交易、必须满足合理得用的要求的说法,更是匪夷所思。比如,人通过呼吸作用向环境中排放二氧化碳,或者排泄粪便等排泄物,是人维持生命存续的基本生理需求,某种情形下可能会造成污染环境的后果,但任何情况下都不能对这种"排污"行为本身进行限制。因此,排污权不可能包含所谓的自然性排污权,只能是在不降低环境容量的生态价值的前提下,为实现环境容量的经济价值而对环境容量进行合理利用的权利。

依据污染因子的不同,可以将排污权界分为气态污染物排放权、液态污染物排放权、固态污染物排放权,以及噪声污染物排放权、放射性污染物排放权等。这种分类的意义在于,不同的污染物物理性状、对环境的作用机理、排放方式不同,应当适用不同的排污物排放标准。而不同的污染物排放标准是在总量控制和排污许可基础上,允许行使"排污权"的法定标准依据。

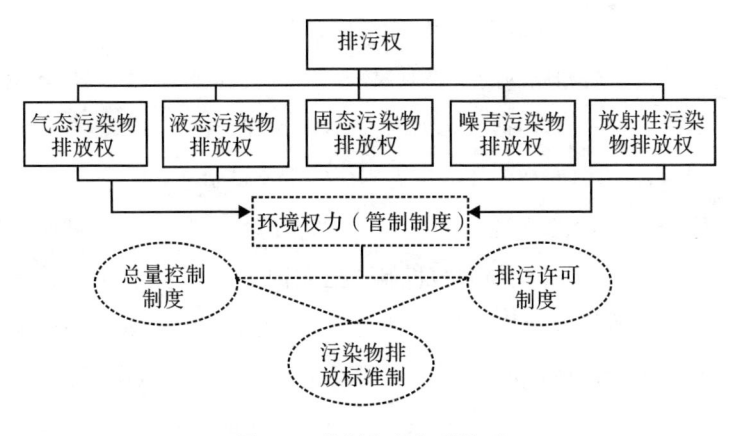

图 3.5 排污权的权利体系

第四章　环境权力的运行逻辑

在中国环境法学的基础理论研究中,以"环境权利"为基点的研究长期以来占据了主流地位。通常认为,通过对环境权利的法律配置,形成对环境公权力主体的制约和对抗力量,监督其依法履行环境保护职责和义务,保障环境权力的良性运行,是解决环境问题的根本制度路径。这种认识当然是切中要害的,环境法绝不能只是单纯的命令控制法,以权利制约权力,达成环境权力和环境权利的均衡配置和良性互动,实现环境法由命令控制法向利益衡平法的转变,是现代环境法治发展的方向。但是,这只是问题的一个方面。在"环境权利—环境权力"二元一体的环境法法权结构中,环境权力是其中的重要一极,是环境法制度体系所平衡和制约的主要对象。以"权利制约权力"固然是环境权力制衡的重要机制,但通过合理的权力配置,在公权力体系内部实现以"权力制衡权力",同样是环境权力制衡的重要机制。

迄今为止,人类社会拟制了两种权力制衡机制:一是权利制衡权力机制,二是权力分配与制衡机制。这是因为,一个发达的法律制度经常试图阻碍压制性权力机构的出现,其依赖的一个重要手段就是通过在个人和群体中广泛分配权利以达到权力的分散与平衡。[①] 上

---

① [美]博登海默:《法理学——法哲学与法律方法》,邓正来译,中国政法大学出版社1999年版,第342页。

述两种机制都是为了保证国家公权力的行使不偏离正当目的的一种制度化设计,环境法法权的二元机制也是为了保证环境公权力行使的合目的性而设计。这就提出了一个重要的问题域:"环境权力"的运行逻辑、内部构造及其配置原则是什么？如何实现政府公共权力体系中环境权力的内外部监督制衡？

审视环境法学界对"环境权力"的研究,在很大程度上被屏蔽在"环境权利"的话语之下。研究者往往将环境权力作为环境权利的对立面,把研究重心放在如何通过环境权利的配置达到制约环境权力的目的,而对环境权力缺乏从其自身逻辑展开的正面的、规范意义的解析。比如,对环境权力的合法性和正当性、配置原则、以"环境职权—环境职责"为核心权力内在体系等基础性问题,似乎成为一个不言自明的问题,鲜有专门论及。笔者认为,从理论层面,环境权力有其正当性,对环境权力的研究,仅仅局限于探讨其监督制约机制是远远不够的,只有从环境权力的本质、运行原理、内在逻辑等方面做全方位的探讨,才可能为环境权力的合理配置确定理论基础；从实证层面考察,与当下中国的体制相适应,中国的环境法律体系更多的是以一种行政管制法的面目出现的,民主参与不足,大量的环境行政管理规范充斥其中,环境权力实际上担当着环境保护主导者的角色。着眼于权力主导的现状,更应当关注环境权力的实然配置、内在结构,以及环境权力与其他权力的平衡与制约等。

遗憾的是,环境法学研究者在这方面尚未取得系统化的成果。虽然,从政府责任的角度探讨政府环境责任的研究成果不少,但对环境权力构造和运行逻辑进行体系化、规范化研究的成果则不多见。赵俊《环境公共权力论》(法律出版社 2009 年版)侧重从法理学层面,对环境公共权力的合法性、合理性、有限性等问题进行了较为系统的阐述，是国内为数不多的专门研究环境公共权力的论著。此外，在中国知网输入关键词"环境权力"，仅可以查阅到数篇相关论文。[①] 具有代表性的是吕忠梅的《环境权利与环境权力的重构——论民法与环境法的沟通和协调》一文，该文认为，环境保护是需要政府和市场共同作用的领域，政府作用的优势是宏观领域，劣势则是大量分散的环境权益冲突，这些冲突是造成环境问题的主要根源；而市场作用的优势是恰好对应大量分散的、个别的权益冲突进行调节。将政府机制和市场机制有效结合起来配置环境资源，就是将国家环境权力和公民环境权利结合起来的环境法律制度。"在环境法的规则和方案中，权力和权利不是两种对立和分割的，而是相互沟通和统一的，它们共存于可持续发展的目标和任务之下。环境法律制度有两条利益和意志主线，一是社会整体利益和国家意志，二是社会成员人个体利益和当事人的意志。一个理性和健全的环境法律制度，应该是这两条主线的有机结合。环境法律制度的变革方向即是要构建环境权利的法律体系，完善环境权利的法律规则，实现环境权利法与环境权力法的并存和配合，建立适应社会主义市场经济需要的、具有中国特色的环境法秩序。"[②]在这里，吕忠梅

---

① "环境权力"论文中，吕忠梅《环境权利与环境权力的重构——论民法与环境法的沟通和协调》，《法律科学》2000年第5期，张昭庆《环境保护的权利和权力配置》，《山东社会科学》2011年第6期，提出以"公众环境保护权"作为平衡环境权力和权利的支点，这一权利既是公民环境权利的内容，又与环境权力形成了一个完整的系统。公众环境保护权的内容包括了环境知情权、环境立法参与权、环境决策参与权等，仍然未脱"以权利制约权力"的思维路径，并未对环境权力自身的运行原理及架构做出分析。笔者发表的《环境利益、环境权力与环境权利的分层建构——基于法益分析方法的思考》(法商研究)2014年第4期)一文，通过对基于环境利益之上的环境权利和环境权力的来源，对环境权利的配置及其对环境权力的监督制约从应然和实然层面进行了探讨。
② 吕忠梅：《环境权利与环境权力的重构——论民法与环境法的沟通和协调》，载《法律科学》2000年第5期。

教授清晰地指明了"环境权利法"的"环境权力法"的建构与配合是中国环境法律制度的变革方向，但本文基于民法与环境法协调的角度，仍然是以权利制约权力的思路而展开的，在对民法与环境法的沟通基础——环境权的内容进行分析论证的同时，并没有对"环境权力"的构造和运行逻辑做出进一步的建构。

全面认识环境权力，认真地对待环境权力，不仅是建构完善的环境法法权体系的理论需要，也是对当下中国环境法律体系中大量的环境权力规范进行宏观审视、梳理辨析，进而提出更优配置方案的实践需要。

第一节　环境权力的正当性

权力，既是一个政治学概念，也是一个法学概念。在汉语中，权力的一般含义是指："在政治、职责、管理等方面起控制、支配作用的强制性力量。"[1]权力的英文单词是 power，来源于拉丁文的 potestas 或 potentia，意指能力，它们是从拉丁语动词 potere 引申来的。托马斯·霍布斯(Thomas Hobbes，1588—1679)认为："权力是获得未来明显利益的手段"。马克斯·韦伯(Max Weber，1864—1920)认为："权力是一种社会关系中某一行动者能处在某个尽管存在反抗也要贯彻他自己的意志的地位上的概率。"[2]我国法学家郭道晖认为："权力是一种社会关系，任何主体能够运用其拥有的资源对他人发生强制性的影响力、控制力、促使或命令、强迫对方按权力者的意志和价

---

[1]《多功能汉语辞海》，吉林大学出版社2003年版，第1598页。
[2]〔德〕马克斯·韦伯：《经济与社会》(上卷)，林荣远译，商务印书馆1997年版，第264页。

值标准作为或不作为,此即权力。通常(不一定必然)权力也要求得到权力所及的共同体范围内的成员的认可或默认,从而使权力具有合法的权威基础。"[1]张文显认为:"权力指个人、集团或国家贯彻自己的意志和政策,控制、操纵或影响他人的行为(而不管他们同意与否)的能力。"[2]这些权力概念的共同点在于:其一,权力是一种影响和控制他人或事物的能力;其二,权力是实现主体意志、目标和利益的工具和手段,一般情况下是有强制性的;其三,权力是一种社会关系,在这一社会关系中,权力主体处于优势支配地位,相对方主体则处于被支配的地位。

法理学通说认为,权力来源于权利,是更广泛的"权利"概念的含义之一。霍菲尔德(Wesley Newcomb Hohfeld,1879—1918)认为,广义的权利包括了狭义上的权利、权力、特权、豁免等概念;庞德(Roscoe Pound,1870—1964)指出,广义上的权利包含利益及保障它的法律工具、狭义的权利、权力、自由权和特权等六种含义。[3] 从本源意义上探析,权力来源于公民对自身部分权利的让渡,为维护权利而产生的,是保障权利必不可少的力量;另一方面,不加限制的权力必然会对社会和公民的合法权利带来极大的威胁和侵害,因此,建立权力的运行秩序十分重要。法律的一个重要功能,就是合理配置各类权力,界定不同权力主体的权力边界,规定权力的社会结构和权力关系,明确权力的组织和协调、权力的运行起点和终点等,以建立权力的运行秩序,促进权力运行的制度化、规范化。

---

[1] 郭道晖:《法理学精义》,湖南人民出版社2005年版,第148页。
[2] 张文显:《法哲学范畴研究》,中国政法大学出版社2001年版,第200页。
[3] [美]罗斯科·庞德:《通过法律的社会控制 法律的任务》,沈宗灵、董世忠译,商务印书馆1984年版,第46页。

依据不同的标准,权力可以划分为多种类型。马克斯·韦伯(Max Weber,1864—1920)对权力做出如下分类:(1)合理的法定的权力,即依法任命并赋予行政命令的权力,对这种权利的服从是依法建立的一套等级制度规定的,它是对职位或职务的权力的服从。(2)传统的权力,是传统的、古老的、以人的地位的正统性为依据的权力,如王权。(3)非凡的权力,即建立在对个人崇拜和迷信基础上的权力。韦伯对权力分类实际上是以权力的来源为依据的,在他看来,三种权力中只有合理的法定权力才是行政组织的基础。[1] 罗素(Bertrand Arthur William Russell,1872—1970)在其《权力论》中将权力分为"治人之权"和"治物之权",即对人的权力和对物及非人类生活方式的权力,其中"治人之权"又可划分为对身体的直接的物质权力、以奖赏和惩罚等形式引诱的权力、以舆论的力量起作用的权力。[2] 迈克尔·曼(Michael Mann)认为,构成权力网络的权力来源有四种,即意识形态权力,经济权力,政治权力和军事权力。[3] 上述对权力的分类基于不同的时代背景,不一定就是完善与科学的,但是,他们都看到了政治形式的权力、法律形式的权力、经济权力、支配舆论的权力,以及权威的存在,对后世的权力学说提供了重要的参照价值。在法学研究中,通常将权力依其行使主体和不同性质划分为国家权力、社会权力、个人权力;或政治权力、经济权力、文化权力等。在权力体系中,处于核心位置的是国家权力。依据近代启蒙思想家的"三权分立"的学说和现实政治权力架构,国家权力主要包括立法权力、行政

---

[1] [德]马克斯·韦伯:《经济与社会》(上卷),林荣远译,商务印书馆1997年版,第269页。
[2] [美]伯特兰·罗素:《权力论:新社会分析》,吴友三译,商务印书馆2012年版。
[3] [英]迈克尔·曼:《社会权力的来源》(第一卷),刘北成、李少军译,上海人民出版社2002年版。

权力、司法权力,国家权力在本质上属于政治权力。

一、环境权力的概念及属性

环境权力,从广义上讲,是关于国家环境基本制度运行的权力,包括了环境立法权力、环境行政权力、环境司法权力。从狭义上讲,主要是指政府行政机关依法进行环境决策、执行环境法律、管理环境公共事务的行政权力。在环境法的法权结构中,对环境权力作狭义理解,是与私权性的环境权利相对应的政府公共权力,是环境保护领域中由公众所赋予和认同,由政府或非政府社会组织以维护环境公共利益为目的所行使的公共权力。因此,本书所讨论的环境权力,是狭义上的环境权力,即环境行政权力。

(一)环境权力在性质上属于政府公共权力

环境权力,是公共权力中的一类。所谓公共权力,"是以主权为核心,由公共权利组织(主要是国家机关)行使,分布在一定职位并与相应职责相联系的权力。"[1]"是社会公共领域中由公众所赋予和认同,并能够给公众带来保护和幸福的集体性权力。"[2]政治学理论认为,政府公共权力产生于人民的直接或间接授权,这是现代民主国家所确立的一项基本宪政原则。英国启蒙时代最有影响力的思想家洛克(John Locke,1632—1704)对人民授权政府的原因有过精辟的描述:"人类在自然状态下享有种种权利,但是留在其中的情况既不良

---

[1] 钱大军:《法律义务研究》,吉林大学博士学位论文,2005年,第95页。
[2] 赵俊:《环境公共权力论》,法律出版社2009年版,第28页。

好,他们很快就被迫加入社会。所以,我们很少看到有多少人能长期在这种状态下共同生活。在这种状态中,由于人人都有惩罚别人侵权行为的权力,而这种权力的行使既不正常又不可靠,会对他们不利,这就促使他们托庇于政府的既定法律之下,希望他们的财产由此得到保障。正是这种情形使他们甘愿各自放弃他们单独行使惩罚的权力,交由他们中间被指定的人来专门加以行使,而且要按照社会所一致同意的或他们为此目的而授权的代表所一致同意的规定来行使。这就是立法和行政权力的原始权利和这两者之所以产生的缘由,政府和社会的本身的起源也在于此。"[①]我国宪法关于国家一切权力属于人民的规定,就是对国家权力来源于人民这一原则的宣示。

环境权力产生的动因,是基于保护环境公共利益的需要,是政府管理环境公共事务的权力,公众授权是其存在的合法性依据。"权为民所赋,权为民所用",环境权力既是政府职权,又是其法定职责,具有不可让渡性。政府获得环境权力后,得基于法定职权和职责而行使,但是,权力行使的边界以保护环境公共利益为限,并且要受到公众的监督,如果不作为、滥作为而导致环境公共利益侵害,需要承担相应的法律责任。可见,环境权力是政府公共权力,既是政治权力,又是法律权力。

环境权力本质上属于政府对环境事务进行管理的公共权力,但与传统行政权力有所区别。其一,环境权力产生于国家的社会经济管理职能,是现代市场经济条件下弥补市场失灵的必要机制,目标是保护公民和相关社会主体的环境权利,产生的基础是社会公共利益或全人类共同利益的需要;而传统行政权力产生于国家的警察职能,

---

① [英]洛克:《政府论》(下),叶启芳等译,商务印书馆1964年版,第78页。

基础是国家利益,目标是在不干预个体自由意志的前提下维护自由竞争的市场秩序,维护公共安全。其二,环境权力是一种积极主动的干预权,而传统行政权力是一种消极的限制权。其三,环境权力的行使包括传统的权力手段,也包括非权力手段,传统行政权主要依靠权力手段。[①]

(二)环境权力的目的是保障环境公共利益

环境权力,通过法定程序以环境管理职权和职责的形式赋予政府及其环境监督管理机构。环境权力行使的目的在于:对损害环境质量、侵害环境公共利益和他人合法环境权利的行为依法施加影响或进行规制,既要满足人的基本生存和发展需要,保障合理开发利用环境与自然资源的"资源权"的实现,保障正常生产经营活动向环境中合理排放污染物的"排污权"的实现,又要满足人对良好环境质量的需要,把开发利用行为限制在不超过环境容量允许的合理范围内,以维护环境公共利益,保障"环境权"的实现。可见,从"环境权力—环境权利"的互动关系的角度,环境权力行使的目的,在于实现环境权、排污权、资源权等几类正当环境权利平衡发展和平等保护,协调权利关系,弥合权利冲突。从经济社会发展与环境保护的关系的角度,二者既是对立的又是统一的关系,环境权力行使的终极目的,就是通过调整人类的经济活动和社会活动,实现经济社会发展与环境保护的协调、可持续发展。这一目标也决定了环境权力的边界:积极主动地干预人类的经济社会活动,使其不致于损害环境质量,以维护

[①] 刘长兴:《公平的环境法——以环境资源配置为中心》,法律出版社2009年版,第90页。

环境公共利益和环境权；但同时不能损害社会主体对环境与自然资源的"合理"开发利用和排放污染物的权利。环境权力必须在这几类环境权利的夹缝中谨慎行使，并受到环境权利的监督和制约。

（三）环境权力构造："环境职权—环境职责"的统一

环境法表达和确认环境权力，对其进行法律配置，是环境权力合法化的依据。政府及其环境行政机关的环境权力，从学理上分析，其内容应当体现在两个层面，一是环境职权，即法律赋予政府及其环境行政机关从事环境管理活动的资格和权限，是一种授权性规范；二是环境职责，依法行使环境职权是权力主体不可让渡的义务，法律对这种义务所设定的规范就是环境职责，是一种义务性规范。从本源意义上，环境职权和环境职责是公权力机关的环境权利和环境义务的关系，有权利就有义务，二者相辅相成，具有不可分割性。从法律文本的实证角度考察，环境职权和环境职责有时不容易做出区分，同一条款的规定往往既是环境职权又是环境职责。比如，《环境保护法》第十条规定："国务院环境保护主管部门，对全国环境保护工作实施统一监督管理；县级以上地方人民政府环境保护主管部门，对本行政区域环境保护工作实施统一监督管理。"这一规定既是环境保护管理部门的职权，同时也是其不可放弃的职责。此外，当权力主体怠于履行环境职责、滥用环境职权时，还应当承担相应的法律责任。

二、环境权力的正当性论证

在人类社会的组织层级中，公共权力始终是一种维系社会秩序和社会有序发展的主导力量。一般而言，公共权力的正当性包括三个方面的具体含义:第一,这种权力存在的必要性,即人们认识到正常生活必须建立一种公共秩序,而且这种公共秩序的建立和维持不是仅仅依靠强力、武力和强制的办法来实现的,而是更依赖于广大社会成员对它的认同和支持。第二,这种权力取得的途径和使用范围必须是"正当的",至于"正当的"含义则是历史的和具体的。对于现代国家而言,公共权力要取得正当性,除了法律的明文规定外,还要受主流社会价值观念的影响。第三,这一公共权力必须以谋求公共利益为目的,或者说必须保护所有社会成员的正当利益,必须管理社会公共事务,而不能成为执政者牟取私利的手段。[①] 政治学中经常用契约论来解释国家权力的正当性。契约论把国家的产生看着是人民与统治者之间相互订立契约的结果,即国家是共同协议的产物。社会契约论也被用来说明对国家权力的来源及其正当性,正如法国启蒙思想家卢梭(Jean-Jacques Rousseau,1712—1778)所说:国家权力是公民让渡其全部"自然权利"而获得的;在其名著《社会契约论》中,卢梭写道:"任何国家权力无不是以民众的权力(权利)让渡与公众认可作为前提的"。民众通过契约出让的方式将一定的权利让渡给国家,获得了公民权从而成为公民;而国家作为契约中的权利受让方,获得了管理国家公共事务的公权力。

由于环境问题关涉到人类的生存和发展,而环境资源是典型的公共产品,环境利益具有显著的公共利益属性,因之,在环境事务领域,以维护公共环境利益为目的的环境公权力被广泛运用,环境与资源保护成为政府的主要职权和职责之一。环境权力作为国家公共权力的一种类型,有其存在的正当性和合法性依据。一方面,环境权力

[①] 严存生:《法的合法性问题研究》,《法律科学》2002年第3期。

的来源、环境权力的设置和行使目的、环境权利对环境利益的分配须具有正当性,另一方面,环境权力接受必要的监督制约。

(一)来源正当性:环境公共信托理论

起源于英国的信托制度,历经数百年的发展,被称之为普通法"皇冠上的宝石"。普通法上的信托,是指委托人将自己的财产权委托给受托人,由受托人以自己的名义,为实现和维护委托人的某种特定利益而进行管理和处分的行为。其后在美国发展起来的公共信托理论,是普通法上信托制度的承继和发展,最初主要适用于航海和捕鱼等涉及公共资源的领域,后来逐步扩大到环境要素和自然资源。

环境公共信托理论的提出,是建立在环境公共财产理论和信托理论的基础之上的。传统民法所有权理论认为,阳光、大气、水等非人力所能控制的环境要素属于无主物,这些无主物是取之不尽、用之不竭的,任何人都可以无偿使用或实行先占原则。20世纪60年代,在全球环境保护浪潮风起云涌的背景下,美国密执安大学的萨克斯(Joseph Sax)提出了环境公共信托理论,他认为,阳光、大气、水环境要素为人类生活所不可缺少,具有使用上的非竞争性和非排他性,并非无主物,而应当是属于全体国民的共有财产,任何将其作为私的权利的主张都是不贤明的。在环境公共财产论的基础上,依据公共信托的原理,萨克斯进一步提出了环境公共信托理论。全体国民作为委托人,将其共同所有的环境资源委托给政府管理,此时政府是信托关系中的受托人,基于国民委托而获得对信托财产——环境公共财产进行管理的公共权力。在萨克斯看来,在政府对信托财产行使监管权力,应以维持并增进公众对信托财产的利用上的便利,并且,基于公共委托的性质,信托财产不得让渡给私人。

环境公共信托论既是公民环境权的理论基础,也为环境公共权力提供了正当性依据。第一,环境公权力来源的正当性。政府之所以获得环境资源管理的公共权力,是全体国民对共有财产基于信托原理让渡的结果,也即环境权力的本源是环境公共财产权利。第二,环境公权力行使目的的正当性。政府行使环境公权力,是基于受托人身份而为的行为,以有利于委托人便利的行使其环境共有财产和维护环境公共利益为目的,偏离了这一目的,环境公权力也就失去了正当性。第三,对环境公权力监督制约的正当性。全体国民将共有的环境财产让渡给政府后,政府以自己的名义独立行使环境公权力,但政府并不总是在任何情况下都能不偏不倚地代表委托人的利益。因此,得设定公民对政府行使环境公权力过程进行监督的权利,保障公权力的合法运行和公共委托目标的实现。当政府的行为损害受托人的利益的时候,公民得以环境权利受侵害而提起权利救济要求。

(二)目的正当性:环境公共利益保护

面对现代环境问题、环境风险和生态危机的威胁,人们认识到,必须建立起依赖广大社会成员广泛认同和支持的环境保护公共秩序,才有可能保障人类社会长久的生存利益和未来福祉。事实上,环境公共权力的设置从一开始就是公众推动的结果。20世纪五六十年代以来,在全球范围内声势浩大的环境保护浪潮中,公众首当其冲的愿望就是要求政府加强环境保护的监管力度,因为,在污染和公害事件频发、公众生命健康和财产安全受到严重威胁的时代,政府维护公共利益是其责无旁贷的义务。在公众力量的推动下,各国政府做出的应对措施主要有:一是出台相关环境立法,赋予政府以环境公共管理的权力。早期的环境立法,即所谓的第一代环境法,基本上都是以政府管制法的面目出现的,如美国1969年的《国家环境政策法》、日本的1967年的《公害对策基本法》,中国1979年的《环境保护法》等。二是纷纷将环境管理职能从政府相关职能中分离出来,成立专门行使环境公权力的政府机构。在我国,环境保护管理体制历经多次变迁,从最初临时性、虚设性的国务院环境领导小组及其办公室、国务院环境保护委员会,到城乡建设与环境保护部下属的环保局、国家环保局、国家环保总局,再到国家环境保护部、生态环境部,其地位不断提升,职能不断增加。

环境立法的发展和环境保护职能的加强有自上而下的国家力量的推动,有弥补市场缺陷,发挥"有形之手"的作用机理。但归根到底,政府环境公权力的取得和行使必须立足于回应公众的诉求,必须具有广泛的公众支持和认同基础。虽然,命令和服从是公权力的构成要素,但这种依靠强制力形成的命令服从关系必须建立在公众的认同和支持基础上,否则难保其稳定性和长期性。"能够使公共权力获得长期的心理认同和自觉遵从,从而将权力和威严升华为能力和威望,才能保证公共权力合法性的长期存在。"[1]在环境危机时代,公众对环境保护的要求已然成为一种重要的政治力量,公众形成的压力集团通过保护运动或是制度内的民主参与机制影响立法的结果,自下而上的推动政府职能的完善,促进环境执法能力的提高。政府环境权力的配置,以维护环境公共利益为根本目的,是实现公众基本生存要求和享有良好环境品质的有效手段,其出发点和归宿都是为了维护公共利益。因此,环境公权力的存在有其必要性和合目的性。

---

[1] 崔金云:《合法性与政府权威》,《北京大学学报》2003年专刊。

（三）手段正当性：环境利益的分配正义

根据正义论的集大成者罗尔斯关于正义本质的论述，[1]任何社会制度的法律都是按照那个社会公认的价值标准对社会利益进行分配。一方面，环境权力在合法化的过程中，应当确保权力的设置兼顾中央与地方之间、不同区域之间、不同阶层之间的合法利益，也就是说，环境权力的设置应当符合公平正义的基本价值。另一方面，对环境公共利益进行保护、分配与平衡，是环境权力运行的基本方式，也是环境权利正当性的一个基本要求。在环境法律中，政府环境公权力面对的环境利益呈现出两种基本类型：资源利益和生态利益，前者是经济性利益，后者是享有良好环境的精神性利益，两类利益都是环境法上的正当利益。由于不同区域发展的不均衡导致对利益的需求不同，不同主体在利益博弈中话语权并不总是平等的，环境权力如何在两类利益的平衡中实现正当性和合法性？

回答这个问题，还需要回到罗尔斯（John Rawls,1921—2002）的"分配正义"上来。面对不同的利益类型、不同的区域、不同的主体，利益分配首先要坚持的标准就是公平，其次是反映"机会平等和差别原则"的秩序和效率等价值目标。美国心理学家马斯洛（Abraham Harold Maslow,1908—1970）将人的需要依次分为生理需要、安全需要、社交需要、尊重需要以及自我实现需要，只有最低层次的生理需要得到满足后，才会产生其他层次的需要。发展的非均衡性，决定了

---

[1] 罗尔斯将正义归结为两个原则：第一个是平等自由原则，第二个是机会平等和差别原则。在处理正义原则的优先关系时，第一个原则优先于第二个原则，第二个原则中的机会平等原则优先于差别原则。

不同区域人们的需要的多样性。从长远看,环境问题的日趋严重,使得生态利益成为影响人类整体生存和发展的利益,应当置于优先保护的位置;但是,在一些地区的温饱尚未解决的地区,生存利益才是其最迫切首要的利益需求,如果强行要求这地区的经济利益服从生态利益,不仅违背正义原则,还将引发人道危机和社会的不稳定。一方面,环境保护需要区域间和国家间的全面合作以实现对公共利益的整体保护,另一方面,牺牲少部分人的利益而照顾整体利益又会违背正义原则。罗尔斯认为,"正义否认了一些人分享更大的利益而剥夺另一些人的自由是正当的,不承认许多人享受的较大的利益能绰绰有余地补偿强加给少数人的牺牲。"①

面对这一悖论,需要通过环境公权力设置相关的利益协商和利益平衡制度,比如生态补偿制度,对因保护整体生态利益而使发展利益受损的群体和区域给予补偿,以实现公平正义。社会主体在利益博弈中,强势群体很容易利用其优势地位获取更多话语权,占有、消费大量的环境资源而由全社会承担其环境成本,而弱势群体的意志很难在政府决策中得到体现,不仅会成为污染转嫁和生态破坏的受害者,还会承担过多的环境义务。为此,同样需要通过公权力的运行机制,建立生态损害填补、生态补偿、环境税等制度,平衡不同社会主体之间的环境利益。如果一个社会围绕利益的基本权利义务分配使得各种冲突着的利益达到了恰当的平衡,那么这个制度就是正义的。对环境利益的公平分配,既是环境权力运行的方式和手段,又是环境权力正当性的一个基本尺度。

---

① [美]约翰·罗尔斯:《正义论》,何怀宏等译,中国社会出版社1988年版,第4页。

第二节 环境权力的运行基础

公共权力的正当性表明,当某类公共利益上升为全社会成员普遍的需要,而这种利益又和其他正当利益和权利存在着广泛的冲突时,就需要某种对应的公共权力的生成,用以维护公共利益,平衡利益冲突。环境权力,是在环境污染和生态破坏越来越严重,民众对环境公共利益的需求日益高涨,环境保护浪潮席卷全球的背景下产生的,已经成为现代政府治理社会事务的一项基本权力。环境权力的产生,是现代政府社会公共职能拓展的结果。政府环境公共职能的演变过程,实际上就是作为政府公共权力的环境权力的生成和发展过程。政府环境管理体制及其权力分工,构成了环境权力的运行的基本机制。而环境法的诞生和发展,为环境权力在法治框架内运行奠定了法律基础。

一、环境风险时代政府社会公共职能的拓展

政府职能,是指国家行政机关依法对国家和社会公共事务进行管理所享有的职权和应承担的职责。通常而言,政府职能包括了统治职能和社会公共职能两大部分。统治职能是政府以国家名义对社会进行统治的职能,它是政府的政治职能,是政府作为国家代言人所承担的政治使命。社会公共职能,是政府运用国家权力执行社会产生但社会自身又无法进行自我管理的职能,社会职能所要实现和保障的,是社会公共利益。环境问题的发展,环境风险时代的来临,使得对环境公共利益的保护成为社会成员的广泛利益诉求。环境保护

需要集体行动，但由于集体行动成本过高，最为经济也最为有效的办法就是赋予政府环境职能，由政府作为环境公共利益的代言人，承担起环境保护的社会公共职能，由此促生了政府社会公共职能的拓展，在这一过程中，环境职能由政府的一般职责逐渐演变为政府的基本职能。

在前工业社会时代，虽然也产生了局部性的环境问题，但环境问题尚未成为影响公共利益的全局性社会问题，具有点源性、个别性、局部性的特征，环境损害在很大程度上也只是对个体造成的损害。在认识论上，环境问题更多的被看成是一个工农业生产过程中出现的与职业病防护相关的环境卫生问题，环境保护被看成是遵守一定工艺条件、治理污染的技术问题。这一时期，国家环境管理职责主要是个体控制和个体救济，环境保护只是政府出于保护国民健康的一项职责，国家对环境的管理充其量是动用一定技术和资金加上一定的法律和行政的保证来治理污染。在法律手段上，主要是采取私法手段而不是公法手段来应对环境污染和生态破坏，很少采取强制措施。

20世纪50年代到60年代，是发达国家经济高速发展的20年，伴随经济高速增长而来的是环境问题和公害的泛滥，许多著名公害事件都发生在这个时期。这个阶段的环境污染由于点源性、个别性污染向区域性、广泛性发展，环境问题引发一系列严重的后果，对公众的生命财产安全带来严重的威胁。公害事件中大量的人生病或死亡，使公众产生一种危机感，于是游行、示威、抗议的"环境保护运动"席卷各国。危及人类生存的环境问题不仅引起公众的强烈关注，还会成为社会动荡、政局不稳的导火线。这些严酷的现实使人们认识到，环境问题不仅是一个技术问题，也是一个重要的社会问题，仅仅依靠科学技术的方法去解决环境污染和生态破坏是远远不够的,还需要用经济的、法律的、行政的、综合的方法和措施,从其与社会经济发展的联系中全面解决环境问题。各国政府在环境保护领域由原来的间接干预、被动干预转向推行了积极主动的干预政策,把环境保护作为政府的职能之一。在法律手段上,制定了一些具有强制约束力的环境标准,采取了一些行政管制措施,如有的国家实行排放许可证制度、向排污企业征收排污费等。但总体看,这一时期的环境立法呈现出零散性的、"头痛医头、脚痛医脚"的仓促应对性的特征,政府的环境职能主要体现为一般性职能,环境管理行政机关大多数依附于政府其他职能部门,其职能是相对有限的。

70年代以后,随着环境问题的严重化,许多国家把环境保护上升为国家的基本职能,通过政府加强对环境的保护和管理。只有把环境与资源管理作为一项国家职能,加强国家对环境与资源的管理才能做到对环境问题的全面应对。1972年的人类环境会议是一个转折点,在认识论上,各国已深刻认识到:环境资源是国家赖以生存和发展的基础,环境问题既是经济问题、生态问题,更是社会问题、政治问题,只有把环境管理作为国家的一项基本职能,列为基本国策,全面加强国家的环境监督管理,才能保障经济、社会和环境的协调发展。不少国家相继在宪法里规定了环境管理的原则和对策,公民在环境保护方面的基本权利和义务,把"环境保护是国家的一项职责"规定为宪法原则。由此,环境保护与管理被上升为一项国家基本职能,国家对环境保护的干预转变为一种积极全面的干预。在环境立法上,这一时期的环境立法呈现出综合性、体系性的趋势。鉴于环境问题上存在的市场失灵现象,从传统对国家权力的抑制发展到要求国家权力积极介入,以弥补市场缺陷,充分保护环境公共利益。政府环境职能得到极大拓展:干预经济活动以减少对环境的影响,提供环境公共产品,发展环境公共服务成为政府的法定职能。

2008年我国进行的大部制改革中,以国家环境保护部的成立为标志,我国的政府环境公共职能得到了较为明显的扩展。[①] 2018年政府机构改革中,组建了新的生态环境部和自然资源部,职能得到进一步加强。政府环境公共职能的演变和拓展过程,实际上就是作为政府公共权力的环境权力的生成和发展过程。

二、政府环境管理体制及其权力分工的演变

趋利避害是人的本性,从经济人的角度,每个人都有追求自身利益最大化的动机;从法治的角度,不同主体追求自身权利、利益的动机可能侵犯其他主体的合法权利或社会公共利益,必须通过制度性的限制和约束加以防范。20世纪60年代以来环境污染和环境破坏问题之所以愈演愈烈,对社会主体追求经济利益的行为缺乏制度性约束和防范,是最重要的制度,制度的缺失最终导致环境公共利益被侵害,生态环境恶化,每个人都不能独善其身。面对此景,法治的回应是针对追求经济利益的肆意建立相应的约束防范制度。具体的路径,一是划定权利主体的权利行使边界,二是以公共权力的介入而进

[①] 国家环境保护部承担的环境公共管理职能主要有:建立健全环境保护基本制度;重大环境问题的统筹协调和监督管理;落实国家减排目标的责任;提出环境保护领域固定资产投资规模和方向、国家财政性资金安排的意见,按国务院规定权限,审批、核准固定资产投资项目;参与指导和推动循环经济和环保产业发展,参与应对气候变化工作;从源头上预防、控制环境污染和环境破坏;环境污染防治的监督管理;指导、协调、监督生态保护工作;核安全和辐射安全的监督管理;环境监测和信息发布;开展环境保护科技工作;开展环境保护国际合作交流;组织、指导和协调环境保护宣传教育工作。

行干预。在公共权力干预的路径下,要求赋予政府以环境公共管理职能,同时,鉴于权力的恣意性又可能会侵害公众的合法权益,对权力的法律配置又得符合法律的实质理性和形式理性要求。传统法治的形式理性要求,承担环境公共管理职责的机构在配置上也应该是专业的,各个机构之间的权力应当有严格的划分。环境公共管理职能的实现,必须建立相应的管理体制,明确权力的行使主体和权力的行使边界。国家环境管理体制是国家环境行政管理机构的设置、职权的划分与协调以及管理活动规范运行的方式。其中,环境行政管理机构的设置是政府从事环境公共事务的组织保障;各机构的职权划分与协调是环境管理活动规范运行的职能保证;环境行政管理活动规范运行的方式是具有环境行政管理职权的政府部门行使职能的动态表现。

行政法治要求在政府组织机构上要有分工明确、职级严明、职能固定的官僚体制的建构。专业化分工、职能分离、各自独立、相互制衡的法律机构设置被视为法治的"核心"。从20世纪70年代以来,世界各国普遍加强了环境行政管理机构建设,并从法律上明确了环境管理机构之间的职权、职责及分工。从发展历史来看,尽管各国的环境管理体制各具特色,但大都经历了从薄弱到强化、从分散到集中、从单纯治理到综合管理的过程。目前,世界各国的环境管理体制类型不一,从中央政府环境管理机构的设置来看,大致有如下几种类型:(1)现有部委兼负环境保护与管理职能。在这种体制下,中央政府不设专门环境管理机构或协调机构,而是对一个或几个部、局扩大原有行政职能,使其具有环境保护的职能。目前,只有少数发展中国家或环境问题不突出的国家采用这一体制。(2)设立环境保护与管理协调机构。由于环境问题涉及社会生活的方方面面,环境保护和管理往往需要协调各个部门之间的关系。一些国家在中央政府内设立了一个由政府首脑牵头的部际委员会,协调各部的环境保护管理的职能和行动,如联邦德国1970年成立由总理和各部部长组成的"联邦内阁环境委员会",法国成立了由各部组成的"最高环境委员会",意大利成立了"环境问题部际委员会",澳大利亚成立了"环境委员会",智利成立了"全国环境污染委员会"等。[①] (3)设立部委级的承担环境保护与管理职能的专门机构。为集中政府职能,更好地履行环境管理职能,应对环境问题,一些国家设立了环境保护部。(4)设立具有比其它部委有更大职权的独立环境管理机构。一些国家设立了比部委职权更大的专门机构负责环境保护与管理工作,如美国在总统执行署内设立了环境保护局,日本设立了由国务大臣任长官的环境厅等。[②] (5)几种机构同时并存。既成立专门的机构统一行使环境管理职能,又规定了其他部委行使相关的环境管理职能。在地方环境管理机构的设置上,多数国家都在各级行政机构中设立了与中央机构相对应的机构。有的国家,如日本、德国甚至在企业设立了环境管理机构,负责企业环境规划的制定、污染防治与监测等。

新中国成立以后,随着国民经济的发展,环境问题日益严重。加强政府环境职能,成为解决环境问题的制度选择。在体制架构上,一方面完善从中央到地方政府各级环境管理机构,另一方面,中央和地方各级政府的环境权力进行分配并通过立法加以确认。20世纪70年代初期以前,由于环境问题尚不突出,我国并没有设立专门的环境管理机构,环境管理工作主要由国务院有关部委兼管。1974年,国

[①] 林肇信、刘天齐、刘逸农主编:《环境保护概论》,高等教育出版社2005年版,第307页。
[②] 金瑞林主编:《环境与资源保护法学》,北京大学出版社2000年版,第90页。

务院成立环境保护领导小组,主管和协调全国环境工作,下设办公室负责日常工作。1982年,国务院成立城乡建设环境保护部,撤销国务院环境保护领导小组,城乡建设环境保护部下属的环保局为全国环境保护的主管机构。1984年,成立了国务院环境保护委员会,领导和组织协调全国的环境保护工作。城乡建设环境保护部下属的环保局改为国家环保局,同时也是国务院环境保护委员会的办事机构,负责全国环境保护的规划、协调、监督和指导工作。国务院有关部委设立了司局级的环境保护机构。1998年,国家环保局升格为部级的国家环境保护总局,撤销了国务院环境保护委员会。省、市各级政府建立了环境保护专门机构,工业较集中的县也设立了专门机构或由有关部门兼管。2008年进行的行政体制改革中,国家环境保护总局升格为国家环境保护部。2018年机构改革中组建了生态环境部。

这一环境管理体制被我国的《环境保护法》所确认。根据《环境保护法》的规定,[①]我国环境管理体制被概括为"统一监督管理与分级、分部门监督管理相结合"的体制。(1)统一监督管理。是指在各级政府的统一领导下,政府内部设立一个相对独立、专门的环境行政部门,对整个环境保护工作进行规划、协调,依法提出环境法规草案和制定行政规章,依法监督管理环境法律,法规、规章、规划、标准和

---

① 我国1989年《环境保护法》第7条规定:"国务院环境保护行政主管部门,对全国环境保护工作实施统一监督管理;县级以上地方人民政府环境保护行政主管部门,对本辖区的环境保护工作实施统一监督管理;国家海洋行政主管部门、港务监督、渔政渔港监督、军队环境保护部门和各级公安、交通、铁道、民航管理部门,依照有关法律的规定对环境污染防治实施监督管理;县级以上人民政府的土地、矿产、林业、农业、水利行政主管部门,依照有关法律的规定对资源的保护实施监督管理。"2015年修订后的《环境保护法》第10条规定:"县级以上人民政府有关部门和军队环境保护部门,依照有关法律的规定对资源保护和污染防治等环境保护工作实施监督管理。"

其他政策、规范性文件的实施。(2)部门分工监督管理。主要指有关部门依照法定的职责、权限对与其相关的环境保护工作进行具体监督管理。(3)分级监督管理。包括中央监督管理与地方分级监督管理,中央的监督管理,一是指国务院和国务院主管部门对环境监督管理的统一业务领导或指导,二是指中央级的环境监督管理部门主要进行全局性、长期性、间接性的宏观环境监督管理。地方分级监督管理,包括省(自治区、直辖市)级、市级、县级、乡级的监督管理,其中省级主要进行宏观环境监督管理,市级既有宏观环境监督管理又有微观环境监督管理,县乡级主要进行执行性的、直接性的微观环境监督管理。

我国环境管理体制的演进,大致可以看作是一个威权体制下的"科层制"制度运行模式。对应马克斯·韦伯的"科层官僚制"理论,[①]权力依职能和职位进行分工和分层,以规则为管理主体的组织体系和管理方式:它既是一种组织结构,又是一种管理方式。在环境领域,从社会学和管理学的角度,科层制是一种环境治理模式;从法学的角度理解,科层制可以被看是一种公共权力的分配与协调运行机制。就权力分配而言,科层制模式下的环境权力分配有其合理性。其一,环境是一个不可分割的整体,环境问题是一个全局性的问题,环境保护和管理具有综合性,决定了中央政府以统一领导者和宏观监管者的身份从实现整体环境利益的角度行使环境权力的必要性。其二,环境又是由不同环境要素和不同特点的区域环境组成的,不同区域的自然资源禀赋、经济社会发展水平、历史文化与传统习惯各不

[①] [德]马克斯·韦伯:《经济与历史:支配的类型》,康乐等译,广西师范大学出版社2004年版,第37页。

相同,又必然要求地方政府根据本行政区域的特点因地制宜地行使环境权力,满足区域性、地方性环境利益的需要。

当然,科层制模式下环境权力的分权与放权也存在种种不足,如中央政府层面统一的环境标准和环境司法等刚性制度可能会损及欠发达地区经济发展的正当性;地方政府则通过灵活性和操作性上的变通,影响国家环境法律的实施效果,这是一个逻辑上的悖论。如何协调中央政府与地方政府各自环境权力的合目的性? 笔者的观点是,在法治的框架内,路径有二:一是在利益兼顾、利益平衡的原则下,合理配置中央政府与地方政府的环境权力与经济权力,特别是减轻地方政府"一刀切"式的 GDP 指标压力,建立利益补偿机制,减少其对抗、变通国家环境法律的目的动机。二是在环境民主原则的指引下,建立多元主体共同参与的机制,以"环境权利"制约"环境权力"。

高效合理的政府机构设置和行政体制安排,有利于实现环境权力合理配置,促进环境多元治理机制的建立。习近平在十九大报告中开宗明义地指出,为适应新时代中国特色社会主义现代化,要进一步深化机构和行政体制改革,特别是要"统筹考虑各类机构设置,科学配置党政部门及内设机构权力、明确职责"。与此同时,"统筹使用各类编制资源,形成科学合理的管理体制,完善国家机构组织法。"此外,还需要"赋予省级及以下政府更多自主权。在省市县对职能相近的党政机关探索合并设立或合署办公。"这些思想反映了政府机构和行政体制改革未来发展的方向,并为生态环境管理体制改革指明了方向。①

---

① 习近平:《决胜全面建成小康社会,夺取新时代中国特色社会主义伟大胜利——在中国共产党第十九次全国代表大会上的报告》,新华网,2017 年 10 月 18 日。

三、从"第一代环境法"到"第二代环境法"

现代环境问题出现之前,人类社会就已经出现了局部性的环境问题,只是彼时的环境问题主要表现为局部性、个别性问题,并不足以成为影响全局的社会问题。传统的法律制度对这类问题的解决,主要是通过限制财产权行使的方式进行,并没有将环境管理上升为国家职能的高度。现代环境问题出现并日益严重之后,传统的法律制度已无力应对,世界各国普遍将环境公共事务的管理作为国家的一项基本职能,并通过法律制度加以确认。由此,以保护和调整环境利益为己任的新兴的环境法诞生,并蓬勃发展成为最具"革命性"的法律部门。

第一代环境法是针对环境污染和自然资源破坏问题而发展起来的,主要体现为污染防治法和自然资源保护法。环境法的产生背景,是传统法律特别是私法制度面对现代环境问题的不适应,因此从一开始就注重公法手段和公权力的配置,体现出强烈的命令管制型特征。1982年《宪法》第26条规定:"国家保护和改善生活环境和生态环境,防治污染和其他公害。"从根本法的层面确认了国家的环境保护职能。1979年试行、1989年修订后正式实施的《环境保护法》基本上是一部污染防治基本法,对国家环境管理体制、环境监管基本法律制度、企业的环境保护义务等做了明确规定,从法律层面确认了政府的环境公共权力。其他各污染防治单行法律、各自然资源保护单行法律也在各自的领域对环境权力进行了配置,主要涉及环境规范制定权、环境标准制定权、环境行政许可权、环境行政命令权、环境监督检查权、环境行政处罚权、环境纠纷处理权等。总体上看,第一代环境法主要是以环境权力为主导的"控制型"法。

随着现代经济社会的发展,环境问题开始向生态损害的复合性的发展,单纯针对环境资源要素或污染因子的单项性立法已不能适应解决环境问题的需要。生态恶化、生物多样性锐减、土地荒漠化、景观舒适度下降、环境风险等新型环境问题日益凸显,为应对新的问题,体现生态文明和可持续发展理念的生态保护立法得到较快发展,以"环境友好、资源节约"为特征的清洁生产、循环经济、节能减排、综合高效利用能源资源等方面综合性立法大量出现。有论者指出:"环境法的基本内容,在 20 世纪末开始发生变化,从侧重污染防治转向了生态保护,集中表现为保护生物多样性、湿地和土壤,其理念和方法也发生了很大变化,国外学者将其称为'第一代环境法'向'第二代环境法'的转变"。[1] 从环境治理的作用领域看,末端治理逐渐向全程治理转变;从法律的调整机制看,出现了命令管制、市场机制、公众参与等多元机制共同参与的环境治理格局;从权力与权利的法律调整手段看,从第一代环境法到第二代环境法,对环境权力的配置由单一的环境权力主导向环境权力与环境权利相互促进与合作方向转变。"反思并寻找一种全新的视角,转换旧有的治理范式,终结现代法律的自负。"[2]

---

[1] 谷德近:《环境法的复魅与祛魅——环境利益何以平衡》,载北大法宝网,http://vip.chinalawinfo.com/newlaw2002/SLC/SLC.asp? Db=art&Gid=335573011。

[2] [南非]科马克·卡利南:《地球正义宣言——荒野法》,郭武译,商务印书馆 2017 年版,第 193 页。

第三节　环境权力的法律配置

政府环境公共权力,指政府及其环境行政机关依法进行环境决策、执行环境法律、管理环境公共事务的行政权力,是一个与公民、企业和其他社会主体的"环境权利"相对应的范畴。现代以来,市民社会与政治国家的融合产生了所谓的公共领域,客观上需要国家的公共管理职能和公共事务管理权力以维护和促进公共利益,这不同于传统的国家统治职能和行政权。在环境保护领域,因不合理的开发利用超出环境的承载能力或大量排放污染物超出环境的自我净化能力,往往带来某一区域甚至全局性的环境问题,涉及一定范围内大多数人的利益,仅靠私人权利的制衡已无法全面解决问题,需要国家公共权力的介入。环境与资源的公共物品属性要求"必须通过政治过程而不是市场来安排公共利益的提供,"[1]由政府公权力机关进行环境公共管理和控制。因之,环境权力本质上属于政府对环境事务进行管理的公共权力。随着现代法治的发展,社会管理的创新,环境权力的行使主体,除政府及其负有环境监管职责的行政部门外,一些承担公共服务职能的非政府社会组织也逐渐发展成为重要的参与主体。环境权力的运行和目标实现,需要通过公权力主体行使环境权力和履行环境职责,以及公民和企业等管理相对人承担环境义务,来达到维护环境公共利益的目的。

环境权力的合理配置,即环境权力在不同权力主体之间的合理分配,包括环境权力在中央和地方各级政府之间的分配、在同级政府

---

[1]　[美]约翰·罗尔斯:《正义论》,何怀宏等译,中国社会科学出版社1988年版,第267页。

之间的分配、在政府内部各个部门之间的分配,以及在政府与非政府社会组织之间的分配等。按照权力法定原则,环境权力的合理配置是立法所要解决的问题,是环境权力规范运行的基础和前提。

一、环境公共利益增益最大化和减损最小化

从法益配置和实现的角度,环境权力是环境法法益的第二性配置手段,也是实现环境公共利益的主要路径。按照现代宪政原理,政府环境权力是为了实现环境公共利益目的而由人民让渡给政府来行使的,人民是一切权力的本源性主体,政府是权力的行使主体。应当以维护环境公共利益为限度。政府行使环境权力的基础是实现环境公共利益需要,权力行使的界限也应当以公共利益目的为限。政府以环境公共利益代表的身份行使环境权力,从事环境公共管理,维护环境公共利益,是其法定的职权和职责,也是其必须履行的法定环境义务。政府环境权力的正当性,不仅在于来源正当性,还在于目的正当性和手段正当性。从目的正当性判断,环境权力的行使应当以尽可能提供环境公共产品和公共服务、促进环境利益的增进,同时尽可能禁止或限制引起环境公共利益减损的各种污染破坏环境行为为目的;从手段正当性判断,政府采取各种环境公共管理的措施必须在法定权限范围内进行,环境权力既不能放弃行使,也不能越权行使。一方面,环境职权和职责既是政府环境公共权力的基本内容,也是政府必须履行的法定环境管理义务,放弃行使或怠于行使权力需要承担相应的"不作为"法律责任;另一方面,环境权力的行使不能超出环境公共利益的界限,应当与环境资源的公共性特征相适应,超出"环境公共利益"而以实现其他利益为目的行使环境权力,则属于超越法定

职权的行为,需要承担相应"滥作为"法律责任。

"环境公共利益"应如何认定？我们知道,环境利益中的生态利益是典型的公共利益,因此,对生态利益保护应当成为环境权力所要规范的主要对象。这里需要进而讨论的另一个问题是:"环境公共利益"的"公共性"应当如何界定,"公共"的界限在哪里？这是一个非常重要的问题。因为,公共利益还关涉到一个"区分性"问题,即不同的公共主体可能存在不同的利益诉求,利益的增进或减损对不同主体有不同的影响,笼统的不加区分的公共利益会掩盖这种差异性,导致实质上的不平等。

从全局角度看,同在一片蓝天下,环境公共利益的增进会带来整体环境质量的提高,其减损会带来整体环境质量的下降,环境公共利益的增进或减损最终会影响到全体国民的共同利益。此时,中央政府是环境公共利益的代表者,代表全体国家行使环境公共权力,中央政府的下属的地方各级政府在本行政区域内落实中央政府的环境决策,行使法定的地方环境权力,符合权力运行逻辑,符合环境公平正义的原则。但是,由于环境公共利益又具有"区分性"特征,基于不同区域的自然禀赋与人工创造的不同,不同群体、不同区域的环境公共利益所体现出来的"公共性"往往并不一致。比如,部分经济欠发达的地区追求发展性资源利益的动机要远远大于保护生态利益的动机,这与国家层面有关环境保护的法律和政策精神不完全吻合;反过来,国家对某些资源丰富地区的开发利用虽然满足了国民经济发展的需要,但可能会牺牲资源所在地"原住民"的利益或"地方性"利益;弱势族群在强势族群所谓"环境公共利益"话语的掩盖下可能会丧失更多增进福利的机会,造成新的不平等。这恰好是"环境正义"所要关注的问题。

因此，笔者认为，立法对不同主体的环境权力进行配置时，应当区分整体层面的环境公共利益、地方性的环境公共利益、不同群体的环境公共利益，并做出相应的利益平衡制度安排。笼统强调整体环境利益而漠视地方性、族群性环境公共利益既不符合环境正义的原则，也必然会导致环境权力的实践运行中遭遇消极抵制而降低其实施效果。可行的办法是，在局部利益服从全局利益的格局下，对因整体环境利益的促进增益、抑制减损而造成局部利益受损的地方和群体，应当建立相应的利益补偿机制，实现利益的协调平衡。当前，特别要处理好中央政府和地方政府各自所代表的公共利益关系，地方政府不仅是科层制模式下中央政府的下级组织，还是地方性、区域性公共利益的代表，有一定的区域代表性。通过利益补偿和平衡机制，实现中央政府和地方政府环境权力及其背后的环境公共利益的平衡。

二、环境权力配置的基本原则：权力法定

权力有其存在的正当性、合理性和合法性。对此，政治学、宪法与行政法学已经对其进行过深入的分析描述。"有权力就有腐败"的深刻洞见是历史经验反复验证的铁律。但是，权力本身并非万恶之源，对权力的高度警惕不是否定权力的正当性，而是通过制度设计让权力实现其正当目的。"把权力关进制度笼子"就是让权力良性运作，让权力回归其维护公共利益、增进人民福祉目的的制度路径。环境权力在本质上属于国家公权力，同样应当在制度的保障下实现其维护环境公共利益的目的。在现代法治社会，对环境权力最有力的制度规制，就是将其置于法律的规范之下，即环境权力法定原则。

首先，环境法律要以明确的规范，对各类环境权力主体所行使的环境职权和职责、范围和边界做出明示确认。行政权力的配置应当由法律来规定，其实质涉及政府公权力机关与公民、市场、社会之间的关系。法律所确认的具体环境和职责和范围，是权力主体行使环境权力的法定依据，是对权力进行制约的基础，也是判断权力行使合法性的依据。一项政府公共权力的行使如果没有法律上的依据，在司法判断上不得被视为有法律效力的行为，这是防止权力滥用危及公众合法权益的必要制度安排。

其次，环境法律在配置环境权力时，要确定明确的权力边界。一方面，要规定授权性条款即职权，对权力的内容做出明确规定，另一方面，要明示规定相应的限制性条款即职责。设定限制性条款的目的在于，对授权规范进行必要的限制，防止权力主体在行使环境权力时任意扩大自由裁量的范围，从而滥用权力。确定环境权力边界的标准，以实现权力主体所代表的环境公共利益最大化和减损最小化为原则，通过授权性条款和限制性条款的形式来体现，二者共同构成了环境权力的边界。

再次，立法在配置各类主体的环境权力时，要尽可能辐射到环境公共事务的各个领域，明确权力边界，既要尽可能避免出现权力的交叉重叠，又要尽可以减少出现权力真空或权力漏洞。前者可能会为部门"争权"留下隐患；后者则会造成环境管理实践中无法可依，不利于解决业已出现的环境问题，同时也会给权力的滥用埋下伏笔，并且这种滥用权力的行为将缺乏制裁的依据。

最后，立法应当对环境权力不作为、权力滥用或越权等各种权力不当行使行为规定相应的法律责任，对环境行政机关及其工作人员形成责任约束。法律责任是法律上的权利义务最终得以落实的保障,也是保证法律实施效果的最后屏障。有学者认为,"责任制度是对权力有效制约的机制之一"。① 政府环境法律责任对应环境权力中的义务性条款,即规定政府及环境行政机关"应当"、"必须"而行使的某项环境职责,应当有相应的法律责任条款作为保障。环境法律责任条款的设置对于保障政府及环境行政机关依法行使环境权力,履行环境职责具有重要意义。

"科学立法、严格执法、公正司法、全民守法"是十八大提出的新时期我国社会主义法治建设的总方针。其中,"权力法定"是科学立法的重要内涵。环境权力法定原则要求环境法律对环境权力主体的职权、职责、法律责任等做出立法上的明确的、全面的规定,这对立法提出了较高的要求。由于法律在穷尽社会现象方面的有限性、立法技术的限制、立法语言的明确性与模糊性等因素,环境权力法定原则可能会存在对权力规制的疏漏,这时候就需要运用另外的机制,如司法校正机制,从法律原则和法律精神出发做出司法判决,弥补权力失范。

三、环境权力的分工配合与相互制约

环境权力作用的领域是环境公共事务领域,具有广泛性、综合性、复杂性的特点,所有的环境公共事务无法由单一的环境行政主体来完成,而且,任何政府的职能都会存在一定的交叉,也无法把某一类环境权力交由某一行政主体单独完成。把每一种功能分派给一个分立的机构去行使是不可能的,这不仅是因为政府权力本身的类型

---

① 刘作翔:《廉政与权力制约的法律思考》,《法学研究》1991年第5期。

界分上难以做到精确划分,总会出现一些重叠和交叉的部分,对应在权力主体上也会出现部分的交叉和重叠,而且还因为随着行政体制的发展,政府的主要功能会趋向于分化出一些次要的和从属的功能,这些次要功能也不见得都要统合为一个权力主体来行使。因此,环境权力的行使必须由不同的行政职能部门对不同类型的环境权力既分工、又协作才能完成。从环境行政机关的纵向层级上,在单一制国家"科层制"的权力架构下,中央政府和地方政府的环境行政机关的环境权力分工,一般体现为在同级政府的统一领导下,中央政府环境行政机关对全国范围内的环境公共事务进行统一监督管理,地方政府环境行政机关对本行政区域内的环境公共事务进行监督管理。从政府内部各部门的横向层级上,环境保护、国土资源、工业、农业、水利、海洋、渔政、交通等部门行使的本部门相应公共权力都与环境公共事务有一定的联系,也就是说,政府各相关部门也都负有相应的环境公共管理职责。政府部门的环境权力分工,一般体现为在各自的职责范围内承担环境保护和自然资源开发利用的监督管理工作。

(一)环境权力的纵向配置:自上而下的层级化分配

马克斯·韦伯(Max Weber,1864—1920)建立在组织社会学基础上的"科层制"组织结构和管理模式中,权力分配与运行模式主要表现为以"分部—分权"为特征的层级节制的权力体系,权力依职能和职位进行分工和分层,以"集权—统一—指挥—服从"为运行规则。在科层制逻辑下,实现权力的层级化是前提,实现法律分权是保障。[1]

---

[1] 石佑启:《论法治视野下行政权力的合理配置》,《学术研究》2010年第7期。

权力的层级化,涉及中央政府和地方政府及其环境行政机关两个层面。关于中央与地方权力的划分,我国宪法确定的一般原则是:第一,以单一制为基础,以民族自治区和特别行政区为补充;第二,民主集中制,中央与地方国家机构职权的划分,遵循在中央的统一领导下,充分发挥地方的主动性、积极性的原则。[①]国务院统一领导全国各级国家行政机关的工作,规定中央和省、自治区、直辖市的国家职权的具体划分;县级以上人民政府管理本行政区域内的经济、教育、科学、文化、卫生、体育事业和财政、民政、公安、司法行政等行政工作。宪法和法律对中央与地方国家机关的权力划分,是基于多民族统一国家的基础之上的。我国地域辽阔,各地的经济社会发展水平和文化历史传统差异巨大,只能实行中央集权与地方分权的混合模式,对中央和地方国家机构的公共权力做出相对划分。王绍光认为,中央和地方权力划分应当遵循以下原则:"第一,提供公共物品和公共服务的权力尽可能下放给地方政府,中央政府只负责全国性公共物品和公共服务,省级政府负责省区性公共物品和公共服务,而初等教育、治安、公共交通、消防、环境保护尽可能由基层政府来承担。第二,当地方性公共物品和公共服务提供产生跨行政区域外部效应和规模经济效应,应由低一级政府将外部效应内部化,并充分实现规模经济效应。只有当地方政府无法实现这一目标时,才由中央政府来承担。第三,中央政府负责在全社会范围内调节收入和财富分配的功能,同时鼓励各地区承担本地区调节收入和财富分配等功能。第

---

① 除宪法规定外,《中华人民共和国地方组织法》列举了地方国家机构的基本职权;《民族区域自治法》列举了民族自治地方国家机构的基本职权;《中华人民共和国民族区域自治法》、《香港特别行政区基本法》、《澳门特别行政区基本法》分别列举了两个特别行政区国家机构的基本职权。

四,中央政府应承担全国范围内的政治稳定、社会稳定和经济稳定的职能,严禁地方政府干预或干扰中央财政政策和金融政策的实施。"[1]

按照上述中央和地方的分权原则,环境保护更多是由政府提供公共物品和公共服务,因此,在环境权力的配置上,只有涉及全国性公共物品和公共服务,或整体性环境公共事务的,由中央政府及其环境行政机关统一管辖;凡涉及地方性公共物品和公共服务或地方性环境公共事务的,应当由地方政府及其环境行政机关自主管辖;超出地方政府管辖范围而又不涉及全国性环境公共事务的,则以中央政府为主,中央政府与地方政府共同管辖。我国《环境保护法》对中央政府和地方政府及其环境行政机关的权限划分是:"国务院环境保护主管部门,对全国环境保护工作实施统一监督管理;县级以上地方人民政府环境保护主管部门,对本行政区域环境保护工作实施统一监督管理。地方各级人民政府应当对本行政区域的环境质量负责。"随着政府行政权力配置重心下移的发展趋势,直接面向社会公众的环境管理事务一般应下放给层级较低的地方政府,以保持与行政组织的"扁平化"设置相对应。这种以层级化为基础的权力划分需要通过法律的形式固定下来,形成一个有权威、有内聚力的环境权力制度体系。

(二)环境权力的横向配置:部门权力的分工

环境权力的横向配置,就是将环境权力在互不隶属的政府内部各部门之间进行分配。现代政府职能分工的精细化,环境问题的复

---

[1] 王绍光:《分权的底线》,中国计划出版社 1997 年版。转引自赵俊:《环境公共权力论》,法律出版社 2009 年版,第 105 页。

杂性,决定了环境权力不可能由政府某一个部门独立行使,必须在与环境资源公共管理和环境公共事务相关的部门之间进行合理分配,形成既分工又合作,既相互配合又相互制约的部门环境权力架构。我国《环境保护法》对政府内部行政机关环境权力的划分是:"县级以上地方人民政府环境保护主管部门,对本行政区域环境保护工作实施统一监督管理;县级以上人民政府有关部门和军队环境保护部门,依照有关法律的规定对资源保护和污染防治等环境保护工作实施监督管理。"①

从形式意义的角度,权力主体的合理设置是权力合理分配的基础。环境权力的横向配置需要解决好两个问题,一是权力主体相对分散带来政府环境权力整体效能的弱化问题。科层制组织模式下,部门权力分工是必要的,但是,如果机构设置上存在部门林立、职能交叉、多头管理等问题,无疑会降低环境权力的行使效率,为此,对政府行政机构设置首先要做到科学合理,尽量防止出现权力配置上的交叉重叠。我国政府推行的大部制改革就是克服这种弊端,在形式上对行政权力进行调整的表现。二是环境权力相对集中带来的"权力部门化"问题。部门行政权力相对集中,可以克服权力分割和交叉带来的权力运行低效的问题,但也可能会造成权力部门化的问题。因此,需要针对权力相对集中的行政部门,建立相应的责任机制、监督制约机制,做到权责相一致。

从实质意义的角度,权力类型的科学界分是权力合理配置的关

---

① 2014年修订前的《环境保护法》对部门环境管理权限和职责的划分采用列举式的规定。由于行政体制改革的推进,列举式规定不能保证权力主体的周延性,故修订后的《环境保护法》采用了抽象演绎式的规定。

键。环境权力分配的难点在于,需要对整体上环境权力做出相对明晰的分类并分配给不同的主体,这在界定上是非常困难的,因为环境问题经常是多种因素交织在一起的,对环境公共事务的治理往往需要采取综合性措施而不是"头痛医头,脚痛医脚"式的简单分工。但是,环境权力仍然可以做出相对的分类,按照环境公共管理的具体领域,可以界分为很多具体权力类型,如针对不同类型的自然资源使用的行政许可权、用途管制权、纠纷裁决权、违法处罚权,针对污染物排放的排污指标分配权、排污许可权、违法排污处罚权等。在立法层面的权力配置上,把不同类型的环境权力赋予承担相应职责的行政机关,为了防止出现权力的交叉重叠,需要对各部门行使的环境权力的边界进行立法上的划分,使各类环境权力在部门间既分工协作,又彼此制约。由于立法层面的权力分配的机械性,即环境权力的部门化分配并不能完全满足环境公共事务需要采取综合性手段的要求,因此,环境权力运行过程中,各部门之间的协调配合就显得尤为重要。

(三)环境权力分配多元合作格局的发展

现代国家功能的拓展孕育了庞大的公共权力。传统社会中,行政权力行使的目的主要是对社会进行管理控制;现代社会,随着利益诉求的多元化、公民权利意识的觉醒、社会管理机制的创新,行政权力的行使要求主动维护社会公共利益,为公众谋求福利,部分行政公共权力"归还"给社会,行政权力被赋予新的内涵,政府行政机关不再是行政权力的唯一主体,非政府社会组织也可以在某些领域承担提供公共产品和公共服务的职能,此种情形属于委托行使职权。

提供公共产品和公共服务,是政府合法性的逻辑起点。从经济学的角度分析,很多环境与自然资源要素属于典型的公共产品,即在消费上具有非竞争性和非排他性，这类公共产品和公共服务应当由政府来提供。随着市场力量的发展，环境保护领域一些准公共物品和公共服务由社会组织提供更符合经济学上的成本收益原则，则这部分环境权力应当分配给社会组织行使。一般而言，行政机关权限范围以外的公共产品与公共服务可以授权或委托非政府组织承担，形成与政府环境公共权力合作共治格局。非政府社会组织的权力配置同样需要以法律确权的形式，加以规范、控制和约束。

（四）环境权力的相互制约机制

以权力制约权力是现代法治的一大原则。环境权力的相互制约，首先体现在立法对不同行政主体的环境权力及其范围做出明确的规定，各行政主体依据法律的规定行使各自的环境权力，越界行使则构成越权，要受到监督权力的制约和司法的强制。其次，通过权力监督实现对环境权力的制约。对环境权力的监督制约，有权力体系内部监督和体系外部的监督两种方式。体系内部的监督制约，主要是环境管理上级机关对下级机关的监督，行政机关内部各部门之间的监督制约，部门自我监督等；体系外部的监督是一种广义的监督，包括立法机关监督、行政监督、舆论监督、公众监督等。再次，行政程序制度可以有效制约环境权力的行使。"人们在研究权力制约问题时，注意的焦点一般放在对权力制约的法理说明和分析论证上，而忽略对权力制约的程序性研究。事实上，权力制约必须注重程序化原则。忽略程序，制约就没有效力，也没有效率。"[1]环境权力的程序化制约，一是环境权力授予的程序化，即环境立法要符合立法程序；二

---

[1] 刘作翔：《法治社会中的权力和权利定位》，《法学研究》1996年第4期。

是环境权力运行的程序化,即滥用环境权力、越界行使环境权力等权力不当行使行为,进行权力监督和司法裁量时需要符合监督程序和司法程序,以避免制约的随意性。

第四节 环境权力的体系构造与运行

环境权力的体系构造,是指法律赋予政府及环境行政机关等权力主体依法行使的环境规划、决策、组织、管理、指挥、监督等各种权力所组成的有机体系。从权力实现的内部角度,环境权力既是权力主体的职权,又是其法定职责,具有明显的义务向度;从外部角度,环境权力对应着公民、企业及其他社会主体的环境义务。立法对环境权力的合理配置,是环境权力运行的基础,而环境权力的规范运行,则是维护环境公共利益,实现公民、企业及其他社会主体合法环境权利的保障。

一、环境权力体系构造

(一)环境规划与规范制定权

环境规划制定权。环境规划是政府为了实现环境与经济和社会协调发展,对环境资源保护与开发利用活动所做规划,是政府环境决策的在空间和时间上的具体安排,是环境与资源公共管理的重要手段。通过规划对环境资源的开发利用、保护恢复等活动进行预先安排,决定着环境与资源可利用总量,是政府对环境资源进行总量控制的基础。同时,环境规划也是环境目标管理的基础,是实行各项环境管理制度的前提和关键。环境规划的目的,在于对环境资源保护和开发利用活动进行指导,确定环境资源的用途与开发利用程度,通过设定污染物排放总量而约束排污行为,促进环境资源的合理开发利用,以最小的投资获取最佳的环境效益,促进环境、经济和社会的可持续发展。环境规划按照层次不同,可分为全国环境规划、地方环境规划、特定区域环境规划,由中央政府、地方政府及相关主管部门在各自的职权范围内依法定程序制定;按内容的不同,可分为综合性规划中的环境保护规划、自然资源开发利用与保护规划,以及各类环境保护专项规划、自然资源开发利用与保护专项规划。环境规划是环境权力的一项基本内容,具有法定性,必须依法行使而不得放弃,而且规划事项的确定必须有充分的法定依据。

环境规范是各种环境法律法规和规范性文件的统称。其中,立法机关制定法律法规的活动属于广义环境权力的范畴。狭义上的环境权力,即政府环境公共权力,是一种行政权。为执行环境法律法规、落实环境管理职权,维持良好的环境质量状况,促进环境资源的有效利用,政府及环境行政部门有依法制定有关环境行政法规、部门规章、地方政府环境规章,制定各类环境保护与自然资源规划的权力。

环境行政法规、部门规章和地方政府环境规章制定权。根据宪法和法律的授权,为执行法律法规、落实政府及环境管理机关的环境管理职权,中央政府有权制定环境行政法规,中央政府负有环境监督管理职责的部门有权制定环境部门规章,地方政府有权制定地方性环境规章。从立法学的角度来讲,此类规范属于授予权性立法,制定的目的是为了执行上位法的需要,或落实本区域、本部门环境管理职权的需要。

(二)环境标准制定权

环境标准是环境管理的技术手段,是进行环境质量评价的依据,也是环境立法的科学基础和环境法的重要组成部分。从权力运行的角度,制定环境标准是实施环境与资源公共管理的重要方式,是"管制之前提"和"直接具体危险抵抗措施采取之基准",也是环境资源总量核算的依据。从权利保障的角度,制定环境标准的基本目标,是维护适宜人类生存的自然环境质量,以保障人体健康。当下环境法学理论研究中,有人认为环境质量标准是判断环境权是否受到侵害的标准,实际上,环境权是"享有良好环境的权利",而现行环境法体系中的环境标准是最低限度的以保障人体健康为限度的标准,是判断环境侵权行为是否侵害了人的生命健康权的技术标准。至于侵害环境权的判断标准,应当以更高层次的"是否对良好环境品质造成损害"作为判断标准。笔者认为,环境标准应当随着经济社会发展水平的提高而不断提高,最终以实现维护良好环境质量为目标。我国环境法规定的环境标准制定权限是:国家环境标准由国家环境保护行政主管部门组织制定;地方环境标准由省级人民政府环境保护主管部门拟定,会同级标准化行政主管部门报省级人民政府批准发布,其实质制定权的主体是省级人民政府。国家和地方两个层级的环境标准的关系是:国家环境标准为主体、地方环境标准为补充;地方环境标准只限于两类,一是针对国家环境标准未做规定的项目制定地方环境质量标准和地方污染物排放标准,二是制定严于国家污染物排放标准的地方标准。各类环境标准需要根据不断发展的经济社会发展状况适时修订或废止。此外,环境标准还应当与环境规划制度、总量控制制度等制度相衔接。

(三)环境行政许可权

环境行政许可权,是政府环境行政主管机关根据企业、单位或个人的申请,经审查批准符合法定条件者从事某项须经行政许可的环境行政行为或取得从事某项环境行政行为的资格的权力。环境法上的权利类型,主要包括环境权、资源权和排污权几大类,其中,环境权是一项基本人权,是公民的基本权利,环境权的行使目的在于维护环境公共利益,并对政府环境公共权力形成监督制约力量,因而权利的实现无需政府的行政许可。在自然资源国家所有的前提下,资源权是合理开发利用环境与自然资源的权利,排污权是向环境合理排放污染物的权利,两类权利行使的目的在于实现环境资源的经济价值,权利行使不当可能会侵害环境公共利益,因而必须有环境权力的介入。环境行政许可是资源权、排污权取得和实现的前提,主要可以分为两类:一类是自然资源使用许可权。即针对自然资源使用申请,向符合法定条件的申请人颁发许可证,准许其开发利用特定的自然资源的权力。这类行政许可权一般和自然资源的国家所有权相联系,并且开发利用的强度不能造成对环境资源生态功能的破坏,一般是通过控制开发利用的数量、开发方式和时间等,实现环境资源经济效益和生态效益的统一。另一类是环境行为许可。即针对从事某种环境行为的申请,经审查,向符合法定条件的申请人颁发许可证,准许其从事特定环境行为的权力。在环境法中,该行为一般是向环境排放污染物的行为,环境行为许可一般是指排污许可。排污许可是在污染物总量控制目标的前提下,对可能污染环境的行为从排污主体、排污方式、排污种类和数量等方面进行限制,以防止造成环境污染。

(四)环境行政命令权

环境行政命令权,是环境行政管理主体依法要求相对人为或不为一定行为的权力,是针对特定对象和条件采取的具体、单方、直接发生法律效力的环境行政行为。环境行政命令权最主要的特征就是具有先定力,即依据环境行政管理主体的单方面的意思表示而具有约束力,管理相对人只有服从的义务。即使认为环境行政处理决定违法,也只能启动事后审查程序,而在此之前必须依行政处理决定为或不为一定的行为,否则将引起行政处罚或行政强制执行的后果。环境行政处理权具有较强的课处义务的特征,其主要表现形式,根据对相对人权利和义务的不同影响分为以下几种。其一,剥夺行政相对人某种权利或权能的决定,即环境行政主体有权依法剥夺它所赋予的相对人的某种权利或权能,如吊销营业执照。其二,设定义务的决定,即环境行政管理主体科以相对人原来所不承担的义务,包括作为的义务与不作为的义务,如责令改正或限期改正。科以义务的行政处理决定必须有法律依据才能做出。其三,免除义务的决定,是指环境行政管理主体对原应承担某种义务的相对人由于出现了某种情况而做出免除其义务的决定,如免除综合利用单位的纳税义务等。其四,确认相对人的法律地位或行为合法的决定,是指环境行政主体在相对人的法律地位或行为的合法性尚未获得认可的情况下做出的环境行政处理决定。

(五)环境监督检查权

环境监督检查权,是环境行政管理机关为了实现管理职能,依法对公民、法人或其他组织遵守环境法律法规的状况进行监督检查,以及对环境质量状况和自然资源保护状况进行监测评价的权力。环境监督检查是环境管理和环境执法的基本手段之一,主要包括如下几个方面的内容:第一,环境监测。环境行政管理机关为掌握企业和其他生产经营者排污的具体情况,了解一定区域内的环境质量状况,有权要求重点排污单位采取安装使用监测设备,保证监测设备正常运行,保存原始监测记录,并与主管部门联网等措施。环境监测结果是及时制止违法行为或对其进行处罚的依据。第二,现场检查。现场检查是我国环境管理的一项基本制度,是指环境行政管理机关的工作人员或执法人员有权直接现场进行,检查环境法的实施情况或环境行政处理决定、行政处罚决定的执行情况。第三,调阅资料。环境管理行政主体为了履行职责,有权调阅相对人有关环境保护的计划、报表、账册、设计任务书、报告书、报告表等资料,并要求相对人就有关资料进行说明。环境监督检查权的核心内容是获取相对人对环境管理制度的落实情况,并不直接改变管理相对人的财产权益。权力的行使需要相对人的配合,应当尽量避免对企业的正常生产经营活动带来影响,并依法对监督检查过程中获悉的相对人的生产经营状况、生产技术等资料保守秘密。对应环境监督检查权,企业和生产经营者有接受监督检查、提供相关信息的义务。

(六)环境行政处罚权

环境行政处罚权,是指环境行政管理主体为了处罚环境行政违法行为,有效实施环境管理,维护环境公共利益和保护他人合法权益的目的,依法对管理相对人违反环境管理法律法规但尚未构成犯罪的行为给予人身的、财产的或者其他形式的法律制裁的行为。环境行政处罚权是一项重要的环境权力,是维护环境管理秩序的重要手段。主要分为两种形式:一类是行政处罚,包括罚款、责令限期改正、限制生产停业整顿等。2014年修订的《环境保护法》针对企业守法成本高、违法成本低的问题,加大了处罚力度,规定了按日连续处罚制度。企业事业单位和其他生产经营者违法排放污染物,受到罚款处罚,被责令改正,拒不改正的,依法做出处罚决定的行政机关可以自责令改正之日的次日起,按照原处罚数额按日连续处罚,"上不封顶"。环保监管部门应当在送达责令改正违法行为决定书之日起30日内,以暗查方式组织复查,发现仍在继续违法排放污染物的,或拒绝、阻挠环保主管部门实施复查的,实施按日连续处罚。超过污染物排放标准或者超过重点污染物排放总量控制指标排放污染物的,可以责令其采取限制生产、停产整治等措施。超标排污情节严重的,环境保护主管部门报经有批准权的人民政府批准,责令停业、关闭。另一类是环境行政强制措施。行政强制措施涉及到对人身权利和财产权利的处分,必须要有明确的法律依据。《环境保护法》新增了几类环境行政强制措施,如违法排放污染物造成或者可能造成严重污染的,可以查封、扣押造成污染物排放的设施、设备;未取得排污许可证排放污染物,被责令停止排污,拒不执行的,或者通过暗管、渗井、渗坑、灌注排污的,或者篡改、伪造监测数据,或者不正常运行防治污染设施等逃避监管的方式违法排放污染物的,除依照有关法律法规予以处罚外,由县级以上环境监管部门将案件移送公安机关,对其直接负责的主管人员和其他直接责任人员,处以行政拘留等。

(七)环境纠纷调处权

环境纠纷调处权,是指环境行政机关依法对环境管理中的行政争议和确权纠纷进行调解、复议和仲裁的行政行为。环境与资源纠纷如果仅靠传统的司法程序解决,不仅诉讼时间长,耗费的时间精力大，而且由于环境问题的技术性和专门性，使得司法机关难以做出合理的判决。而环境行政主体处理一部分争议和纠纷，与司法机关相比，在环境行政活动方面条件优越，因而逐步发展成为解决环境争论和纠纷的有效途径，并以具专业技术性强、程序简便、解决迅速以及促进环境行政主体依法行使职权为特点而得到了迅速发展。处理环境与资源纠纷的方式主要有：第一，环境行政调解。环境行政调解是指由环境行政机关出面主持的，以环境行政法律规范为依据，以自愿为原则，通过说服教育的方法促使双方当事人互相谅解，达成协议，解决争议和纠纷的行政活动。第二，环境行政复议。环境行政复议是指环境行政机关在行使环境行政权的过程中与环境相对人发生争议时，根据环境相对人的申请，由该行政主体或其上级机关，对引起争论的行政行为进行复查的行政活动。第三，环境行政仲裁。环境行政仲裁是环境行政主体组织的特定机构以第三者身份对双方当事人之间的民事纠纷，按照仲裁程序做出公断的行政活动。第四，环境行政裁决。环境行政裁决是指环境行政主体以第三者身份对双方当事人之间的确权纠纷，按照行政程序做出决定的活动。如行政机关对土地、矿产、森林等资源所有权或者使用权归属的纠纷的决定。环境纠纷处理作为一种准司法活动，法律规定较为严格的程序。环境行政调解相对而言程序比较简便，它作为一种诉讼外调解不是仲裁或诉讼的必经程序。环境行政复议须依照《行政复议法》规定的程序进行，[1]环境行政仲裁则须依照《仲裁法》规定的程序进行。[2] 环境行

---

[1] 1999年制定、2017年修正的《行政复议法》规定的行政复议程序主要包括行政复议的申请、受理，以及行政复议决定的做出。
[2] 1994年制定的《仲裁法》规定的行政仲裁程序主要包括达成仲裁协议，仲裁申请和受理、仲裁庭的组成、开庭和裁决、仲裁执行等。

政裁决按行政裁决程序进行。

二、环境权力的运行原理

环境权力的合理配置,解决了环境权力在不同权力主体之间的分配,以及权力边界的划分等问题,但权力配置目标的实现,还有赖于环境权力的规范运行。权力配置是静态意义上的立法问题,权力运行则是动态意义上的执法问题。

环境权力的运行,要求各权力主体要严格依法行使权力,形成不同环境权力既分工配合,又彼此制约的权力运行机制。首先,承担环境公共事务的各权力主体要依法定职权行使各自的环境权力,不得越界行使;其次,环境权力的行使,要接受权力体系内部的监督,以及立法机关监督、司法机关监督、社会监督,对于权力主体不作为、慢作为、滥作为损害或可能损害环境公共利益和公众的合法环境权利的行为,公众得以其环境权利主张要求行政机关依法履行其环境职责。再次,建立环境权力主体之间的协调机制。鉴于环境权力配置的有限性,当立法层面对环境权力的配置不可避免地出现权力重叠、交叉甚至空白时,各相关行政部门要根据立法的原则和精神,以实现环境公共利益最大化和利益减损最小化为判断标准,建立相应的权力运行协调机制,减少权力博弈,增强协调配合,必要时提交上级政府协调,以权力的规范运行弥补权力配置的不足。

第五章　环境法法权的实然配置

在环境法的法权结构中，无论是环境权力，还是环境权利，都是构成现代环境法治运作的基本力量。二者既不是完全对立冲突的两极，也不是完全没有矛盾的协调统一体，而是既相适应又相冲突，既对立又统一的结构体。在当下中国的威权型体制下，国家环境管理职能的拓展，环境法律体系大量关于环境权力的规范，环境治理自上而下的实践，无不昭示着"环境权力"在环境法治运行中处于主导性、支配性地位，而"环境权利"则处于弱小的、被支配的地位，前者的强大对后者构成某种挤压，后者则处于先天发育不足、法律保障不力的境地。这一结论是从"环境权力—环境权利"二元体系的角度所做的整体判断；进一步分析，从环境权力的内外部均衡角度，在环境权力在与经济权力的博弈中，环境权力则处于法律配置不足、实践运行中被层层消解而出现的效力不足等问题；中央政府环境权力和地方政府环境权力的配置和实践博弈中，虽然法律规定了"统一监督管理与分级分部门监督管理相结合"的"分权式"管理体制与权力运行模式，但"统一性"和"灵活性"此消彼长的博弈减弱了或冲抵了环境法的实施效果；不同区域之间存在环境权力和义务失衡的现象。从环境权利的内外部均衡角度，环境权、资源权、排污权在法律配置上存在结构性失衡；资源权与环境权、排污权背后的生态利益存在冲突，经济利益往往被置于优先位置而生态利益则处于被侵害的境地。

上述几组非均衡性和冲突性,是环境法法权结构不完善、不协调的基本表征,也是环境问题和生态恶化的制度根源。现代环境法治建设的方向,应当改变这种不平衡、不对等的状态,使"环境权力—环境权利"二元体系内外部处于一种势能均衡的状态。

第一节 环境法体系与法权结构之检视

环境法的法权,即"环境权利—环境权力"这一对立统一体是环境法学的核心范畴;基于环境利益之上的环境权利、环境权力是环境法学领域最基本、最重要的"元概念";环境法律制度的设计无不是围绕不同主体"环境权利"及其展开和实现环节的"环境义务","环境权力"及其展开和实现环节的"环境职责"的配置而进行的。环境法法权结构的完善,对推动中国环境法治建设具有重要的理论和现实意义。那么,从环境法的实证层面分析,环境权力、环境权利的法律配置的实际情况如何?环境法法权结构的内在冲突和缺陷体现在哪里?完善的方向是什么?回答这些问题,首先需要关注中国环境法体系的发展。

一、系统论视角下环境法的体系

尼尔·麦考密克这样描述法律发展的动态性:"法律始终处于一个致力于解决新问题并试图将旧问题处理得更好的动态过程之中。"[①]在这个动态的过程之中,法体系内部的结构规范总是处于不断调整、完善

[①] [英]尼尔·麦考密克:《法律推理与法律理论》,姜峰译,法律出版社2005年版,第236页。

和优化之中。从系统论的视角出发,环境法的体系应当是一个内在统一的有机整体。在理念层面,应当有共同的法律概念、法律原则、法律价值、立法目的、法律原则等贯穿于环境法的各个领域、各个部分、各个要素之中,共同构成环境法体系的系统内在统一结构的基础。在制度层面,应当由效力层次不同的环境法规范所组成,在调整对象上由不同门类的环境法规范所组成的相互衔接、协调统一的有机整体。

从系统论的观点来看,世界上的任何事物都一个系统,从自然界中的一粒尘埃,到人类社会的政治法律制度,整个世界都是系统的集合体。系统论方法,简言之,就是要求把研究的对象当作一个有机系统,从整体主义视角出发,分析研究系统中的各要素之间、各要素与系统之间、系统的内部和外部的各种相互关系,从而把握系统的内外部关联性、运行的规律性,从而达到客观认识系统、有效改造系统的目的。系统论的观点为认识环境法律规范提供了很好的导引,由于环境法律体系中既涉及到民事法体系,又涉及到行政法体系,甚至刑事法体系;环境法律关系中既涉及到民事法律关系、行政法律关系,又涉及刑事法律关系;环境法制度既涉及平权主体之间的环境权利和环境义务,又涉及管控主体之间的环境权力和环境职责,如果将其作为一个"系统",对这一系统的关注和研究必须坚持系统论的观点,偏向系统中某一要素而忽视另外一种要素则无法全面认识到系统运行的客观规律,据此提出的系统改造方案也必然是片面的、不合规律的。

以系统论的方法为基础,对我国环境法体系进行客观分析、梳理和检视,发现其结构、要素、联系性等方面存在的问题,探求优化其法律规范建构的路径,是构建、完善环境法体系的基础。作为后起的部门法,中国的环境法体系目前仍处于不断发展完善中,按照不同层次环境法规范的效力层级,环境法体系结构通常从纵向上被划分为:宪法中关于环境保护的规范,环境基本法,环境与资源保护单行法律,环境与资源保护行政法规和部门规章,环境与资源保护地方环境与法规和规章几大门类;同时,其他部门法中有关环境保护的法律规范,我国参加的国际法中的环境法规范也通常被归入其中。这种分类实际上是一种立法体系上的分类,在理论上没有任何争议。其优点在于准确揭示了不同环境法规范之间的效力层级关系,其缺点在于不能准确揭示环境法的调整对象及内部分工配合关系。

以调整对象为标准从横向上进行的体系划分,更便于认识环境法律体系的逻辑构造和内在关系。由于环境法具有强烈的问题应对特征,环境问题的新发展,环境法调整对象和调整范围也因之具有"动态性"。因之,依据这一标准对环境法体系结构做出的划分在理论上尚未形成共识。传统的分类是:环境法体系包含了环境污染防治法、自然资源法、自然保护法(或生态保护法)。① 实际上,在生态危机和环境风险时代,作为最具"革命性"的部门法,环境法的体系一直处于不断发展、丰富和完善之中。比如,随着循环经济、低碳经济及应对气候变化、节能减排的法治推进,传统的分类法已经无法容纳上述新型法律,需要做出新的拓展。笔者认为,目前中国的环境资源法已形成了综合性环境保护法、环境污染防治法、自然资源法、生态保护法、资源循环利用法、能源与节能减排法、防灾防减灾法等六大门

---

① 这从目前国内不同版本的环境法教科书中,不难得到印证。其中,"二分法"将环境法的体系划分为污染防治法和自然保护法;或生态环境保护法和污染防治法;或防治污染法和自然资源保护法;"三分法"则认为环境法的体系应涵盖污染防治法、自然资源保护法、区域环境保护法和特殊环境保护法;或防治环境污染法、自然保护法和自然资源保护法。

类,以环境法律为主干,由环境法律、行政法规和规章,以及地方性法规所组成的多层次、体系较为完整的法律体系。

综合性环境保护法。规定环境法的立法目的、法律原则、国家环境政策、宏观监管体制、基本法律权利和义务、基本法律制度和法律责任等方面的综合性环境法律规范。我国《环境保护法》目前是环境保护领域的综合性、基础性立法。此外,规定某一项在环境保护领域内普遍适用的综合性基本法律制度、法律责任等方面的立法也应归入这一子体系,如环境影响评价法,以及学界讨论多年建议制定的生态环境损害责任法等。

环境污染防治法。针对各种污染因子和环境要素污染防治,以环境污染防治和公害控制、保护人体健康和生态环境为目的的环境法律规范。主要由水污染防治法、大气污染防治法、海洋环境保护、噪声污染防治、放射性污染防治、固体废物污染防治、土壤污染防治、有毒有害化学污染防治、电磁波污染防治、光污染防治等方面的法律规范所组成。

自然资源法。以合理开发利用自然资源,保护自然资源,促进自然资源的可持续利用与生态环境保护为目的的法律规范。我国对自然资源保护通常采取综合勘探、综合开发、综合利用、回收再用和开发替代资源以及对可更新资源实行营造养殖、适度开发的方法。[1] 涵盖了各种不同类型的自然资源,由土地、水、森林、草原、渔业、矿产资源、野生动物等方面的法律规范所组成。

生态保护法。以保护和增进生态系统的服务功能,提高环境质量,保护环境公共利益为目的的法律规范。主要包括生物多样性、湿

---

[1] 金瑞林:《环境与资源保护法学》,北京大学出版社2003年版,第295页。

地、自然保护区、风景名胜区、自然与文化遗产、自然景观,以及土地沙漠化防治、水土保持等方面的法律规范。

资源循环利用法。随着循环经济发展模式替代原有的粗放型经济发展模式,以减少废物的产生、加强资源的循环和再生使用的目的将有关的法律规范整合成了环境法的一个新的分支体系——资源循环利用法。主要包括清洁生产、循环经济等方面的法律规范。关于循环经济法的部门归属,学界有不同观点,主要分为经济法说、环境法说、综合法说、独立法律部门说等。笔者认为,循环经济是由"资源——产品——再生资源"所构成的、物质反复循环流动的经济发展模式,其基本特征是对资源的低开采、高利用、低排放,它以资源消耗减量化、再利用、资源化为原则指导人们的行为,以此节约和合理利用资源,最大限度地减少经济活动对环境的破坏,最终实现人类社会的可持续发展。无论从循环经济法的立法价值目标、调整对象,还是制度内容,均应属于环境法的范畴。其一,循环经济法的核心价值是"生态文明"或"生态和谐",其他如"环境安全"、"生态效益"等价值服务于核心价值,与环境法的核心价值趋于同一;其二,从调整对象看,循环经济活动中形成的各种社会关系,也就是人们在减少资源开发有效利用资源,保护和改善环境中形成的社会关系。这与环境法的调整对象并没有实质区别。其三,从制度内容看,循环经济法延用了环境法的大部分内容和制度,循环经济 3R 原则也已影响到了环境法,[1]是环境法

---

[1] 循环经济 3R 原则,是指减量化(reducing)、再利用(reusing)和再循环(recycling)三种原则的简称。其中减量化是指通过适当的方法和手段尽可能减少废弃物的产生和污染排放的过程,它是防止和减少污染最基础的途径;再利用是指尽可能多次以及尽可能多种方式地使用物品,以防止物品过早地成为垃圾;再循环是把废弃物品返回工厂,作为原材料融入到新产品生产之中。

内容变革和完善的方向。事实上二者在内容和特征上大部分重合,循环经济法与其他部门法的内容和特征上只有少量的交叉或非主要因素的重合。因此,循环经济法属于环境法的判断是更趋近于对其本质的认识。①

能源与节能减排法。以能源开发利用、节能减排、能源环境保护为目的的法律规范。能源是"燃料、流水、阳光、风等可通过适当设备变为人类所需能量的资源",属于自然资源,但又与传统的自然资源类型有所区别。主要包括节约能源、可再生能源、电力、煤炭、天然气等方面的法律规范。关于应对气候变化的立法模式及其部门法归属,学界及立法机关有不同认识。比如,有学者认为应将"应对气候变化"作为专章纳入《能源法》加以规制;②立法机关曾试图把"应对气候变化"纳入《大气污染防治法》加以规制;③有学者主张中国应当制定专门的《气候变化应对法》④。笔者认为,应对气候变化立法实质上是低碳减排立法,涉及环境立法体系中的多部法律,仅靠在某一部法律中加以全面规制难以达到立法目的。在制定专门的低碳减排法的同时,通过修改能源法、大气污染防治法、气象法等法律来减缓和适应气候变化,是未来的可选的路径。当然,应对气候变化还将涉及行政法、民法、国际法等其他部门法的通力配合,但从立法保护的法益、

---

① 黄锡生、史玉成:《中国环境法律体系的架构与完善》,《当代法学》2014 年第 1 期。
② 中国法学会能源法研究会:《加快〈能源法〉立法,应对气候变化座谈会》,http://www.energylaw.org.cn/html/new/2009/12/18/20091218143577705.html.
③ 中华人民共和国环境保护部:《中华人民共和国大气污染防治法》(修订草案送审稿)第六章。
④ 秦大河:《完善法律制度,应对气候变化》,《光明日报》2009 年 4 月 20 日;周宏春:《中国发展低碳经济的现实意义及政策建议》,《中国经济时报》2009 年 12 月 28 日。

调整手段等角度判断,节能减排与能源类法律应当属于环境法的体系。①

防灾减灾法。以预防、减轻自然灾害造成的社会经济损失和生态环境破坏为目的的法律规范,主要包括有关防洪减灾、防震减灾、气象、自然灾害预警等方面的法律规范。这类法律规范是否归入环境法体系,学界亦有不同认识。环境法所要关注的环境问题,包括环境污染和生态破坏,归根到底是人的行为引致的。理论上讲,因自然原因引发的原生环境问题,非人力所能为,具有不可预见性和不可控制性,因而最初并没有将其纳入环境法的调整范畴。但是,随着技术的进步和认识水平的提高,通过有效预警、适度干预等法律措施,可以尽可能地减少或避免自然灾害造成的社会经济损失和生态环境破坏。因之,针对原生环境问题而产生的防灾减灾专门立法就成为环境法体系的组成部分。

此外,由于环境法自身较强的综合性、交叉性的特点,其他部门法中有关环境保护的法律规范,如物权法中有关自然资源物权制度的内容,民法中有关环境污染侵权责任的内容,刑法中有关破坏环境资源保护犯罪的内容,也应当被看成是环境法体系的组成部分。

总体看,中国改革开放30年的进程中,环境法是发展最快的法律之一。这种迅速发展,一方面是中国环境问题的严重性和解决问题的迫切性的必然要求,另一方面也是国家法治推进的结果。目前,在中国特色社会主义法律体系中,环境法已初步形成一个多层效力

---

① 黄锡生、史玉成:《中国环境法律体系的架构与完善》,《当代法学》2014年第1期。

二、环境法体系构造之不足

当下中国的环境法体系仍处于不断发展完善之中。在理论界，除对循环经济法、气候变化应对法、防灾减灾法等法律规范的部门法归属存在争议之外，迄今仍有对环境法的独立部门法的地位表示质疑甚至不认可的观点。官方对部门法的分类就印证了这一点。比如，国务院新闻办公室于 2008 年发表《中国的法治建设》白皮书指出，中国的法律体系主要由七个法律部门构成，七个法律部门是：宪法及宪法相关法、民法商法、行政法、经济法、社会法、刑法、诉讼与非诉讼程序法。其中，环境法被列入"规范市场经济秩序的法律制度"一节，分属经济法和行政法领域。国务院新闻办公室 2011 年发表《中国特色社会主义法律体系》白皮书，再次确认了上述七个法律部门，并将环境污染防治法与生态保护法列入行政法，将自然资源法列入经济法。这一划分或出于从行政管理条块分割的角度，与学科发展并不完全一致：在法学的二级学科目录中，"环境与资源保护法学"已然成为一个独立的法学学科。

---

[1] 数据显示，我国现行有效的环境法律法规主要有：全国人大常委会制定了环境保护法律 10 部、自然资源保护法律 20 部；国务院制定了环境保护行政法规 25 部；地方人大和政府制定了地方性环境保护法规和规章 700 余部；国务院有关部门制定环境保护规章数百件，其中环境保护部的部门规章 69 件；国家还制定了 1000 余项环境标准。此外，刑法、侵权责任法设立专门章节，分别规定了"破坏环境资源保护罪"和"环境污染责任"。参见杨朝飞：《我国环境法律制度和环境保护若干问题》（十一届全国人大常委会专题讲座第 29 讲），来源于中国人大网 http://www.npc.gov.cn/npc/xinwen/2012—11/23/content_1743819.htm.

实际上,环境法经过几十年的快速发展,已形成自己独立的调整对象、调整方法和价值追求,已然成为一个独立的法律部门。环境法体系的发展,使得中国环境保护领域基本上实现了"有法可依"。上文对环境法体系的检视,是基于实然之上的应然分析。如果仅从实然的角度审视,环境法体系还存在诸多不完善的地方。

从环境法体系的实然架构出发,以系统论的视角审视,环境基本法地位不相称,法体系中各单行法的协调性与周延性不足,一些重要领域的立法缺失,部分法律规范互相割裂和冲突等问题是环境法体系结构最为明显的不足。

理论上讲,《中华人民共和国环境保护法》是中国的环境保护基本法,在环境法体系中居核心地位。然而,在2014年修订之前的数十年内,仅仅是以"环境污染防治基本法"的面目出现的,在实施中因被后起的单行法所架空,被实际搁置而被普遍指斥为"中国实施效果最差的法律"。2014修订后的《环境保护法》加强了对生态保护的规定,增加了生态保护红线、生态保护补偿、生态评估与监测、生态恢复与治理等方面的内容。但是,有关自然资源合理开发利用与保护的基本原则、基本制度,以及节能减排、循环经济方面的原则性规定,仍旧存在缺失或过于粗疏的情况。"排污权交易"实践中已大量开展,但《环境保护法》对"排污权"这一新型权利仍未做出规定。《环境保护法》被定位为"在环境保护领域具有综合性、基础性地位的法律",与理论上的"环境基本法"的定位尚有差距。

关于法体系的划分,目前在理论上尚未形成共识,除循环经济法、应对气候变化与低碳减排法等新兴法律存在部门法归属争议之外,对生态保护法、自然资源法等环境法子体系的划分上亦存在模糊认识。理论上的不成熟,难以支撑在实践中建立起具有内在逻辑、协调有序的环境法的部门法体系,也难保立法的协调性与周延性,部分法律规范存在互相割裂甚至冲突。一些重要领域的立法缺失,比如,在环境污染防治法中,土壤污染防治法多年缺位,①无法有效应对实践中业已出现的严峻的土壤污染问题。在生态保护法中,《环境保护法》修订之前,"湿地"这一重要的生态环境要素并没有进入"环境"的范围,相关立法滞后。生态补偿制度作为环境保护领域一项重要的法律制度,直到2014年修订的《环境保护法》中才做出原则性规定,但生态补偿的配套立法不能及时跟进,使得这一制度在很大程度上停留在政策协调和经济协调的层面,一些重要的生态利益保障制度,如生态利益的供给制度、公平分享制度、合理补偿制度没有完全建立,造成实践中生态利益供给不足、生态利益分配不公和生态利益补偿不足。比如,实践中出现了一批治理荒山、沙漠、发展生态产业、改善局部生态系统的生态服务功能的单位、组织和个人,却不能得到相应激励和补偿的案例。② 在能源与节能减排法中,讨论多年的对能源开发利用与保护进行规制的能源法迄今尚未出台。环境立法中为数不少的法律的"政策法"意味浓厚,比如,《清洁生产促进法》、《循环经济促进法》等法律中存在着大量的倡导性、鼓励性条款,约束力不足。

建立内在协调统一、和谐自洽的环境法律体系,需要以可持续发

---

① 目前,《中华人民共和国土壤污染防治法》已列入十三届全国人大常委会的立法规划,正在进行前期起草、论证等准备工作。
② 在前些年的新闻报道中,这类案例屡见诸媒体。一个经常被提到的案例是:在毛乌素沙漠边缘,陕北定边县农民石光银、靖边县农民牛玉琴和宁夏自治区盐池县农民白春兰等人,举全家之力坚持栽树治沙近20年,分别营造起大片生态效益明显的林地,构建起一道生态防风固沙的绿色屏障,为生态建设做出了巨大贡献。但是,生态林禁伐政策使"绿色银行"只能存不能取,他们都变成了欠债大户。

展理念和生态文明理念为指导，以宪法和环境基本法为依据，对环境法律体系内部各法律、法规、规章进行全面审视，及时做好相关法律法规的废改立工作。本文仅提出以下粗略的思路：第一，对原有计划经济时代制定的法律法规中没有涉及的领域，如运用市场机制解决环境问题的排污权交易制度、生态补偿制度等内容，应及时加以补充。第二，消除各单行法之间存在冲突的条款，保持法律体系的内在统一性、协调性、合理性。第三，增强法律的可操作性。对所谓的"环境政策法"进行改造，增强其执行力和可操作性。第四，对实践中急需而理论研究相对成熟的环境法律法规，如《生态环境损害责任法》、《生态补偿条例》等，应尽快进入立法轨道。

三、环境法体系中的法权配置

认识环境权力和环境权利，需要从上述环境法体系结构着手。从环境法法权的角度判断，整个环境法体系中的法律规范，无不是围绕平权主体的"环境权利"和"环境义务"，管控主体的"环境职权"和"环境职责"而展开的。

在环境法体系中，无论是综合性环境保护法，还是环境污染防治法、自然资源法，就行政监管主体而言，有关"环境职权"和"环境职责"的规范都远远多于相对人"环境权利"的规范，就相对人而言，其"环境义务"的规范远远多于"环境权利"的规范。这一特点，使环境法都表现出一种较为明显的"命令管制"特征，公权力色彩浓厚。

就"环境职权—环境职责"这一范畴进行分析，环境保护法、各环境污染防治法、自然资源法大多既重视对授权性规范即环境职权的设置,又重视对义务性规范即环境职责的设置。而且,很多职权同时也是职责,即大量的规范体现为"权义复合型"规范,并不存在突出的"重政府环境权力轻政府环境义务"的问题。

就"环境权利—环境义务"这一范畴进行分析,在环境保护法和环境污染防治法中,重"环境义务"轻"环境权利"现象比较明显。[1] 其中有限的环境权利条款,大多是针对公民、社会组织、企业等主体环境保护的参与性权利,包括环境知情权、参与权、监督权、举报权、社会组织提起公益诉讼的权利等,但实体性的"环境权"、合理利用环境资源容量的"排污权"尚未得到法律的明示确认。在自然资源法中,自然资源所有权、合理开发利用自然资源的"资源权"有较为充分的体现,涉及采矿权、取水权、海域使用权、捕捞权、养殖权、林权、草原放牧权、驯养繁殖权、狩猎权的规定。在配置这些权利的同时,也设定了大量的环境义务规范。

依据上述分析,笔者的看法是:当下中国的环境法,本质上仍然

---

[1] "权利性规范"在法律条文中主要以"有权"、"可以"等语式来表达,"义务性规范"则以"应当"、"不得"、"禁止"等语式来表达。比如,新修订的《环境保护法》对企业环境义务的规范主要有:应当清洁生产(第40条);应当防止污染和危害(第6条);应当接受现场检查(第24条),应当执行"三同时"制度(第41条);应当建立环境保护责任制度(第42条)、应当安装使用监测设备(第43条)、应当缴纳排污费(第43条)、应当按照排污许可证排污(第45条)、应当制定突发环境事件预案(第47条)、应当公开排污信息(第55条);不得未批先建(第19条);不得通过暗管等逃避监管的方式违法排污(第42条);不得生产、销售或者转移、使用严重污染环境的工艺、设备和产品(第46条);不得将不符合标准的污染物施入农田(第49条);不得生产、使用国家明令禁止生产、使用的农药(第63条);不得超标、超总量排放污染物(第44条);不得违法排放污染物(第59条)。对企业环境权利的规范主要有:可以享受财政支持、税收优惠和价格支持(第21条);可以享受政府采购的优先选择(第36条);有权向环境保护主管部门或者其他负有环境保护监督管理职责的部门举报,有权向其上级机关或者监察机关举报(第57条)等。

是"管理法"、"控权法",以对环境监管行政主体赋予环境职权和要求履行环境职责、适度控制环境权力、约束相对人履行环境义务为主要运行模式,学界多年来以"环境权利"为进路的研究并没有从根本上撼动这一格局。但是,公民、社会组织等主体的环境参与权、监督权、救济权得到了一定程度的体现,生产经营者合理开发利用环境资源的权利得到相对充分的法律保障,随着时间的推移,这一趋势在逐步加强。环境法的内容初步具备了某种"以权利制约权力"的特征,正在向"利益衡平法"的方向发展。现代环境管理的实践一再证明:在广泛而复杂的环境问题面前,仅有公权力机制不能完成对这些环境问题的全面控制或全过程控制。创新环境管理模式,政府环境权力退出市场机制能够发挥作用的领域,通过市场机制配置资源,以弥补命令控制型环境规制模式的不足;同时,赋予公民以"环境权",保障合理利用环境资源的"资源权"和"排污权",强化公众的程序性环境保护参与权进而达到环境保护目的,形成"命令控制—市场机制—公众参与"相互配合、相互补充、相互制约的环境保护格局,实现环境保护领域的多中心合作共治的模式,是当代环境法治的发展趋势。

下文将分别以"环境权利"和"环境权力"为核心,以"环境权利—环境义务"、"环境职权—环境职责"法律配置中及其运行中存在的问题进行定性分析,进而对环境法的法权结构的实然架构进行剖析。

第二节 环境权利的结构失衡与运行冲突

从我国环境法的实证规范考察,在环境法法权结构的二元关系中,"环境权利"规范在数量上远低于"环境权力"规范,显示出环境法较强的命令控制法色彩;同时,在平权主体的"环境权利—环境义务"这组对应关系中,"环境权利"规范远低于"环境义务"规范,显示出环境保护中权利和义务的不对等性。实际上,上述结论只是一种粗略的数量上的描述,对环境权利体系中的具体权利类型的法律配置进行深入分析,不难发现,环境法对环境权利的配置不仅存在数量上的不足,还存在结构上的失衡关系。此外,对环境权利运行的实践进行深入考察,也不难发现,不同类型的环境权利之间既和谐共生,也存在权利冲突现象。

一、环境权利配置上的结构失衡

环境权利从应然层面界分为环境权、资源权、排污权三类实体性权利,以及为保障环境权利的实现而设置的程序性权利。其中,环境权的客体是生态系统及其生态服务功能,是生态利益的权利化形态;资源权的客体是环境与自然资源要素,是资源利益的权利化形态;排污权的客体是环境资源容量及其生态系统的自我更新能力,是对环境利益(包括生态利益和资源利益)既保护又合理利用的权利化形态。三种权利类型中,环境权是以实现生态系统与自然资源的生态价值为目标的权利类型,资源权、排污权是以实现环境与自然资源的经济价值为目标的权利类型。三类权利互为边界,密切联系而彼此制约,共同构成环境法上的权利体系。从实证角度分析,法律对环境权利的实际配置情况,或者环境权利的法律调整效果如何?

（一）环境权尚未成为法定权利

多年来,环境法学界对环境权的研究成果可谓汗牛充栋,各种学术流派异彩纷呈。然而,这种理论上的"繁荣"并没有对立法产生实质性的影响。原因在于,理论层面对环境权的研究尚未形成共识性的主流意见,关于环境权的性质、内涵、权利构造、救济方式等基本权利要素存在较大争议,环境权与传统权利谱系中的人格权、健康权、财产权的关系并没有完全理顺;在实践层面,公民社会的发育水平的不足,威权体制下强大的行政公权力运行的逻辑惯性等因素,中国的社会公共治理领域并不习惯于以赋权方式让公众成为多中心治理的一极。因此,尽管对环境权立法的呼声很高,但这一权利目前仍停留在理论层面,也有论者将其归结为应然权利或习惯权利[①]。换句话说,环境权迄今并未得到法律的确认进而上升为法定权利。

环境权是建立在生态利益之上的权利。环境权虽然尚未成为法律上的实定权利,但环境法在很大程度上体现了对生态利益这一公共利益的保护。《环境保护法》的立法目的是:"保护和改善环境,防治污染和其他公害,保障公众健康,推进生态文明建设,促进经济社会可持续发展。"从利益保护的角度,这一立法目的所要保护的利益包含了生态利益和资源利益。"保护和改善环境,防治污染和其他公害"的目的,就是为了保护和增进生态利益,进而实现保障公众健康的目的;"推进生态文明建设,促进经济社会可持续发展"立法目的的背后,就是要实现生态利益和资源利益的平衡,实现人与人的和谐发展、人与自然的和谐发展。环境法规定的一系列制度,如生态保护补

[①] 谷德近:《论环境权的属性》,《南京社会科学》,2003年第3期。

偿制度、生态保护红线制度、生态恢复与治理制度等,无不体现了对生态利益的法律保护。尽管还存在制度设计上的不足,但生态利益已经在很大程度上上升为环境法的实定法益。

(二)资源权的法律配置不均衡

完整的自然资源权利,包括自然资源的所有权、占有权、使用权、处分权、收益权等权能。由于自然资源具有经济价值,人类社会的法律在很早就有以土地为中心的重要自然资源的权属制度的规范。我国法律对自然资源权利的配置,主要是通过宪法、民法、环境法等部门法体现的。其中,宪法规定自然资源所有权属于国家或集体,[①]这一规定是对自然资源进行合理开发利用和收益的权利依据。资源权,是指对自然资源非所有合理开发利用和收益的权利,这一权利的配置,主要是通过物权法和环境法来体现的。自然资源物权,即"权利人为满足其权益需要,对自然资源依法或依授权所享有的直接支配与排除妨碍的权利。"[②]《物权法》第三编"用益物权",第118条规定:"国家所有或者国家所有由集体使用以及法律规定属于集体所有的自然资源,单位、个人依法可以占有、使用和收益"。基于土地资源的土地承包经营权、建设用地使用权、宅基地使用权、地役权等用益物权是传统民法所关注的重要权利,《物权法》对此做出明确、周详的规定;此外,海域使用权、采矿权、取水权、养殖权、捕捞权都被列入用

---

① 我国《宪法》第9条规定:"矿藏、水流、森林、山岭、草原、荒地、滩涂等自然资源,都属于国家所有,即全民所有;由法律规定属于集体所有的森林和山岭、草原、荒地、滩涂除外。国家保障自然资源的合理利用,保护珍贵的动物和植物。禁止任何组织或者个人用任何手段侵占或者破坏自然资源。"
② 黄锡生:《自然资源物权法律制度研究》,重庆大学出版社,2012年版,第36页。

益物权的范围。[1] 在环境法体系中,我国《土地管理法》、《水法》、《森林法》、《矿产资源法》、《草原法》、《渔业法》、《野生动物保护法》分别对土地使用权、水权、林权、探矿权和采矿权、养殖权、捕捞权、放牧权、驯养繁殖权、狩猎权、采集权等具体的资源权利及其取得方式、管制措施等做出规定,既体现了对自然资源合理开发利用的法律保障,又通过环境权力的设置,划定了资源权的权利边界。总体上看,我国《物权法》对自然资源用益物权体系作了初步分类,并加以明示确认,环境单行法律也分别对资源权的具体权利进行了相应的配置。

由于自然资源物权的特殊性,《物权法》对自然资源物权的配置仍然不完备。其一,虽然《物权法》将自然资源权利分为所有权和用益物权,但是,这种分类的科学性仍未受到质疑,比如,用益物权是否能够涵盖对自然资源排他性利用的全部类型?其二,理论界对自然资源物权的属性有不同认识。例如,对采矿权的认识,一些学者的观点与《物权法》并不一致,认为该权利并不属于用益物权。还有的学者对自然资源"物"的属性提出疑问,或者提出自然资源物权体系是否应包含自然资源担保物权。[2] 其三,物权法对自然资源物权体系内部各"子权利"的列举也存在不周延性,逻辑关系存在模糊性。有学者指出,《物权法》通过列举方式确认的几种常见的自然资源用益物权没有涵盖林地使用权、草地使用权、狩猎权、航行权等实际上已经存在自然资源用益物权类型,应当通过司法解释对此做出准用解释,以解决生活中大量存在的自然资源用益物权的法律适用问题。[3] 其

---

[1] 《物权法》第122—123条规定:"依法取得的海域使用权受法律保护";"依法取得的探矿权、采矿权、取水权和使用水域、滩涂从事养殖、捕捞的权利受法律保护。"
[2] 黄锡生:《自然资源物权法律制度研究》,重庆大学出版社2012年版,第15页。
[3] 同上书,第132页。

四,环境法体系对资源权的配置是以与自然资源客体相对应的单行自然资源立法分别进行的,导致了各具体权利之间缺乏必要的整合,在逻辑关系上出现交叉重叠。此外,随着人类认识水平和开发利用能力的提高,自然资源类型的拓展,资源权的权利谱系中也可能会增加新的权利类型,对资源权的配置亦可能出现立法滞后的问题。

(三)排污权的法律保障不充分

排污权本质上是一种利用环境资源容量实现经济利益的财产性权利。在我国,有关排污权交易有政策试点已施行多年,实践中已出现了大量的排污权交易案例。在污染物许可证试点工作的基础上,自1994年起,原国家环保总局在包头、开远、柳州、太原、平顶山、贵阳六个城市开展的排污权交易试点;2002年,在山东、陕西、江苏、河南、上海、天津、柳州等七省市开展二氧化硫总量控制及排污权交易政策示范工作;从2007年起,排污权交易被列为国家拟重点推进的七类环境经济手段之一,作为总量控制目标下最具潜力的环境政策,排污权有偿取得和排污权交易项目成为国家环境经济政策试点项目的重要内容之一,此后,排污权交易试点区域及交易活动在中国遍地开花。在试点过程中,各地也出台了一批规范排污权交易的地方规范性文件。[1] 但是,在国家立法层面,"排污权"这一新的权利类型未得到法律的明示确认。

污染物总量控制制度、排污许可制度是"排污权"这一权利产生

---

[1] 这方面多以政府规范性文件的形式出现。比如:《浙江省排污权有偿使用的交易试点工作暂行办法》(2010年)、《湖北省主要污染物排污权交易办法》(2012年)、《重庆市主要污染物排放排污权交易管理办法》(2012年)、《江苏省二氧化硫排污权有偿使用和交易管理办法》(2013年)等。

和运行的基础。总量控制,是指根据一个地区、区域或流域的环境特点和环境自净能力,依据环境质量标准,将一定时期内污染排放的总量限制在环境容纳污染物的承载能力范围之内。排污许可,是以污染物排放总量为基础,由环境保护行政主管部门对企业排污的数量、种类、性质、去向、排放方式等实行审查许可,对符合条件的发放排污许可证。在2015年《大气污染防治法》修订前,我国环境法并没有明确规定排污权,但规定了污染物总量控制制度和排污许可制度,从行政管制的角度肯定了排污权。但是,总量控制和排污许可制度的设定,是出于权力运行的角度而不是从权利保障和实现的角度,两者在目的理念方面仍存在本质的差异。从权利理念出发,将排污权确认为法律上的实定权利,对于完善环境法法权结构,促进环境保护多元共治格局的形成,具有重要意义。

(四)程序性环境权利的法律配置

程序性环境权利,是为了保障实体性环境权利、促进政府正确决策、监督制约环境权力的良性运行而设置程序权利,主要包括环境知情权、环境参与权、环境监督权和环境救济追偿权等。2014年修订的《环境保护法》确认了公众参与是环境保护的一项基本原则,增加了"信息公开和公众参与",对公民、法人和其他组织享有的程序性环境权利做了原则性规定。其他环境单行法律、法规和规章对程序性环境权利也有相应的规定,如国家环境保护主管部门先后颁布《环境影响评价公众参与暂行办法》、《环境信息公开办法(试行)》、《企业事业单位环境信息公开办法》、《环境保护公众参与办法》等,对公众环境知情权、参与权、监督权的保障做出了较为细化的规定。此外,新修订的《环境保护法》确立了环境公益诉讼制度,被认为是中国环境法治最为重大的进步之一。按照环境保护法的规定,有权提起环境公益诉讼的主体被限定为符合一定条件的社会组织。[①] 关于检察机关提起环境公益诉讼,2015 年 7 月,十二届全国人大常委会第十五次会议表决通过《全国人民代表大会常务委员会关于授权最高人民检察院在部分地区开展公益诉讼试点工作的决定》,最高人民检察院发布《检察机关提起公益诉讼改革试点方案》,[②] 推进了检察机关提起公益诉讼的试点。2017 年 7 月,试点结束后,全国人大常委会修改了《民事诉讼法》《行政诉讼法》,从法律层面正式确立了检察机关提起公益诉讼制度。

程序性环境权利配置尚存在一些问题:一是理念偏差,如关于公众参与的规定,偏重于对环境污染和生态破坏发生后的参与,即末端参与,而"源头参与"的规定不明确。二是公众参与途径狭窄,环境信息披露程序仍有待完善等。三是对环境保护监管部门不依法履行职责的,公众监督仅限于"有权向其上级机关或者监察机关举报",而实际监督作用有限。四是传统上对生态环境损害救济限于民事主体人身、财产遭受环境侵害后的民事侵权救济,生态环境本身损害的救济目前仅处于试点阶段。

综上,我国环境法中的权利体系存在着结构性失衡。作为环境权利体系中具有基础性地位的环境权迄今未能上升为法律的实定权

---

① 《环境保护法》第 58 条规定:对污染环境、破坏生态、损害社会公共利益的行为,符合下列条件的社会组织可以向人民法院提起诉讼:(一)依法在设区的市级以上人民政府民政部门登记;(二)专门从事环境保护公益活动连续五年以上且无违法记录。符合前款规定的社会组织向人民法院提起诉讼,人民法院应当依法受理。提起诉讼的社会组织不得通过诉讼牟取经济利益。
② 根据试点方案,确定地北京、内蒙古、吉林、江苏、安徽、福建、山东、湖北、广东、贵州、云南、陕西、甘肃 13 个省、自治区、直辖市的检察院开展改革试点,试点期限为二年。

利、资源权、排污权以及作为环境权利保障的程序性权利也或多或少地存在配置不充分的问题。环境权利还不能完全成为监督、制约环境权力的抗衡性力量。

二、环境权利的运行冲突

权利冲突是在法理学领域备受关注的一个重要问题。一般认为,权利冲突是指发生在两个或两个以上的正当权利之间的冲突。但是,对于正当权利是法定权利,还是推定的道德权利或自然权利,则存在不同认识。A.J.M.米尔恩教授认为,权利冲突是道德权利的冲突,法定权利不可能冲突,因为实在法不允许它们之间发生冲突。[1] 刘作翔则认为,"从发生学和现象学的角度看,权利冲突即法定权利的冲突,推定权利、道德权利也可能会发生权利冲突的问题;在非法律领域,推定权利、道德权利的权利冲突有着重要的理论分析意义和实践意义,也有可能对立法产生影响;但在法律领域,特别是诉讼领域,推定权利、道德权利的权利冲突则不具有实质性意义,因为法庭不可能根据一种道德诉求对案件做出裁判,因此,权利冲突是指法定权利之间的冲突。"[2] 即实证法意义上的权利冲突应当限定为法定权利之间的冲突。

关于法定权利之间的冲突,有学者认为这是一个虚假的命题。因为,从理论上推演,法律上的每一项权利都有其行使的边界,也都

---

[1] [英]A.J.M.米尔恩:《人的权利与人的多样性——人权哲学》,中国大百科全书出版社1995年版,第148页。
[2] 刘作翔:《权利冲突的几个理论问题》,《中国法学》2002年第2期。

有对应的义务；只要恪守权利边界，履行法定义务，就不会发生权利之间的冲突。但是，理论上的逻辑自洽只是一种理想化的预设，实践中，还是存在大量的权利冲突现象。主要原因在于：其一，由于立法技术的局限性、立法语言的模糊性，对每一项权利的边界做出精准的界分存在困难，总会存在一些模糊和交叉的领域。其二，法律上的权利内涵会随着时代的发展而发生变化，比如，早期的自然资源使用权的内容，主要是以土地为中心的自然资源使用权，但随着人类对开发能力的增强，海域使用权、环境容量使用权等一些新的自然资源使用权类型逐渐进入自然资源使用权体系，使得这一权利的内容发生变化。权利内涵的变化要求立法对权利边界的划分随时做出调整，但立法的相对滞后性往往又不能及时满足这一要求。其三，法理上的解释可以弥补立法技术和立法语言的局限带来的权利边界模糊问题，但这属于法律适用层面的问题，而不是立法本身所能解决的问题。

环境权利的运行冲突，主要是环境权、排污权和资源权之间的冲突。在我国，环境权尚未成为法律上的实定权利，而是以法益的形式即环境法所保护的环境公共利益的形式出现；排污权在法律上得到有限的确认；资源权在民法和环境法中有较为充分的体现。环境权利的运行冲突主要体现在以下几个方面。

第一，资源权与环境公共利益的冲突。自然资源使用权的行使，应当受到环境行政权力的限制，二者共同构成"资源权"的内容。也就是说，自然资源权的行使边界，以不损害环境公共利益（生态利益）为界限，否则就要受到环境行政权力的制约。但是，对自然资源的开发利用行为客观上会导致环境与资源承载能力下降、环境质量退化，进而影响环境公共利益。从利益分析的角度，两者的冲突实质上是生态利益和资源利益冲突。环境权的缺位，使得公众缺乏对环境公共利益的权利主张而只能依赖行政公权力发挥作用，当"维护环境公共利益"的公权力机制出现目标偏差时，就加剧了这种冲突的程度。

第二，排污权与环境公共利益的冲突。向环境中排放不超过允许总量的污染物和废弃物，是排污权正当行使的必然后果。排污权的行使应当以不损害环境公共利益为界限，要受到污染物排放总量制度、排污许可制度等环境管理制度的制约。同样，利用环境容量排放污染物会导致环境质量下降，而环境权的缺位，环境行政权力的有限性，会使这种冲突更容易导致对环境公共利益的侵害。

第三，资源权与排污权的冲突。将排污权从资源权体系中分割出来，使之成为与资源权相并的权利类型，一个重要的原因就是两类权利存在冲突的可能性。向环境排放污染物，不仅会导致环境质量下降，与生态性环境公共利益发生冲突，还可能影响对环境资源载体的有效利用，与经济性资源利益发生冲突。后者正是排污权与资源权冲突的表现。比如，向土壤排放污染物，会影响对土地使用权、收益权权能的实现；向水体排放污染物，会影响对水体的使用和收益权权能的实现等。

解决环境权利的运行冲突，从根本上讲，需要在立法上确认环境权、排污权、资源权各自的法定权利地位，严格划分权利的边界。为弥补立法的局限性，还应当通过司法层面的利益衡量，通过法理解释，确认需要优先保护的利益，或对相互冲突的利益进行综合兼顾，以消解环境权利之间的冲突。

第三节　环境权力配置的非均衡性与运行冲突

中国的环境法在调整对象和内容上，目前正处于从"第一代环境法"向"第二代环境法"发展的阶段，环境保护的领域，正在由传统的重视"环境污染防治"发展到"污染防治和生态建设并重"，并将进一步跨越库兹涅茨曲线的"拐点"，[1]进入"重视生态恢复和建设时代"。在环境保护的手段和方式方面，市场机制尚未完全建立，公众环境保护赋权不足且参与程度弱，环境法没有从根本上改变以环境权力为主导的"命令控制"特征，环境法体系中存在着大量的环境权力规范。然而，由于权力配置中存在的制度性问题及运行过程中的出现的冲突，使得环境权力的合法性面临危机。

一、环境权力配置上的非均衡性

中国的环境管理体制是由国务院统一领导下各部门、各地方按照行业和级别分工负责的体制。国务院环境保护行政主管部门对全国环境保护实施统一监督管理，国家海洋行政主管部门、港务监督、渔政渔港监督、军队环境保护部门和各级公安、交通、铁道路、民航管理部门，依照有关法律的规定对环境污染防治实施监督管理。县级以上人民政府的土地、矿业、林业、农业、水利行政主管部门，依照有关法律的规定对自然资源的保护实施监督管理。这种"科层官僚制"

---

[1] 黄晓勇：《中国有望迎来环境库兹涅茨曲线拐点》，人民网 http://env.people.com.cn/n/2015/1201/c1010—27876886.html，2015 年 12 月 01 日。

管理模式有其合理性,但也存在诸多不足。有学者分析了我国威权体制之下的环境治理模式,认为当下环境治理模式的困境主要有:(1)地方治权的"以权代法"使得国家环境法与地方行政权力陷入"权法矛盾"困境,前者被后者所隐匿、遮蔽。(2)环境治理中的"不出事逻辑"规避了"经济利益"与"环境利益"之间冲突的发生机制,环境保护运动式执法成为地方政府回应公众环境权诉求的主要方式。(3)环境法自上而下输入的过程被自下而上的"变通"所"悬置"。(4)利益合谋和利益俘获。由于缺乏公众参与的制衡,地方政府及其官员极易被特殊利益集团通过游说、引诱、收买等方式所"俘获",进而影响环境决策、环境立法和环境执法。(5)环境保护非政府组织缺乏法律地位和话语权,难以有效发挥作用。①

笔者认为,从另外一个角度思考,上述问题可以看着是环境权力配置和运行的问题。从公共权力配置的外部角度,同为政府公共权力,经济权力与环境权力的配置存在非均衡性,经济权力过于强大而环境权力相对有限;从环境权力配置的内部角度,中央政府与地方政府的环境权力配置失衡、地方政府环境权力与环境义务失衡等问题,是当下环境法治建设中存在的突出的制度性问题。

(一)经济权力与环境权力配置上的非均衡性

权力具有与生俱来的强烈的自我扩张性,这是被无数经验所证明的颠扑不破的真理。② 无论是政治学意义上的统治型权力,还是法

---

① 杜辉:《论制度逻辑框架下环境治理模式之转换》,《法商研究》2013年第1期。
② 法国启蒙思想家孟德斯鸠说过:"一切有权力的人都容易滥用权力,这是一条万古不变的经验;有权力的人直到把权力用到极限方可休止。"参见孟德斯鸠:《论法的精神》,张雁深译,商务印书馆2002年版,第154页。

学意义是的公共权力,都具有这一特质。人类社会政治发展史上,在品尝了权力滥用的可怕后果之后,人们始终对权力怀抱高度警戒之心。通过以权力制约权力、以法律制约权力、以权利制约权力等多种机制,把权力的行使控制在合理的边界之内,是现代法治所秉持的基本原则。

中国是一个传统的"大政府、小社会"的权力格局,相对于公民权利和社会权利的发育迟滞,以政府为主的公权力主体拥有强大的权力资源。尽管在多年的政府体制改革进程中,通过减少行政审批事项、规范行政审批程序、推行权力清单等改革措施,着力推动"有限政府"建设,但从整体上判断,政府公共权力过于强大、公民权利相对弱小仍是不争的事实。环境权力的配置也是如此,中国的环境法律体系在根本上仍然是以"命令控制"为特征的,环境权力在环境管理运行的实践中占据着主导地位,公众参与程度低;缺乏公众监督的环境权力在行使过程中的不作为、滥作为,以及选择性执法等现象,都是导致环境治理效果差强人意的根源。正是出于对权力扩张性的天然戒惧,单纯把环境治理的目标和任务付诸环境管理机关,或者试图赋予环境管理机关更多监管权力的做法,往往会引起人们深深的忧虑。有人认为,当下环境恶化的根源,不是公权力的无能而恰恰是公权力专断的结果,一些地方政府在环境权力行使过程中的自负和恣意,以牺牲生态环境为代价谋取政绩指标的短视做法,对今天的环境恶化负有不可推卸的责任。把治理环境问题的希望寄托于环境权力的强硬,实际上是"寄希望于狼为自己寻找丢失的羊"。

现实情况真的是这样?环境权力是否真正强大、恣意到成为导致环境恶化的罪魁祸首?笔者认为,上述观点更多的是一种理论推演,在实践层面至少有以偏概全之嫌,并没有关注到环境管理机关公权力配置和行使的现实情况。一个不容忽视的事实是:政府公共权力整体的强大并不意味着涵盖其中的环境权力也同样强大。笔者认为，当下环境问题的制度根源，不仅在于环境权力的行使过程中的不作为、滥作为，还在于环境权力自身的法律配置不足。这是一个表面看似矛盾的悖论，实际反映了环境权力与其他类型的公共权力特别是经济权力博弈的真实状况。虽然，中国的环境法从一开始就是以命令管制法的面目出现的，但是，在与经济权力的博弈中，环境权力从一开始就存在先天不足的情况，至少在环境管理的某些领域是如此。

首先，从环境权力的行使主体分析，中国的环境管理体制在横向上是一种综合监督管理与分部门监督管理相结合的体制，环境保护行政主管部门负责环境保护的综合监督，其他负有环境监管职责的部门对各自范围内的环境保护工作负有监督管理职责。从历史上考察，国务院环境保护主管部门长期从属于经济发展部门，在历次国务院机构改革中，从原隶属的经济发展部门中独立出来，先后组建为国家环境保护总局、国家环境保护局、国家环境保护部。成为国务院的正式组成部门后，环境保护部实际上仍是一个相对弱势的部门，其权力配置无法与国务院其他部门特别是经济发展部门相抗衡。各级基层环境保护部门面临的情况同样如此，行使的环境权力有限，甚至长期不被赋予执法部门的主体资格。其他负有环境监管职责的部门，特别是自然资源保护监管部门，因部门本位之故，其行使环境权力往往要与本部门行使的其他权力特别是经济权力相平衡，甚至与环境保护部门的环境权力形成相互掣肘的关系。"在中国政府推进型市场经济建设中，政府经济权力异常强大和活跃。这种活跃既表现在政府经济权力相对于市场主体权利的强势，也表现在对社会经济生活干预的全面性。"[①]在这种权力格局

---

① 冯果:《宪法秩序下的经济法法权结构探究》,《甘肃社会科学》2008 年第 4 期。

下,环境权力难言"强大"。其次,从环境立法的过程分析,中国的环境立法中存在大量的授权性立法,即由全国人大授权国务院及其部委根据宪法和法律的授权规定,制定行政法规和规章。就全国人大常委会有关环境立法的情况看,由于环境立法的专业性较强,相当一部分立法是先由国务院相关行政主管部门起草,再由全国人大常委会审议通过。在这一过程中,部门本位利益,即本部门所行使的那一部分公共权力会被"夹带"进入立法文本,"法律部门化"的后果,造成环境权力被经济权力等其他权力所挤压,或被人为分割而出现"碎片化"现象。

其次,从环境权力的内容分析,一方面存在政府公共权力过于强大,公民环境权利受到挤压,权力行使不当侵害公民和企业合法环境权益的情况;另一方面也存在环境权力配置不足、难以实现环境管理和环境执法目标的情况。以环境部门对违法排污企业的罚款处罚为例:在《环境保护法》修订前的多年中,根据《水污染防治法实施细则》《大气污染防治法》《环境影响评价法》的相关规定,环保部门对违法排污造成重大水污染事故的企业的罚款上限是 100 万元;[①]对造

[①] 一个经常被援引的案例是:2005 年 11 月 13 日,中石油吉林石化分公司双苯厂一车间发生爆炸,约 100 吨苯类物质倾泻入松花江中,造成长达 135 公里的污染带,沿岸数百万居民的生活受到影响,这一事件在国内外引起巨大震动。国务院调查组事后调查认定,这是一起特大安全生产责任事故和特别重大水污染责任事件,一批责任人被行政问责。此外,环保部门对中石油公司处以 100 万元罚款,中石油公司另外向吉林省政府"捐助"500万元,支援松花江污染防控工作。为什么只有 100 万元罚款? 是因为按照当时的环保法律,对造成重大水污染事故的单位最高只能处以 100 万元的罚款,这个罚款数额已经是顶破天了。2011 年 6 月 1 日,国家环保部官方网站透露,松花江污染事件发生 5 年来,国家已为松花江流域水污染防治累计投入治污资金 78.4 亿元。此消息一出,再次引起公众质疑:中石油造成的污染事故,防治数目如此之大,却为何让国家和纳税人来买单? 与违法行为造成的损害后果相比,这样的处罚力度对违法企业基本上构不成威慑力。这一事件的处理,暴露出环境法中环境权力配置不足的问题。

成大气污染事故的罚款上限为50万元;对违反环评法"未批先建的"的罚款上限为20万元,且对一个违法行为只能处罚一次。这样的处罚力度对排污企业基本上构不成威慑力,造成企业"违法成本高、守法成本低"的怪象。实施多年的限期治理制度,法律并没有将这一制度的决定权赋予环保部门,而有决定权的政府出于经济发展指标抑或保障就业、社会稳定等诸多目标的综合考虑,并不一定以保护环境公共利益为目标而对违法企业做出处罚决定。还有,原《环境保护法》未赋予环境保护主管部门行政强制权。上述规定实际上反映了环境法中的环境权力配置不足的问题。环保执法的软弱,致使许多环境违法行为不能及时制止,违法案件久拖不决甚至不了了之,既给环境与生态带来损害与破坏,也损害了环境执法的权威性和严肃性。面对严峻的环境形势以及在环境执法中的种种困难,各级环境保护主管部门强烈要求赋予其行政强制权,环境科学、环境法学专家及社会公众也呼吁在环境保护法中规定行政强制的内容。2014年修订的《环境保护法》将查封、扣押两种形式的行政强制措施权直接授予县级以上人民政府环境保护主管部门和其他负有环境保护监督管理职责的部门,为解决环保执法难的问题提供了制度保障。此外,新法还规定了按日连续处罚上不封顶、限产停产,直至对污染责任人移送公安机关行政拘留等行政处罚措施,在法律上实现了对环境权力的"扩张"。这一扩张态势是有必要的,是对环境权力配置不足的弥补和修正。当然,政府环境管理部门环境权力的行使,应当遵循"法无明文规定(授权),不得行之"的原则,权力的行使必须严格按照法定程序,防止对公众的正当的环境权、资源权、排污权及公共环境利益造成侵害。

因之,对环境权力的配置和行使应当做辩证看待、具体分析。一方面，要看到环境权力的配置和运行不当不但会对公众的合法环境权益造成侵害，而且无助于高效解决业已出现的环境问题；另一方面，要认识到经济权力和环境权力的非均衡配置是导致环境问题的制度根源之一，一味地要求对环境权力进行制约、限制甚至是做"减法"，其实是搞错了对象——需要限制的是经济权力，而环境权力恰恰是需要适度扩张以形成抗衡经济权力的重要力量。唯有如此，才能达到保护环境、维护公共环境利益的目标。

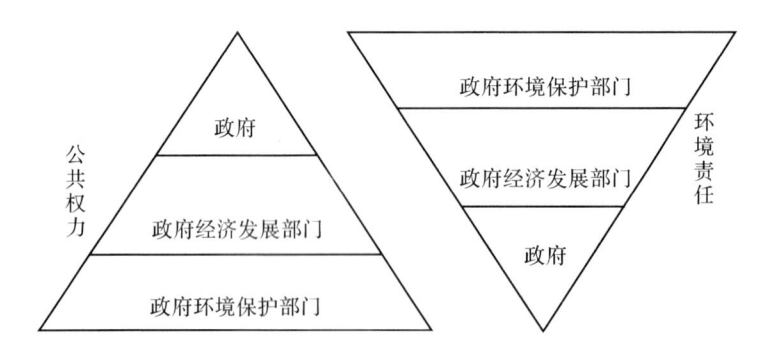

图 5.1　环境公共权力与环境责任的实然关系

（二）中央与地方环境权力配置上的非均衡性

我国宪法和法律中关于中央政府与地方政府纵向上的权力配置，呈现出一种明显的"同质化"特征，即中央政府权力和地方政府除了权力行使的范围（即行政区域）不同外，在权力种类和特质上具有高度同一性。根据《宪法》第 89 条、《地方各级人民代表大会和地方各级人民政府组织法》第 59 条、第 61 条有关中央政府、县级以上地方政府和乡镇人民政府权力配置的规定，除少数几项权力外，国务院、县级以上人民政府、乡镇人民政府的行政权力呈现出上下对应的特征。而且，"执行上级国家行政机关的决定和命令"是下级人民政府的基本职责和义务。在环境权力的配置上也是如此。

从经济学的角度,环境保护更多是由政府提供公共物品和公共服务,更适合由地方政府来提供。从法学的角度,应当赋予地方政府以相应的环境权力。我国法律对地方政府环境管理职责和环境权力的相关规定多限于原则性规定,如《环境保护法》第6条规定:地方各级人民政府对本行政区域内的环境质量负责。《环境保护法》与其他环境保护单行法律法规也对地方政府的具体环境管理职责做出了统一的、一般性的规定。国家环境立法、环境标准为环境保护确立了统一的制度和标准,但由于环境问题的复杂性和较强的地域性,地方政府在行使环境职权和职责时必须符合本地具体情况,也就是说,国家环境法律制度和国家环境标准的贯彻落实,还应当结合各地实际情况,适应各地的环境差异性,地方性立法则是满足这种差异性的制度进路。我国宪法和地方政府组织法中对权力配置的对应关系(或同质性)符合"科层制"组织结构和管理方式的基本特征,从职能要求而言,中央政府是国家整体利益的代表,地方政府应当服从中央政府的领导,下级政府应当服从上级政府的领导,执行上级政府的决策。但是,地方政府还有另外一种职能:地方利益的代表者。因此,在地方政府的权力配置上,应当有体现地方利益的地方权力条款。为此,《立法法》规定地方立法机关可以根据本行政区域的具体情况和实际需要,在不同宪法、法律、行政法规相抵触的前提下,制定地方性法规。从权力合法性的角度,由于环境权力的配置主要是通过环境立法来完成的,因之,除了统一的国家环境立法的赋权外,环境保护领域需要有大量的地方环境立法,为地方性、区域性环境问题的解决提供地方环境权力的合法性依据。

从环境立法的角度,目前我国的环境立法以全国性立法为主,多数环境法律、法规和规章由全国人大常委会制定，或由国务院及其部委依据授权制定。相对而言，我国的地方环境立法比较薄弱，[①]存在的主要问题是：(1)地方环境立法供给不足。很多情况下，国家立法没有解决的问题，地方环境立法也没有解决；国家立法的空白或薄弱环节，恰巧也是地方环境立法的弱项，如土壤保护立法、湿地保护立法。(2)受制于"地方性法规不得同宪法、法律、行政法规相抵触"的约束，地方环境立法普遍不能摆脱国家立法的既定原则和框架，地方性、创新性不足。国家环境法规中应该细化的内容在立法中没有体现，本应体现地方特色的规定却找不到痕迹，使得地方环境立法丧失了其自身应有的特色性而沦为摆设。[②] (3)缺乏科学预测，可操作性不强。大多数地方环境立法往往盲目跟风，没有对立法的科学性和可行性进行充分的分析和讨论，对国家立法的具体化、补充性功能弱化，操作性不强。环境立法的这种现状，导致了中央政府和地方政府在环境权力的立法配置上出现失衡。

从环境管理体制的角度，目前统分结合的管理体制虽然考虑到了专业性的要求，但是，这一体制自身也存在一些问题和不足，主要

---

① 关于地方立法的权限，我国《立法法》第72条规定：省、自治区、直辖市的人民代表大会及其常务委员会根据本行政区域的具体情况和实际需要，在不同宪法、法律、行政法规相抵触的前提下，可以制定地方性法规。设区的市的人民代表大会及其常务委员会根据本市的具体情况和实际需要，在不同宪法、法律、行政法规和本省、自治区的地方性法规相抵触的前提下，可以对城乡建设与管理、环境保护、历史文化保护等方面的事项制定地方性法规。第82条规定：省、自治区、直辖市和设区的市、自治州的人民政府，可以根据法律、行政法规和本省、自治区、直辖市的地方性法规，制定规章。

② 针对地方环境立法中大量机械模仿国家立法，地方立法相互雷同的现象，有学者指出："若把地方立法中的'××省'、'××市'的地方名词去掉的话，找不出它们有多少不同，可谓放之全国而皆准。"参见李广兵：《可持续发展与地方环境立法》，《环境与资源法论丛》第3卷，法律出版社2003年版，第136页。

体现在环境统一监管能力薄弱、各部门环境监管职能横向分散、上下级环境监管职能纵向分离、跨地区环境监管地区分割等问题,造成环境权力难以发挥整体监管效果。[①] 具体而言,首先,统分结合的管理体制虽然考虑到了专业性的要求,但存在职权交叉和重复,不同主体之间的权限不清,容易导致相互推诿或者相互竞争的局面。其次,环境权力过于分散,难以形成合力。统一监管往往被分散监管所取代,统一监管的作用无法彰显。第三,基于经济增长及其他目标因素,地方政府有时并不积极履行环境监管职责,反而对所属环保部门进行不当干预。一些地方政府以"企业安静日"、"挂牌保护"等方式限制环境执法。地方环境行政部门在执法的过程中,也常常受制于地方行政领导的干涉。[②] 第四,由于环境行政执法上的"分权",环境保护部门难以发挥作为专门的环境执法机构的作用。在相当长的历史时期内,环境行政部门既没有强有力的行政强制措施权用于预防和制止环境违法行为,也没有限期治理和关停企业的决定权,更没有行政处罚的执行权,这使得其执法手段严重不足,执法能力和权威受到很大的限制。新修订的《环境保护法》赋予了环境行政部门查封、扣押权,限制成产和责令整改权,但是,责令关停权仍然受制于地方政府,而且仍然没有强制执行权。最后,纵向事权划分不合理。我国的环境执法监管的权限并没有明确的划分,而且存在资源和财力配置倒置的情况。基层执法主体负责绝大部门执法事项,但是其权力却非常有限。环境行政部门实现公益目标存在法权能力的不足的问题,

---

[①] 陆新元、陈善荣、陆军:《我国环境执法障碍的成因分析与对策措施》,《环境保护》2005年第10期。
[②] 黄锡生、王江:《中国环境执法的障碍与破解》,《重庆大学学报》2009年第1期。

(三)不同区域环境权力与义务的非均衡性

环境利益既有整体性,又具有区分性。为了保护环境公共利益,促进整体环境质量的改善和提高,经常需要牺牲一些区域性、地方性利益。从正义原则出发,以牺牲局部利益而保障整体利益的做法并不具有天然的正当性,这是因为,被牺牲的局部利益也是正当利益,也应当受到法律的保护。罗尔斯的正义论认为:"正义否认一些人分享更大的利益而剥夺另一些人的自由是正当的,不承认许多人享受的较大利益能绰绰有余地补偿强加于少数人的牺牲。所以,在一个正义的社会里,平等的公民自由是确定无疑的,由正义所保障的权利决不受制于政治的交易或社会利益的权衡。"[①]这里的"正义所保障的权利"应当理解为人的不可放弃的个体权利和自由,是不可以被交换的。区域利益也是一种公共利益,是一定区域内公众福利的基本载体,区域利益受损会影响本区域内的公众的福利,因之区域利益也具有合法性。如何建立相应的利益补偿机制,对因保护整体环境利益而被牺牲的区域利益相关方给予合理的补偿,是正义原则的题中应有之义,是实现环境正义目标的合理制度设计。为此,需要进一步扩大地方环境立法权,用足地方环境立法权。

由于生态环境和自然资源禀赋的差异性,一些重要的生态功能区承担着较为繁重的环境保护义务。比如,中国西部的江河源头区、国家主体功能区中的限制开发区和禁止开发区、自然保护区、野生动物保护区、饮用水源保护区等,承担了更多的环境义务。环境法对这

---

① [美]约翰·罗尔斯:《正义论》,何怀宏等译,中国社会科学出版社1998年版,第4页。

些区域的开发利用做了大量的限制性甚至禁止性规定,客观上制约了区域经济社会的发展。为依法保护环境,这些地区放弃了更多的发展机会,但是,其带来的生态利益的整体增进却由其他区域甚至全国所共享。由于地方政府无法将外部效应内部化,为了实现公平目标,环境法确立了国家层面的生态保护补偿机制。2015 年修订后实施的《环境保护法》第三十一条新增了关于生态保护补偿的规定。[①]生态补偿制度实质上是一种针对生态问题的利益协调与平衡机制。生态问题产生并加剧的根源,在很大程度上是不同区域、不同主体对生态环境和自然资源的不同利益诉求及其冲突而引致的。目前,虽然环境保护法已确认了生态保护补偿制度,但立法规定过于粗疏,相应的专门配套立法没有及时跟进。在实践运行中主要依靠政策协调手段和经济协调手段,补偿标准、补偿期限以及补偿范围的确定主要是在中央政府的主导下进行的,就是说,补多少、补多长期限及多大范围,作为有受偿方的地方政府并没有多少话语权。中央政府在对生态补偿的受偿地区进行财政转移支付时,往往还受制于财力上的限制、不同地区的要价能力、民族区域社会稳定等多重因素的考量,并不能完全实现补偿的公平性和公正性。因此,区域环境权力和义务失衡的现象并没有得到真正的解决。这种不均衡性造成了区域间事实上的不公平,也是导致地方政府或明或暗消极对抗、规避环境法的正式制度,滋生地方保护主义的根源。在这一过程中,国家环境立法的权威性被消解,环境法的实施效果打了折扣。

[①] 《环境保护法》第 31 条规定:国家建立、健全生态保护补偿制度。国家加大对生态保护地区的财政转移支付力度。有关地方人民政府应当落实生态保护补偿资金,确保其用于生态保护补偿。国家指导受益地区和生态保护地区人民政府通过协商或者按照市场规则进行生态保护补偿。

二、环境权力的运行冲突

政府公共权力运行的目的,是维护公共利益,谋求公众福利。从理论上讲,中央政府和地方政府、政府的各部门之间虽然基于相同的维护公共利益的目的,但在公共权力的分配上有不同分工,因此政府公共权力间也会出现冲突。尤其是在实践中,基于立法层面的权力配置失衡、地方正当利益诉求对国家立法的规避、部门本位的利益之争、公共权力运行失当、公共权力运作中出现"利益捕获"等情形而被异化等各种复杂的原因,公共权力在运行过程中会出现各种现实的冲突。环境权力冲突,是不同的权力主体在行使环境权力的过程中出现的冲突,需要说明的是,权力冲突的双方主体所拥有的公共权力都是正当的。环境权力冲突的情形主要有以下几种。

(一)中央和地方环境权力的运行冲突

无论一个国家的政体如何,其国家权力的行使都需要有明确的分工,权力分工既是保持政治稳定的需要,也是保证行政效率的需要。中央和地方的权力划分,既是国家的基本政治架构,又是国家法律制度的重要组成部分。在"科层官僚制"的组织架构中,环境权力依职能和职级进行分工和分层,自上而下的"命令—服从"式的权力运作保证了中央政府环境权力的权威性,也保证了环境公共利益从整体上得以保护和实现。在这一架构中,中央政府是社会公共利益的代表,地方政府是中央政府决策的执行者。但是,这其中隐匿了一个重要的逻辑:地方政府不仅是中央政府的决策执行者,还是地方利益的代表者。环境问题的特殊性在于,其背后所体现的环境利益既有整体性,又有区分性,当中央政府的环境决策与地方环境利益抑或特殊的环境问题并不完全一致时,冲突就产生了。

下文围绕一起典型案例"中石油长庆油田分公司拒缴水土流失补偿费纠纷案例",进行实证分析。①

中石油长庆油田分公司是目前国内产油量最大的石油公司,横跨陕、甘、宁、内蒙、晋五省(区),主产油区位于陕西省榆林市及甘肃省庆阳市等地。多年来,长庆油田分公司与当地政府围绕利益分配展开或隐性、或显性的利益博弈,形成既合作又对抗冲突的关系。仅就资源开发中的生态环境问题而言,虽然国企给地方政府带来一定的就业和GDP增长,但是,大规模的油田开发生产也给造成了当地生态环境的破坏。在现有财税体制下,国企的利税绝大部分上缴中央,地方并不能得到多得利益,但生态修复和治理的巨额费用则更多的需要地方政府承担。对于资源丰富而经济欠发达的省份,这显然是不公平的。为此,围绕生态补偿费问题,双方展开了一轮又一轮的博弈。

2008年,为治理油田开发带来的水土流失、生态破坏等问题,陕西省人民政府依据《水土保持法》中有关水土流失补偿费的规定,结合本省实际,制定实施了《陕西省煤炭石油天然气开采水土流失补偿费征收使用管理办法》。该办法规定,凡在陕西省行政区域内从事煤炭石油天然气开采的,应当缴纳水土流失

---

① 本案例根据相关媒体公开报道资料整理而成。参见杜光利:《长庆油田与榆林硬碰硬,生态恶化倒逼利益博弈》,《时代周报》2013年12月12日;《长庆油田拒缴生态账遭封账,央地之争显利益博弈》,《经济参考报》2013年12月02日。

补偿费。具体的征收标准为：原油每吨30元，天然气每立方米0.008元。

2011年，陕西省榆林市水土保持监督总站向长庆油田分公司下达水土流失补偿费征收决定书，要求长庆油田分公司缴纳2009年上半年欠缴的水土流失补偿费1.29亿元。长庆油田分公司认为，《水土保持法》虽然规定了水土流失补偿费，但并无明确的全国统一标准，陕西省出台的水土流失补偿费征收办法属于地方政府规章，征收标准过高，并且收费项目未报国家发改委和财政部备案，企业有权拒绝缴纳。为此，长庆油田分公司向陕西省水土保持局提起行政复议，要求撤销行政征收决定书，后者则做出了维持原征收决定的行政复议决定。此后，长庆油田分公司提起行政诉讼，经榆林市榆阳区法院、榆林市中级法院两级法院一审、二审，最终判决维持原行政征收决定。长庆油田方面败诉后仍然拒绝缴纳，2011年8月，榆阳区法院从长庆油田分公司西安的一家银行账户上强制划拨1.29亿元欠缴的水土流失补偿费。

2012年11月，陕西省榆林市水土保持监督总站再次向长庆油田分公司下达水土流失补偿费征收决定书，要求长庆油田分公司缴纳2009年7月至2012年3月期间欠缴的水土流失补偿费7.4亿元，滞纳金1.1亿元，合计8.5亿元。之后，经历了同样的行政复议、一审、二审，法院最终判决维持原行政征收决定。在长庆油田分公司败诉后仍然拒不缴纳的情况下，榆林市水土保持监督总站向法院提起强制执行申请。2013年10月，榆阳区法院对长庆油田的22个银行账户按法定程序进行了冻结。

在冲突愈演愈烈的情况下，双方开始协商谈判解决问题的办法。经中石油高层致函陕西省主要领导,长庆油田分公司与榆林市政府展开商谈,双方最终同意,"在中石油和陕西省政府的合作框架内统筹解决水土流失补偿费问题"。这也意味着,中石油加大对地方的支持合作成为解决水土流失补偿费的条件。双方的冲突以协商谈判,国企以让渡部分利益支持地方发展,而不是严格落实地方环境规章中依法缴纳水土流失补偿费的规定的形式予以解决。

耐人寻味的是,并不是所有的地方政府在维护地方环境利益方面都有相同的决心和行动。同为长庆油田主产油区所在地的甘肃省庆阳市就处于一种无奈的境地。甘肃省和陕西省都是能源大省,又都是水土流失严重的地区。甘肃省人大常委会于2006年制定实施了《甘肃省石油勘探开发生态环境保护条例》,其中第30条规定:建立油田生态补偿机制,具体办法由省人民政府制定。但是,甘肃省政府或出于"和谐地企关系"等多重因素的考虑,迄今尚未出台专门针对油田生态补偿的办法。2012年实施的《甘肃省水土保持条例》同样缺失具体的征收标准。由于缺乏具体的地方标准,庆阳市只能依据《水土保持法》的相关规定,多年来总共向长庆油田分公司征收单一的"水土保持设施补偿费"总额不足1000万元。

中央政府各部门在长庆油田分公司与陕西省政府的争议中有不同的表现。水利部号召各地学习借鉴"陕西模式",而财政部、发改委则有另外的看法,反映出背后深刻的部门利益博弈。陕西省的做法在邻近各省中引起了"鲶鱼效应",据了解,宁甘蒙晋等四省区已在起草相关文件,多个类似陕西省"水土流失补偿费"等区域性法规条例出台在即。

上述案例表面上是国企与地方政府在生态环境保护补偿费用问题上的争执,其背后反映出中央政府与地方政府之间、中央政府各部门之间在环境权力配置上的失衡和权力运行中的冲突。矛盾的焦点集中在:第一,地方人大和政府依据上位法的授权制定的地方生态补偿费标准,其效力能否及于已经向中央财政缴纳了利税的国有企业?第二,现行税制下,国有企业的利税主要流向中央财政,作为税源地的地方利益如何保证?第三,国企的开发利用行为导致的地方性水土流失、环境破坏等问题由地方政府承担是否合理?所有问题的指向,归结起来就是,如何建立恰当的生态利益补偿制度,平衡中央政府和地方政府之间的利益关系。

由于地方政府无力矫正制度性的不公正,为了维护地方正当的利益,地方政府会倾向于对中央政府决策以及国家层面的环境立法进行放大、缩小、曲解或变通。此时,地方环境权力运行失当,并对中央政府的权威和国家环境立法的权威构成挑战。于此情形下,简单以"地方保护主义"加以指责显然是轻率的。地方政府固然存在狭隘的从地方本位出发的地方保护主义倾向,应当予以反对,但地方的正当利益诉求也不能被忽视、被遮蔽于无形。一个明显的悖论是:"中央政府极其重视环境保护,制定和颁布了一系列环境保护法规,持续增大对环境保护的投入,把环境保护列为基本国策,对各级领导干部实行了最为严厉的'一票否决制'。在这样的背景下,为何生态环境依然在长时期中持续恶化?"[①]地方政府基于地方利益诉求而出现政策执行的偏差无疑是问题的主因。笔者认为,我国中央政府与地方政府环境权力的冲突中,其根源不仅在于法律对中央与地方环境权

---

① 俞可平:《生态环境为何持续恶化》,《学习时报》2015年6月15日A6版。

力配置的失衡,还在于地方环境权力运行中出现偏差。环境自身的区域性特征,要求地方拥有更大的、自主的环境公共权力,但目前无论是立法上,还是环境权力运行的实践层面,中央政府的环境权力都保持了优势的地位。关注地方的合理利益诉求,在法治的框架内,通过国家环境立法、地方环境立法赋予地方政府以相应的解决区域性、特殊性环境问题的权力,是解决中央和地方环境权力的运行冲突的制度路径。

(二)部门之间的环境权力运行冲突

就政府环境监管部门环境权力的运行状况来看,也存在着明显的冲突。环境问题的综合性和复杂性,决定了没有任何一个环境管理行政部门可以单独行使环境权力、承担环境公共治理责任。因此,环境法规定了统一监督管理与分级分部门相结合的环境管理体制。从部门角度来讲,环境权力是分工运行的:环境行政主管部门行使统一监督管理的职权和职责,海洋行政主管部门、港务监督、渔政渔港监督、军队环境保护部门和各级公安、交通、铁道、民航管理部门对环境污染防治实施监督管理。土地、矿产、林业、农业、水利行政主管部门对自然资源的保护实施监督管理。目前,中央政府不同环境保护部门职能分散交叉较为突出,被形象称之为"龙多不治水",权力分散和监管不到位,难以形成严格监管的强大合力;而基层环保部门被赋予的职权和担负的任务不匹配,存在"小马拉大车"的现象。

(三)区域环境权力之间的运行冲突

环境问题的特殊性还在于,除中央政府与地方政府通过权力分配进行自上而下的通力合作之外,还要依赖于地方政府之间的横向合作，比如流域上下游区域的地方政府之间，饮用水源地供水区域和用水区域地方政府之间，都需要通过展开广泛的合作。由于我国不同区域在环境义务的负担存在事实上的不平等，相关地方政府环境权力运行经常会出现冲突。河流上下游区域的地方政府在污染治理、生态保护方面实施的行政行为大多是从本区域利益出发实施的，这些行政行为可能会损及相关区域的正当的经济利益、环境利益。这里再列举一个例证。

> 宁夏回族自治区和甘肃省同为是黄河流域葫芦河、渝河的上下游省份，葫芦河发源于宁夏西吉县，流经宁夏隆德县、甘肃省静宁县等县区，渝河发源于宁夏隆德县境内，流经甘肃省静宁县。由于两条河流的上游地区宁夏西吉县、隆德县为发展经济，兴建了大量的马铃薯加工、屠宰和家禽养殖等企业，这些企业生产过程中排放的污水及城区生活污水进入葫芦河、渝河后，对下流到甘肃省静宁县的饮用水源区东峡水库数次受到严重污染，水质一度降到劣Ⅴ类。2014年6月，东峡水库因再次严重污染被迫关闭。临时修建的饮用水工程无法满足县城全部需要，且又面临被污染的风险，10余万群众陷入"断水危机"。因涉及跨界污染，两省区及相关市县多次协调但并没有从根本上解决问题，群众意见很大，社会反响强烈。
>
> 2015年6月，甘肃省和宁夏回族自治区协商起草了《甘宁两省区跨界河流水污染联防联控框架协议》。[①] 协议规定两省区合

---

① 该《框架协议》的相关内容来自甘肃省环境保护厅，笔者曾参与这一框架协议的讨论。截止写作之日，该《框架协议》尚未见有已签订的公开报道。

作的目标是:加大对流域的环境综合整治力度,加强对城镇生活污水处理厂、废水排放工业企业环境监管和农业面源的污染控制,完善治理设施,确保废水稳定达标排放;严格环境准入,合理布局,优化产业,从源头上解决污染问题;水源地保护区外上游沿线的生产企业和建设项目污水排放必须达到国家污染物排放标准和重点污染物总量控制标准,确保下游饮用水安全。具体的合作措施主要有:①加大跨界流域污染防控力度。双方将黄河干流及重要支流水污染防治作为联防联控合作重点,纳入各自辖区环境保护规划,加大投入力度,采取有力措施,努力控制和减少流域水环境污染影响。②加强环境监测和信息共享。两省区相邻市县双方共同商定相关跨界流域联合监测方案,实施联合监测,将监测结果定期通报对方,并及时上报各自省级环境保护部门和水行政主管部门。③做好跨界突发环境事件应急处置。④妥善处理跨界环境污染纠纷。当下游市、县出现水源污染和饮水困难问题时,毗邻上下游市、县应从大局出发,相互支持,保障下游市、县群众饮水安全。⑤强化环境监察执法。主要的合作机制是:其一,协商机制。建立两省区省、市、县三级工作会商和交流机制,定期召开会议。其二,生态补偿机制。按照"谁污染、谁治理"和"谁保护、谁受益"的原则,双方共同商议建立黄河干流及相关支流的水环境生态补偿机制,按照水污染防治要求和治理成本,由双方共同商议确定生态补偿标准等具体事宜。

可见,区域环境权力冲突主要是权力运行过程中的冲突,区域间的环境义务的不均衡、区域经济社会发展的不平衡,区域间不同的利益诉求,是导致这种冲突的发生根本原因,区域环境权力的冲突具有某种必然性。解决冲突的办法,就是建立相应的区域协调机制、利益补偿机制,在法律框架内予以协商解决。

第四节 环境权力—环境权利的运行冲突

环境权力、环境权利作为环境法学的"元概念"或核心范畴,建立两者的有效协调与合作机制,是解决环境问题的根本制度出路,也是现代环境法治发展的基本方向。无论是从法律配置的静态角度,还是当下环境法治运行的动态层面,环境权力都处于无可争议的主导性、支配性地位,而环境权利则处于相对弱小的、被支配的地位。本节重点讨论环境权力和环境权利的运行冲突。在实践中,这种冲突主要表现为政府及环境监管主体对环境权力的不当运行造成公众合法环境权利的侵害;以及公众在规避环境风险、维护自身权利过程中与政府及其公权力机关之间形成的对抗甚至群体性事件。在后一种情形下,公众的"维权行动"往往缘于现有体制无法向其提供权利保护或缺少表达利益诉求的渠道,因而并不总是理性的,有时甚至是不合法的,客观上对政府公权力的权威性、合法性提出挑战。

一、环境权力的不当运行对环境权利的侵害

过去30年多间,中国的经济体制改革极大地激发了社会生产力,经济发展取得了巨大的成就,已逐渐融入全球化的市场体系和规则框架之中。随着经济社会的发展,社会利益出现巨大分化,利益主体趋于多元,利益冲突加剧,社会结构发生了深刻变革。与此同时,

尽管历经多年以"政府职能转变"为核心内容的治道变革,但政治体制和权力格局没有发生根本性的改变。[①] 这种政治体制的社会治理模式对应为:"以中央权威为核心,以地方政府的逐级任务分包和灵活变通为运行机制的威权型社会治理体制。"[②]威权体制下的环境治理,同样体现为政府环境权力在环境治理中占据了绝对主导地位,虽然法律赋予了公众有限的环境权利,环境保护多元参与的民主机制也在缓慢发育之中,但从整体上看,环境权利尚不足以形成对抗、制约环境权力的强大力量,这一点在法律对"环境权力"和"环境权利"的配置中得到了充分的印证。在这一体制背景和法治框架下,因政府决策不当,环境公权力主体滥作为或不作为而导致公众环境权利受到损害的情形便具有了某种体制性特征。

第一,政府决策不当对公众环境权益造成损害。

政府决策是政府行使公共权力的方式和手段,既包含宏观性、战略性决策,如针对某一领域产业调整的宏观调控型决策,也包括微观性、具体的决策,如针对某一建设项目的决策。政府决策服从于一定时期的国家经济社会发展总体战略。长期以来,以经济建设为中心的基本方针,使得政府决策往往偏重对"增长"、"发展"、"国民收入"等要素指标的考虑,以无节制的资源消耗和牺牲生态环境为代价,换取经济的增长。改革开放以来,我国的 GDP 增长率多年保持在 8%以上的高增长率,甚至有些年份达到了超过 10%的增长率,现代化的成果让国家面貌发生了根本性的改革,国民生活水平得到提高。但

---

① 曹正汉:《中国上下分治的治理体制及其稳定机制》,《社会学研究》2011 年第 1 期。
② 周雪光:《权威体制与有效治理:当代中国国家治理的制度逻辑》,《开放时代》2011 年第 10 期。

付出的沉重代价是环境问题加剧,生态环境和生活环境恶化,公民的健康权受到严重威胁,公众的合法环境权益得不到保障。环境问题不仅侵害了公众的合法环境权益,而且成为制约经济社会发展的瓶颈和影响社会稳定的严重社会问题。面对这一形势,党的十八大把生态文明建设融入经济建设、政治建设、文化建设、社会建设"五位一体"的总布局,十八届三中全会提出加快生态文明体制改革,实行最严格的源头保护制度、损害赔偿制度、责任追究制度,完善环境治理和生态修复制度。在经济发展的目标上,提出"新常态"概念,"新常态"意味着,经济增长速度"要从高速增长转为中高速增长";经济结构"要实现不断的优化升级";经济增长动力"要从要素驱动、投资驱动转向创新驱动"。"生态文明"、"经济发展新常态"等理念,要求政府决策时要综合考虑经济效益、社会效益、环境效益的统一。党的十九大提出,建设生态文明是中华民族永续发展的千年大计,强调树立和践行"绿水青山就是金山银山"的理念,统筹山水林田湖草系统治理,实行最严格的生态环境保护制度,形成绿色发展方式和生活方式,坚定走生产发展、生活富裕、生态良好的文明发展道路,建设美丽中国,为人民创造良好生产生活环境,为全球生态安全作出贡献。在生态文明建设过程中,政府因不当决策造成环境质量下降,损害公众的合法环境权益,将承担相应的政治责任和法律责任。

第二,环境权力不当行使对公众环境权益造成损害

环境权力不当行使,是指负有环境监督管理职权和职责的公权力机关滥用权力、怠于行使权力的滥作为、不作为等损害公众合法环境权益的现象。环境权力是法律赋予政府及环境监管机关的法定职权和职责,必须严格依法履行,越界行使可能导致权力滥用而损害公众的合法环境权益,放弃行使则可能因不作为而损害公众合法环境

权益。在实践中,导致环境权力不当行使的原因很多,有环境公权力机关及其公职人员"权力寻租"以及与利益集团之间的"利益捕获"因素,有环境公权力机关出于狭隘的部门利益和地方保护主义的因素,有受到上级政府及其负责人不当干预的因素,还有自身执法能力不足的因素。比如,环保部门在建设项目的环境影响评价方面,存在大量违法违规现象。[①]

2015年7月,原环保部副部长张力军涉嫌严重违法违纪被中纪委立案调查。张力军涉嫌利用职权串通骗取中标、制售假冒伪劣计量用检测产品牟取暴利,凡涉及机动车尾气排放检测设备或网络建设的政府采购项目,中标单位无不是利益链条中的企业。[②]

2014年9月以来,位于内蒙古、宁夏和甘肃交界处的腾格里沙漠,相继发生了四起沙漠排污案。分别是内蒙古阿拉善盟腾格里工业园部分企业沙漠排污案、宁夏中卫明盛染化公司沙漠排污案、宁夏中卫工业园区部分企业沙漠排污案、甘肃武威市荣华工贸有限公司沙漠排污案。这些企业均通过私设暗管等形

[①] 2015年2月9日,中央第三巡视宣布了对环境保护部的巡视反馈意见。在建设项目环境影响评价方面,存在的主要问题是:一是未批先建、擅自变更等环评违法违规现象大量存在,背后隐藏监管失职和腐败问题;二是有的领导干部及其亲属违规插手环评审批,或者开办公司承揽环评项目牟利;三是环评技术服务市场"红顶中介"现象突出,容易产生利益冲突和不当利益输送;四是环评机构资质审批存在"花钱办证"现象,后续监管不到位;五是把关不严、批而不管、越权审批,不仅导致污染隐患,而且加大权力寻租空间;六是地方环保部门环评审批中腐败问题易发。参见吕望舒:《中央第三巡视组向环境保护部反馈专项巡视情况》,《中国环境报》2015年2月11日。

[②] 参见《环保部原副部长张力军涉嫌严重违纪违法正接受组织调查》,新华网2015年7月30日。

式,将未经处理的污水直接排入沙漠腹地。这些沙漠排污案件损害了腾格里沙漠本来就很脆弱的生态系统,对沙漠生态环境造成严重危害,特别是沙漠地下水一旦被污染,修复几乎是不可能的。由于自然生态系统之间相互依存、彼此制约的紧密联系,沙漠排污最终危及人的健康安全、财产安全和生态安全。①

2015年1月,最高人民法院发布"人民法院关于行政不作为十大案例",其中,"张风竹诉濮阳市国土资源局行政不作为案"等案例中,②负有监管职责的部门不作为、放弃行使环境权力,侵害了公民的合法权利。

二、环境"维权行动"对环境权力的挑战

在现有的法律框架内,公众环境权利的赋权不足,公众参与环境决策的渠道狭窄,环境民主、环境协商机制远未建立。因此,当下中

---

① 参见《腾格里沙漠排污事件应启动司法调查》,新华网2014年9月9日。《甘肃武威一企业向腾格里沙漠排污,董事长被调查》,凤凰网2015年4月2日。
② 2013年10月16日,张风竹向河南省濮阳市国土局书面提出申请,请求该局依法查处其所在村的耕地被有关工程项目违法强行占用的行为。市国土局收到申请后,没有受理立案,也未告知张风竹。张风竹遂以市国土局不履行法定职责为由诉至法院,请求确认被告不履行法定职责的具体行政行为违法,并要求被告对土地违法行为进行查处。濮阳市华龙区人民法院一审认为:土地管理部门对群众举报的土地违法案件,应当受理。土地管理部门受理土地违法案件后,应当进行审查,凡符合立案条件的应当及时立案查处。被告既没有受理,也没有告知原告是否立案,故原告要求确认被告不履行法定职责违法,并限期履行法定职责的请求有事实根据和法律依据。一审判决如下:确认被告对原告要求查处违法占地申请未予受理的行为违法;限被告于本判决生效之日起履行法定职责。市国土局不服,提出上诉,濮阳市中级人民法院二审判决驳回上诉,维持原判。参见《最高法通报政府行政不作为十大案例》,法制网http://www.legaldaily.com.cn/,2015年8月12日。

国的环境保护领域"以权利制约权力"更多只是一种"理想图景"。以牺牲生态环境、无节制消耗自然资源为代价换取经济发展,带来环境污染加剧、资源约束趋紧、环境状况恶化等问题,引发了一系列社会矛盾,不仅制约了经济社会的可持续发展,而且严重地损害了公众合法权益。环境问题已成为诱发群体性事件的重要因素,成为引发社会矛盾、引起社会不稳定的"因子"。公众的合法权益在不能得到制度保障的情形下,会倾向于选择较为激进的群体性"维权行动"来争取维护自身权益。统计显示,我国的群体性事件大多发生在征地拆迁、劳资纠纷和环境污染领域。[①] 近年来,在信访总量、集体性上访总量和群体性事件总量下降的情况下,环境污染所引发的群体性事件却呈现快速上升的态势,说明了环境事件的敏感性和尖锐性。[②] 当下中国的"集体性环境行动"主要体现为以合法权益受损救济为目的的维权行动、以规避环境风险为目的的维权行动两大类,两类维权行动在目的动因上有所不同,但催生的原因都在于正常的利益诉求缺乏体制内的表达渠道,或者在强大的权力逻辑面前无能为力,转而寻求体制外的途径,以期保护自身的合法权益、规避可能发生的环境风险。集体性环境维权行动在目的上具有正当性,但在行动方式上并不一定是理性的、合法的。行动的结果,可能会以维权主体与权力主体通过协商、谈判而求得问题的解决;也可能会被以危及社会稳定、

[①] 据统计,我国在2013年上半年发生的群体性事件约有8.4万起,相当于每天发生455起。其中,征地拆迁、劳资纠纷和环境污染分别约占群体性事件总数的36.1%、15.3%、16.1%。参见张明军、陈朋、王李兵:《2013年上半年群体性事件分析报告》,载杜志淳主编:《中国社会公共安全研究报告》(第3辑),中央编译出版社2013年版,第3页。

[②] 李培林、陈光金、张翼:《2014年中国社会形势分析与预测》,社会科学文献出版社2013年版,第59页。

"闹事"之名而被打击压制。从法治的角度,无论何种结果,更多是一种政治意义上的考量结果,而不是"环境权力"、"环境权利"在法律上的逻辑演绎和实现。在这一过程中,"环境权力"受到了某种体制外的挑战,政府的权威性和公信力遭遇危机。

(一)以合法权益受损救济为目的的维权行动

传统上,因环境污染、生态破坏而导致公众的健康权、财产权等实际受到损害,属于环境侵权行为,是侵权法所要规制的问题。但是,由于环境问题因果关系上的复杂性,侵害主体的不特定性,加之我国的环境公益诉讼制度在很长时期内并未得到法律的确认,导致因环境污染而致群体性利益受损,在法律上存在事实上救济无门的境地。从政府权力运行的角度,由于长期追求 GDP 增长的动因,一些既是"污染大户"又是"利税大户"的企业往往受到地方政府的某种"庇护",公众的合法利益诉求往往被忽视、被压制。十多年来,中国各地出现了不少的"癌症村",官方对环境污染导致"癌症村"出现的因果关系也给予了一定程度的认可。[①] 当法律上的救济途径不能维护自身的合法权益,政府的立场与公众的利益背道而驰,而又缺乏必要的协商渠道的时候,寻求体制外的救济途径就成为一种"必要"选择,大量环境群体性事件的出现就具有了某种必然性。

---

① 2013 年环境保护部发布的《化学品环境风险防控"十二五"规划》指出:近年来,我国一些河流、湖泊、近海水域及野生动物和人体中已检测出多种化学物质,局部地区持久性有机污染物和内分泌干扰物质浓度高于国际水平,有毒有害化学物质造成多起急性水、大气突发环境事件,多个地方出现饮用水危机,个别地区甚至出现"癌症村"等严重的健康和社会问题。

浙江省东阳市画水镇发生的群体性环境事件是此类"维权行动"的一个典型。从2001年开始,东阳市政府将数家化工厂、农药厂、印染企业迁到当地建成"化工工业园"。化工厂迁入数年后,当地环境严重污染,稻田不生,农田不能耕种,山林被"毒死",村民健康受到严重威胁。当地村民多次投诉、上访,请求有关部门解决问题,关停园区内的企业,但都没有得到满意的答复。2005年3月,数百村民围堵工业园区,在园区交通要道旁搭建了帐篷,迫使企业停工,实现维护自身权益的"自力救济"。4月10日,东阳市政府组织公安、建设、城管、交通等执法人员进入现场,进行强制拆篷、疏散、整顿,由此爆发大规模冲突,数十人受伤,数百部车辆被破坏,当地学校被迫停课,成为轰动一时的群体性事件。事件的处理结果是:工业园区内的13家企业,除东阳市东农化工有限公司经批准实施省外异地搬迁外,其他5家被责令关停的企业,7家被要求停产整治的企业均实施了关停和异地搬迁。

这一案例中,公众通过一种不合法的激进方式表达其合法利益诉求,并最终通过法律框架之外的途径使问题得以解决。这种"不闹不解决、小闹小解决、大闹大解决"的解决争议方式是一种非制度性逻辑,蕴含着对法律权威和政府权威的挑战。正视公众的环境权利,建立"环境权利"与"环境权力"的沟通协商机制,强化公众的环境保护参与权,实现环境保护的民主协商和多元治理,是解决此类问题的根本路径。

（二）以规避环境风险为目的的"邻避"行动

现代环境问题的潜在性、不确定性增大了环境风险的几率。由于缺乏参与环境决策的渠道和机会，出于对政府公权力的不信任，也出于环境风险可能损及自身利益的深切担忧，以规避环境风险为目的的群体性环境维权行动，也即"邻避运动"近年来在中国呈量级增长趋势。"邻避运动"（Not in my backyard，NIMBY），即"不要建在我家后院"。[①] 指居民或当地单位为保护自身的生活领域，避免受到对居住地域具有负面影响的公共或工业设施（如垃圾场、核电厂、殡仪馆等设施）的干扰，将环境污染、生态破坏等一系列恶行从身边驱逐出去，对于可能对自己生活造成影响的环境问题或风险，表达强硬的拒斥态度，并为此付出行动。[②] 邻避运动处理不当通常会演化为群体性事件，对社会治理和法治秩序带来挑战。

  以 PX 项目为例。2007 年，福建省厦门市计划在海沧区兴建年产 80 万吨的 PX 项目化工厂，出于对 PX 项目建成后可能会出现的环境风险的强烈防范意识，该项目引起了市民的强烈反对，也受到百名政协委员联名反对。2007 年 6 月，为抵制 PX

[①] "邻避运动"这个词由英国 20 世纪 80 年代的环境事务大臣尼古拉斯·雷德利（Nicholas Ridley）创造，后来逐渐流行开来。"邻避运动"意指居民为了保护自身生活环境免受具有负面效应的公共或工业设施干扰，而发起的社会反抗行为。从这个词的起源上看，"邻避运动"跟环境保护密切相关，只是"邻避运动"强调的是保护地方民众的小环境而不是人类或整个社会的大环境。中国台湾地区"邻避运动"中的经典名言"鸡屎拉在我家后院，鸡蛋却下在别人家里"，即反映出这种环境保护的地方主义色彩。
[②] 杜健勋：《邻避运动中的法权配置与风险治理研究》，《法制与社会发展》2014 年第 4 期。

项目落户厦门海沧区,部分厦门市民以"散步"的方式,集体在市政府门前表达反对意见。福建省政府针对厦门PX项目问题召开专项会议,最终决定将该项目迁建到漳州市古雷港开发区。不幸的是,落户于漳州市古雷港开发区的PX工厂于2013年、2015年两次发生爆炸,再度将颇受争议的PX项目推上了舆论的风口浪尖,政府和专家此前关于"PX项目对居民健康不会产生影响"、"PX项目顺利通过环境影响评价验收"等表态一再被质疑。从2007年至今9年间,在厦门、成都、大连、宁波、昆明、漳州、茂名等地,伴随着PX项目的每次选址和突发事故,共发生过八次较大的群体性事件。[1] 这些事件中,有通过"散步"、"静默游行"、"唱国歌抗议"等温和方式予以表达的,也有因大规模抗议引发暴力冲突的。围绕PX项目的争议和冲突中,网络上还出现了PX的毒性是"低毒"还是"剧毒"的"百度词条保卫战"。[2]

对这种以规避环境风险为目的的"邻避运动"应当做辩证的分析。垃圾场、殡仪馆、核电厂、PX项目等公共设施或工业设施的建设,固然可能符合政府、企业甚至社会整体利益,但这些设施的运行

---

[1] 八次事件分别是:2007年厦门市反对PX项目事件;2008年成都市反对PX项目事件;2011年大连市反对PX项目游行;2012年宁波市镇海区反对PX项目事件;2013年成都市反对PX项目事件;2013年昆明市反对PX项目事件;2013年福建漳州PX项目发生管道焊缝开裂引起的闪燃事故;2014年茂名市反对PX项目游行。
[2] 2014年3月30日,茂名反PX游行事件发生后,有网友将百度百科词条中PX毒性由"低毒"改成"剧毒",两个字的改变演化成了"词条保卫战"的导火索。此后,以清华大学化工系学生为主展开了"捍卫PX低毒属性"的保卫战,与多名网友反复将百度词条中的PX毒性改为"剧毒"展开来回修改,在长达120小时的较量中,最激烈的时候词条每过半小时就会被刷新一次。

具有外部不经济性,其所带来的环境成本却要由当地特定的群体承担,这就出现了不同主体在收益和成本的不对称性,不符合公平正义原则。从这个意义上讲,"邻避运动"有其合理性的一面。但是,如果仅从局部利益出发,对可能存在环境风险的公共设施和工业设施一味加以抵制,又会对社会整体利益造成损害。因此,"邻避运动"的实质是一个社会整体利益与局部利益的冲突和平衡问题,是一种利益博弈。如果处理不当,"邻避运动"可能会突破法律底线而演变成为对抗性冲突,影响社会稳定,扰乱经济发展。而简单的打击压制不仅无助于解决问题,反而会造成矛盾的激化,不利于社会的稳定。在法治的框架内,解决"邻避运动"二元悖论的根本出路,在于通过建立环境民主机制来协调不同主体的利益诉求,平衡局部利益和整体利益的冲突,使博弈的各方主体在协商、谈判、妥协中找到各方最大的利益公约数。

第六章　环境法法权的规范建构

在当代中国法学理论诸多研究领域之中,规范法学因专注于对法律制度自身的实证分析,而被视为法学理论体系中最重要、最为核心的部分。[①] 环境法法权的规范建构,即从规范法学的角度出发,把环境权利和环境权力置于统一的体系框架内,着力探究围绕统一体的目标实现所形成的二元结构的内外部互动关系,确定各自的边界,消解其内在张力和冲突,保持两者的势能平衡和协调稳定。

在现行环境法体系中,对环境法法权的实然配置存在着显著的非均衡性。突出表现在:作为环境法应然法益的环境利益,特别是具有明显公益属性的生态利益并没有完全取得环境法实定法益的地位,法律保护和制度供给不足。从环境法法权配置的整体视角审视,作为环境利益法律实现路径的"环境权利—环境权力"二元架构失衡,环境权力规范占据了主导的、支配的地位,而环境权利则处于从属性地位。从环境权利体系的角度审视,环境权利远未建立起规范有序、和谐自洽的结构体系,实体性环境权尚未成为法定权利,公众

[①] 规范法学的地位是由其方法论,即规范分析方法奠定的。规范分析方法由合法性分析、规范性分析和实效性分析构成。合法性分析用来评价被分析的对象是否符合实在法;规范性分析用来检视法律权利语句和法律义务语句的清晰性和逻辑性;实效性分析用来判断逻辑语义上的法律秩序在多大程度上转化为实践行动中的法律秩序。参见谈萧:《规范法学的方法构成及适用范围》,《法律科学》2012年第4期。

参与环境保护缺少权利基础且程度有限。从环境权力法律配置的角度审视,中央与地方、整体与区域、区域之间的环境权力存在非均衡性。环境法法权结构的失衡,是导致环境法在实践运行中出现大量的矛盾和冲突、实施效果有限的制度根源。环境法法权的规范建构,不仅是完善环境法学基础理论、塑造环境法学核心范畴的需要,也是推进环境治理模式由相对单一的命令控制模式向多元合作共治模式转变的需要。

第一节　环境权利的合理配置与冲突消解

针对环境法学界对环境权、资源权、排污权以及环境法上的其他权利研究呈现出的分散式、条块式、断裂式状态,不能很好地实现环境权利体系规范建构的问题,从整体主义视角出发,围绕建立在环境权利之上的环境利益(包括生态利益和资源利益)的一体两面、对立统一的特征,以及各类环境权利的联系性和区别性,建立内在协调、逻辑自洽的权利体系,也即对环境权利体系进行法学意义上的规范建构,是环境法学关于环境权利研究的必然路径。

环境权利体系的规范建构和冲突消解,应当遵从两个基本路径:其一,针对环境权利的法律实然配置的不足,如环境权尚未成为法定权利、资源权内部权利类型法律配置上的不周延、排污权地位不明确等问题,从静态意义上对各类权利进行均衡配置,划定权利边界,使权利体系处于协调状态,这一路径主要是立法所要解决的问题。其二,针对环境权利的内在张力导致权利实现过程中出现的权利冲突问题,运用利益位阶确认、利益倾斜保护、利益综合兼顾等利益衡量方法,解决权利冲突,实现各类环境权利的动态平衡,这一路径主要是司法所要解决的问题。

一、环境权利的合理配置与制度保障

(一)环境权的法律确认与保障救济

关于环境权这一新型权利的必要性,环境法学界基本不持异议。环境权能否上升为法律上的实定权利,是作为宪法上的基本权利,还是私法意义上的具体法律权利?进而言之,环境权的司法救济应当是公法路径还是私法路径?或兼公法与私法二元路径?考察国内外的现状,无论是理论研究和立法实践中,则是一个尚在探索中的问题。

首先,作为基本权利的环境权的宪法确认。

在国际法层面,自从1972年《人类环境宣言》确认环境权以来,[①]一些国际公约对环境权的内容加以明示确认,如1981年的《非洲人权和民族权宪章》、1988年的《美洲人权公约萨尔瓦多议定书》、1989年的《环境人权公约》、1998年的《公众在环境领域获得信息、参与决策和诉诸司法的条约》(即《奥胡斯公约》)等。在国际立法的推动下,很多国家的国内立法也对环境权进行了立法确认。

在国家法层面,自20世纪70年代环境权理论提出后,越来越多的国家将环境权作为一项基本人权,规定在本国的宪法之中。据加拿大学者戴维·博伊德(David R. Boyd)的最新统计,截至2011年,

---

① 《人类环境宣言》宣称:"人类有权在一种尊严和福利的生活环境中,享有自由、平等和充足的生活条件的基本权利。"

在193个联合国成员国中,已有92个国家在宪法中确认了环境权,根据吴卫星的追踪统计,2012年以后又有索马里、津巴布韦、斐济、越南等国家的宪法明确承认了环境权。① 可见,宪法确认环境权已经成为当代宪法发展的潮流和趋势。此外,也有国家通过对宪法条款的解释,推导出环境权的内容。除宪法确认环境权之外,各国制定的综合性环境法律或环境基本法中大都有环境权的内容,②如美国《国家环境政策法》、日本《环境基本法》就对公民的环境权及环境保护义务做了明确规定。③

在我国,宪法迄今没有明确规定环境权。但是,从对宪法的一些条款的解释上可以得出宪法间接保护环境权的依据。如宪法第26条规定:国家保护生活环境和生态环境,防治污染和其他公害。第9条规定:国家保障自然资源的合理利用,保护珍贵的动物和植物。禁止任何组织或者个人用任何手段侵占或者破坏自然资源。第33条规定:国家尊重和保障人权;任何公民享有宪法和法律规定的权利,同时必须履行宪法和法律规定的义务。我国政府实际上也肯定了环境权是一项基本人权,并体现在有关政府文件之中,如《国家人权行动计划2009—2010年》中提出环境权利和环境权益的概念,《国家人权行动计划2011—2015年》中再次提到环境权利,并将其作为一项

---

① 吴卫星:《我国环境权理论研究三十年之回顾、反思与前瞻》,《法学评论》2014年第5期。
② 蔡守秋:《环境资源法教程》,武汉大学出版社2000年版,第235页。
③ 美国1969年《国家环境政策法》第101条(c)款规定:"国会认为,可以享受健康的环境,同时每个人也有责任参与环境改善与保护。"日本1993年《环境基本法》第9条规定:"国民应当根据基本理念,努力降低伴随其日常生活对环境的负荷,以便防止环境污染。国民还应当有责任在自身努力保护环境的同时,协助国家或者地方公共团体实施有关环境保护的政策和措施。"

具体权利予以肯定。在地方立法层面,我国很多地方性法规实际上都肯定了环境权,如《宁夏回族自治区环境保护条例》(1990年)、《上海市环境保护条例》(1994年)、《福建省环境保护条例》(1995年)、《山东省环境保护条例》(1996年)等,均规定了公民享有良好环境的权利和环境保护的义务。

　　作为宪法基本权利的环境权,其设定的主要价值目标有二:第一,为公民要求国家公权力机关履行环境义务提供请求权基础。基本权利最主要的功能在于,防御公权力的不作为或不当作为对社会公共利益的侵害,同时据以向国家公权力机关提出履行环境义务、保护社会公共利益的请求。正是在这个意义上,有学者指出,"公民环境权是宪法、行政法上的权利,实质上是一种请求权,是指公民有权要求国家保护环境公共利益,有权要求国家制止企业或其他环境义务主体侵犯环境公共利益的行为。"①其二,基本权利的效力除作用于国家权力领域以外,也可以作用于私人领域,正在被各国越来越多的司法判例所证实。传统宪法理论将基本权利界分为"消极权利"和"积极权利",消极权利是指要求国家不作为的权利,对应国家的消极义务,例如自由权;积极权利则要求国家做出相应行为,对应国家的积极义务,例如社会权和参政权。二分法在基本权利的规范分析中具有极为重要的地位。对应基本权利的分类,作为社会权之一种的环境权在性质上属于积极权利,即请求国家履行环境保护义务、干预污染和破坏环境行为的权利。按照传统宪法学理论,社会权不具有"可司法性"即不可以请求法院救济。但是,随着宪法理论和实践的发展,基本权利的分类之间出现了相互叠加,基本权利的性质呈现出

---

① 白平则:《公民环境权与企业环境资源使用权》,《山西师大学报》2005年第4期。

一种综合化,每一项基本权利所对应的国家义务都可能有几个层次的性质,对应几个层次的国家义务,权利和义务的对应不是"一对一"而是"一对多",基本权利无法对应类型化、条理化的国家义务。比如,在"自由权—社会权"的分析框架中,无法解决下列问题:(1)国家对自由权的积极义务;(2)国家对社会权的消极义务。面对"二分法的崩溃",[①]在宪法学界出现社会权可司法性的观点,越来越多的司法判例也采纳了这一观点。基本权利在私人之间的司法适用,不仅仅使环境权保持在请求权的层面,也为环境权的司法救济提供了一个途径。吴卫星在对国外环境权的司法判例进行实证考察后,认为各国出现的针对私人实施的环境权判例,值得我们作比较法上的考察和研究。[②] 在拉丁美洲地区,秘鲁的环境保护法律很早就规定了公民环境权,其《环境总法》规定:"公民生命延续所应该享受的健康、均衡、适度的环境的权利"受法律保护,政府对环保问题的问责也非常严厉。[③]

环境权成为宪法上直接明示确认的基本权利,已经具备了如下条件:第一,环境权理论的发展为环境权入宪奠定了理论基础。环境权理论经过广义环境权论、公民环境权论、狭义环境权论等不同学派

---

① 张翔:《基本权利的规范建构》,高等教育出版社2008年版,第38—39页。
② 根据吴卫星的统计,在全球92个规定宪法环境权的国家中,至少有44个国家的法院有基于健康环境权的司法判决,其中拉美国家阿根廷、巴西、哥伦比亚和哥斯达黎加的法院在实施环境权方面尤为积极,各有超过100个与环境权有关的司法判决。在这些国家中,环境权不仅可诉,而且主张环境权的一方大多胜诉。例如,巴西的胜诉率是67.5%,哥伦比亚基于健康环境权提起的与饮用水相关的民众诉讼的胜诉率为53%,哥斯达黎加大约是66%。参见吴卫星:《我国环境权理论研究三十年之回顾、反思与前瞻》,《法学评论》2014年第5期。
③ 何勤华主编,夏秀渊等著:《法律文明史第12卷:近代亚非拉地区法》(下卷 拉丁美洲法分册),商务印书馆2017年版,第335页。

的传承、促进、整合、砥砺,特别是新近狭义环境权理论对权利主体、权利客体、权利内容做出了比较明确的界定,而且,随着环境权内容类型化研究的不断深入,权利边界的准确界定,都使得这一新型权利具备了法定权利的基本要件。第二,环境权成为宪法上的基本权利,在我国已经有了相当的民意基础、政策基础和立法实践基础。环境权概念已日益被民众接受和认可;政策文件对环境权的确认已清楚彰显了政府的立场;而广泛的地方性法规对环境权的确认符合中国立法活动一贯坚持的"地方立法试点先行、国家立法跟进"的"摸着石头过河"式的做法,为环境权的入宪奠定了地方经验的基础。第三,环境权成为宪法上的公民基本权利,在国外已经有了相当成熟的、可资借鉴的经验。

其次,私法意义上环境权的法律保障。

笔者认为,环境权成为宪法上的基本权利,并不妨碍对环境权的私法保护,二者尽可以在不同的路径下并行不悖。

一种观点认为,环境权是一种公益性权利而不是自益性权利,因而无法私权化,应由宪法和行政法加以保护和调整。"公民环境权是宪法、行政法上的权利,实质上是一种请求权,是指公民有权要求国家保护环境公共利益,有权要求国家制止企业或其他环境义务主体侵犯环境公共利益的行为。"[1]笔者认为。这一观点源于公私法二元对立,非此即彼的语境,按照这种观点,环境权的实现必须依赖于国家环境公共权力的行使,这显然是不够的。环境法是兼具公益属性和私益属性的社会法,环境权的社会权利性质,决定发其法律调整手段应讲求公法手段和私法手段的彼此协同、有机结合。公法对环境

---

[1] 白平则:《公民环境权与企业环境资源使用权》,《山西师大学报》2005年第4期。

权的保护以预防和减少环境公权力的不当行使、怠于行使为目的,以期维护和增进环境公共利益,预防和减少对生态环境本身的损害,自不待言,但私法手段同样有其不可替代的作用。

环境法学者对环境权的私权化保障进行了不懈的努力。但是,由于环境权内容的模糊性,与已有的权利类型如人格权存在交叉重叠,在论者所设计的环境权民法保护进路中,所谓"环境人格权"、"环境相邻权"、"环境物权"的制度设计,很容易招致批评者的质疑:以上制度无论多么特殊,终归是人格权、相邻权、物权制度在环境时代的新发展,既然通过现有民事权利制度的拓展和完善就能达到环境保护的目的,那么环境权作为一项新型权利的意义何在?笔者阅读吕忠梅《沟通与协调——论公民环境权的民法保护》一书,就发现了这样的问题:论者一方面认为环境权是一项区别于传统人身权、财产权的新型权利;一方面又以从传统权利制度出发通过发展环境人格权制度、环境相邻权、环境物权等制度实现对环境权的民法保护。这就带来权利属性上的模糊认识,比如,关于环境人格权与环境权的关系,论者认为环境人格权是一项新型的人格权,但同时又是环境权的一个子项。[①] 环境人格权究竟属于人格权,还是属于环境权?如果属于前者,则环境权的独立地位无从谈起;如果属于后者,则环境权有与已有权利竞合而丧失其作为独立权利的内在尺度之虞。现有关于环境权私法保护的路径中,这一问题并没有得到很好解决。笔者认为,对环境权的私法保护,应当遵从两个路径:一是通过对现有民事权利制度的深化和拓展,如建立和完善环境人格权、环境物权等制度,使

[①] 吕忠梅:《沟通与协调——论公民环境权的民法保护》,中国人民大学出版社2005年版,第243—250页。

其向着有利于保护环境、保护公共环境利益的方向发展；二是对环境权的内容进行准确界定和类型化建构，使环境权成为区别于人格权、财产权并与之相并列的新的权利类型，进而探讨其私法保护路径。

任何对生态环境的损害行为，一般而言会引致两种后果：一是造成环境侵权，二是造成生态环境损害。环境侵权，是以生态环境为媒介，因污染、破坏环境而对特定的民事主体的人身、财产权益造成侵害，此种情况下，污染、破坏环境行为所侵犯的"权利"，不过是人格权、财产权等传统民事权利在环境保护领域的拓展，即环境人格权、环境相邻权、环境物权等新型民事权利，适用民事侵权法或对传统民事侵权理论进行扩张解释即可解决，若笼统归入"环境权"概念之下，则容易与已有的权利因边界不清而出现"权利叠加"。生态环境损害，即对生态环境本身造成损害，引致生态环境质量下降，最终体现为对公共环境利益的侵害。环境人格权与环境权之间存在细微但属于本质上的差别，污染和破坏环境的行为可能同时会造成对环境人格权和环境权的侵害，两者最主要的区别在于：环境人格权本质上属于人格权，对环境人格权的侵害即构成环境侵权，环境侵权的判断标准，以是否违反环境质量标准从而对人的生命健康造成损害客观标准；环境权是享受良好环境的权利，本质上是一种社会权，侵害环境权的判断标准，以是否引起环境质量下降、导致环境公共利益损害为标准，当然，在侵害环境权的情形下，特定的人身权、财产权因此也会受到损害，但更多表现为一种间接损害而不是直接损害。从这一意义上讲，侵害环境权的后果主要表现为生态环境损害。

就私法路径而言，虽然环境权的社会权属性与传统以保护个人利益为本位的民法存在某种"不兼容性"，但民法对这一权利的保护仍然可以有所作为。其一，因环境侵权而同时致生态环境本身受到损害的情形下,受害人不仅可以主张其人身、财产权利,亦可主张其环境权利。正如王利明指出:"直接遭受财产和人身损害的受害人因恢复生态而支出的费用可以纳入环境侵权损害赔偿的范围。没有直接遭受财产和人身损害的公民因恢复生态而支出的费用不宜纳入环境侵权损害赔偿的范围,而应通过公益诉讼的方式来予以处理。这个问题不应由侵权责任法来规定,而应由环境保护法律来规定。"[1]其二,只存在生态环境损害而不存在环境侵权损害的情形下,如何救济是现代侵权法需要认真面对的问题。环境权的创设,为生态环境损害致公共环境利益受到侵害的情形予以权利上的主张,可以弥补侵权法的不足。环境权行使的目的,在于维护公共环境利益,尽管环境权可以赋予私人主体来行使,但权利行使的目的不仅在于维护个体的权利,更在于维护环境公共利益。有论者认为,"在理论上,私人之间可能就涉及环境公共利益的环境污染和生态破坏问题进行谈判和协商,并非必须等待政府先行处理。换言之,公民和政府都是环境公共利益的代表。"[2]现代社会"危机四伏,充满损害",侵权法急欲解决的,乃是如下两个问题:"如何预防和减少损害事故","如何合理填补所生之损害"? 以此视之,侵权法的功能已然在于"弥补损害"和"预防损害"。[3] 以之为功能导向,侵权法形成的是三阶层的补偿损害机制:侵权行为制度、无过失补偿制度和社会安全保障三重损害补偿体系。[4]

---

[1] 王利明:《侵权责任法制定中的若干问题》,《当代法学》,2008年第5期。
[2] 王小钢:《以环境公共利益为保护目标的环境权利理论——从"环境损害"到"对环境本身的损害"》,《法制与社会发展》2011年第2期。
[3] 王泽鉴:《侵权行为法》(第一册基本理论 一般侵权行为),中国政法大学出版社2001年版,第1—7页。
[4] 同上书,第23页。

这些替代性、辅助性制度的兴起,已然使得侵权法本身的价值受到质疑。① 环境权能否成为民法上与人身权、财产权相并列的独立权利类型,尚期待民事侵权法自身的理论发展与完善。

3. 环境权利实现的程序保障

在环境权利实现的程序性保障方面,新修订的《环境保护法》以专章规定"政府信息公开和环境",确认公民的程序性环境权利有:①环境信息知情权。政府和排污企业有依法主动公开或依申请公开环境信息的义务,公众有知悉环境信息的权利。②环境监督权。对污染环境破坏生态的行为,公民、法人或其他组织有向环境行政主管部门和其他负有环境监管职责的部门举报的权利;对环境行政主管部门或其他负有职责的部门不依法履行职责的,有向其上级机关或监察部门举报的权利。③环境保护参与权。在国家环境政策的制订、重大环境项目的决策、规划和建设项目的环境影响评价等方面,公众有参与的权利。此外,《环境保护法》首次规定了符合条件的社会组织有提起环境公益诉讼的权利。② 公民行使环境权利,同时应当承担环境保护的义务。主要有低碳生活的义务、绿色消费的义务、减少日常生活对环境影响的义务等。

针对程序性环境权利中存在的不能全程参与、参与渠道狭窄且容易流于形式等问题,立法下一步的完善方向,应当注重从源头、过程到末端的全过程参与。拓宽公众参与的渠道,规范参与方式,实现

---

① 侯佳儒:《环境法学与民法学的对话》,中国法制出版社 2009 年版,第 256 页。
② 《环境保护法》第 58 条规定:对污染环境、破坏生态,损害社会公共利益的行为,符合下列条件的社会组织可以向人民法院提起诉讼:(一)依法在设区的市级以上人民政府民政部门登记;(二)专门从事环境保护公益活动连续五年以上且无违法记录。符合前款规定的社会组织向人民法院提起诉讼,人民法院应当依法受理。

程序参与的制度化。在现有社会组织提起公益诉讼制度的基础上,经过试点探索,完善由检察机关作为公共利益代表提起公益诉讼的制度;在未来环境权成为法定权利时,还应当赋予公民以环境公益诉讼的原告资格。以上公众参与制度的完善,有赖于公民社会环境意识和环境自主治理精神的培育,更有赖于公民环境义务的履行。

(二)资源权的法律保障

在环境法的权利体系中,与环境权、排污权不同,资源权(不同视角下的自然资源使用权、自然资源物权等)是唯一被立法所确认,并成为法律的实定权利。

在自然资源国家所有制的前提下,如何实现对自然资源的有效开发利用是民法领域备受关注的论题。民法业已建立的自然资源物权制度就是对自然资源的"非所有利用"的制度设计。传统民法是典型的调整私人领域人身和财产关系的私法,以土地为中心的物权制度设计对自然资源的生态价值关照不足,对环境的保护一般仅限于事后损害赔偿,加之它以私人财产权为中心,虽然近代民法有从"个人本位"向"社会本位"的演进趋势,但对社会利益关怀的不足,反而在法律上支持了生态损害。面对日益严重的现代环境问题和环境风险,以保护环境与自然资源、平衡环境与自然资源经济价值和生态价值的环境法的诞生,可以看作是对传统民法制度调整环境公共利益功能不足的一种补正。

资源权的提出,是在民法所规范的自然资源使用权制度的基础上,同时把自然资源的开发利用纳入公法的范畴,通过环境权力的设置,对权利人课以相应义务,划定权利行使的边界,实现资源利益和生态利益的平衡,达到促进人与自然和谐的目的。因此,资源权的法律保障,须从完善民法自然资源使用权制度和环境法自然资源管制制度两个方面着手。

从民法角度考察,除传统的土地使用权外,《物权法》第 122 条和 123 条分别规定了海域使用权、探矿权、采矿权、取水权、养殖权和捕捞权。学界一般将自然资源物权归类为用益物权或准物权,此类物权不是典型意义上的完全物权,要受到环境法自然资源管制制度的制约。民法关于自然资源使用权的分类,是基于自然资源客体的不同类型,不能完全体现自然资源使用权的不同属性,理论和实践中存在不同认识;自然资源使用权体系上存在不周延性,一些重要的自然资源类型尚未进行物权法的调整领域。解决的思路是:一是理顺自然资源使用权体系的内部逻辑关系,按照"利用性资源权"和"获取性资源权"两大类别对自然资源使用权体系进行重构,前者以土地(包括林地、草地)使用权、水体使用权和海域使用权为主,可以归类为用益物权范畴;后者以取水权、采矿权、采伐权、狩猎权、捕捞权等权利类型为主,可以准用物权的规定。二是把一些实践中已出现的新的自然资源使用权类型如林地使用权、草地使用权、狩猎权、航行权等实际上已经存在自然资源用益物权类型,及时纳入物权法,或通过司法解释对此做出准用解释,以解决生活中大量存在的自然资源用益物权的法律适用问题,[①]使自然资源使用权体系更具周延性。三是实现民法制度的"生态化"。如规定行使自然资源开发利用权时应负担环境保护义务、扩大民法的对生态损害的预防功能、将生态损害纳入侵权责任的保护范围等,实现民法自然资源使用权制度与环境法自然资源管制制度的衔接。

---

① 黄锡生:《自然资源物权法律制度研究》,重庆大学出版社 2012 年版,第 132 页。

从环境法的角度考察,针对全民所有自然资源的所有者与监管者混同,既当"裁判员",又当"运动员",导致自然资源管理不力、资源滥用、配置低效的问题,将自然资源所有者和监管者分开。建立统一行使全民所有自然资源资产所有权人职责的体制,如组建国有自然资源资产管理部门,代表国家对属于全民所有的自然资源资产行使所有者权利,统一确权登记自然资源,接受自然资源监管部门的统一规划和空间用途管制,同时有效约束生产者开发自然资源的行为,强化其保护自然资源的法律责任。为实现所有者权益,保障自然资源的可持续利用,在自然资源资产开发利用过程中,按照"谁使用谁付费"的原则,由市场形成交易价格,使免费使用的自然资源变成有价值的资源。建立空间规划体系,划定生产、生活空间,生态空间开发管制界限,落实用途管制。自然资源监管部门按照自然资源属性、使用用途和环境功能,对一定国土空间里自然资源按用途实行分类监管。把自然资源按照公益性自然资源与经营性自然资源进行分类,依据不同目标和原则管理。对各种公益性自然资源资产按照其公共、公益属性进行使用和监管,对各种经营性自然资源资产完全纳入市场,并依照市场规则运营和监管,建立自然资源资产核算体系和严格的监管体系。

(三)排污权的法律确认与制度保障

我国环境立法对企业的排污行为,大都规定了种种限制性义务。污染物排放总量控制和许可证制度是我国环境法中规定较早且得到普遍实施的制度,但"排污权"这一新型权利长期并未得到法律的明示确认。这种立法理念,显示了国家环境权力对企业排污行为的主导地位,由国家环境权力约束和限制企业的排污行为当然是必需的,是保护环境公共利益的需要。但是,企业在法定限度内合法排放污染物的行为是其实现经济利益的保障,是企业的合法权利,同样也应当得到法律的充分保护。在立法层面,排污收费制度已成为环境法的基本法律制度之一,排污权交易的试点已呈"遍地开花"之势,但有关排污权交易的立法主要局限于部分实行排污权交易试点的省市或少数自主开展排污权交易的省市,地方立法很大程度上仅限于"点"而远未辐射到"面"。从地方立法的内容考察,有关排污权交易的法规相对于蓬勃发展的排污权交易实践,表现明显的滞后性,具体操作规范仍然不足,一些行之有效的政策未能及时上升为法律规范。因之,我国排污权制度总体上面临立法供给不足、法律依据不充分的问题。

2014年修订的《环境保护法》未能对排污权及排污权交易制度做出明确规定,是本次修法的一大缺憾。2015年8月29日修订通过的《大气污染防治法》第21条规定:"国家逐步推行重点大气污染物排污权交易",首次在国家立法层面确认了"排污权"这一新型权利,并对大气污染物排污权交易制度做出原则性规定,具有开创性意义。在此基础上,《水污染防治法》也应当对水污染物排污权制度做出明确规定。由于污染防治单行立法对排污权一般只做原则性规定,应当制定国家统一的排污权分配和交易配套办法,在污染物总量控制制度和排污许可制度的基础上,对污染物排污权的初始分配、排污指标的有偿使用、排污权交易中政府和企业以及中介主体等分配主体和交易主体的责权利和义务,滥用和非法转让排污权、恶意囤积居奇指标等扰乱市场的买卖行为规定明确的法律责任等,做出细化的规定。其中,排污权的初始分配、排污权交易是实现上述权能的关键制度保障。

根据排污者取得排污权是否要支付相应的费用，排污权初始分配可分为无偿分配和有偿分配两种模式。不同的分配模式背后有不同的价值判断和法理依据。免费分配模式下企业无需支付任何对价就能获得排污权，在实践中容易被企业所接受，但忽视了排污权的经济属性，在某种程度上阻碍了排污权交易的市场化进程，而且有失公平。有偿分配模式能够充分体现出排污权的商品属性并能对排污权给出定价，但加重了企业的经济负担并对生产经营等绩效方面产生了不利影响，因此在其推广执行中容易遇到阻碍。正是由于不同分配模式各具优缺点，选择何种初始分配模式成为排污权交易理论和实践中的一大难题。在理论界，认可免费分配方式的观点认为：从制度目标看，排污权市场的竞争不能确保其分配有效性，中央政府通过排污权的初始分配对排污权交易系统进行干预可以对市场的无效性加以纠正，"应采用免费分配的方式保证国家产业政策和公众环境利益等社会公益"。[①] 从操作性看，"公开拍卖和定价出售，都是对环境污染外部性的内部化，是对市场价格扭曲的纠正，并且这种收入作为政府的财源，也是非常有益的。但厂商对收费的抵触心理，使得有偿的初始分配方式遇到很大的阻力。此外，有些集团还可能操纵排污权交易市场。因而，不论在美国这类发达国家的实际应用，还是在一些学术探讨中，均视免费分配更具有可操作性。"[②]支持有偿分配方式的观点则认为：既然排污权是一种有"有价资源"，将初始排污权分配推向市场就是大势所趋，在市场经济条件下，纳污能力作为一种重要

---

① 李寿德、王家祺：《初始排污权不同分配下的交易对市场结构的影响研究》，《武汉理工大学学报（交通科学与工程版）》2004年第2期。
② 李寿德、黄桐城：《基于经济最优性与公平性的初始排污权免费分配模型》，《系统工程理论方法应用》2004年第3期。

而有限的公共资源,应该在有偿、有限的基础上对排污权进行分配。①也有学者从私法和环境法学的不同进路研究排污权和排污权交易,得出殊途同归的结论,即认可排污权是物权的一类,是一种比较特殊的物权,应有偿配置。② 笔者认为,排污权初始分配模式的选择,应根据排污权交易制度的目标,在一定的区域范围内,综合区域内具体的经济、技术、产业结构、历史惯例等诸多因素,通过市场准入,多目标多阶段地选择具体的排污权初始分配模式。排污权初始配制是否有偿主要决定于不同国家不同发展阶段的经济基础,以及环境利益、经济利益和社会利益三者之间的平衡过程及其影响因素。在不同的市场条件下应当选择不同的分配模式,从而达到效率与公平的统一。

初始分配是实现环境公共利益的必要手段,应当在政府的主导下进行。初始分配完成后,排污权就进入了二级市场的交易,此时,市场的力量应当发挥主导作用。我国排污权交易经过多年的政策试点,已取得了一定成效,在交易定价、交易规则、交易模式等方面积累了一定的经验。但是,在实践的过程中也面临着诸多困境。比如,作为环境保护领域的新型市场机制,排污权的取得,实际上是由政府环境行政主管部门颁发排污许可证的方式进行的,排污权交易市场处于初级培育阶段,实践中大量的排污权交易的案例更多是在政府主导下促成的,并不完全具有自由转让或交易的私权利性质。交易平台建设缺乏相应的法律规制,信息不对称,交易成本高,存在"权力寻

---

① 尚静石:《动态规划在河流初始排污权分配中的应用》,《东北水利水电》2006年第5期。
② 王小龙:《排污权交易研究》,法律出版社2008年版;邓海峰:《排污权——一种基于私法的解读》,北京大学出版社2008年版;李爱年等:《排污权初始分配的有偿性研究》,《中国软科学》2003年第5期。

租"现象等。排污权交易制度的建设,需要从交易平台建设、共享交易信息、规范交易合同、加强政府监管部门的监督服务职能等多方面予以完善。

首先,建立和完善排污权交易平台。近年来,在我国部分地方在排污权交易的实践中,借鉴国外排污权交易模式,先后建立了一批排污权交易平台——各类排污权交易所,[①]且呈现逐年扩大的趋势。这些排污权交易所的成立,对于及时提供交易信息,规范交易流程和规则,最大程度降低交易成本,促进排污权交易有序、合理、合法的进行,发挥了重要作用。但由于理论和实践准备不足,排污权交易法律定位不明确、交易规则不健全、监管体制过于僵硬、法律相对滞后等问题比较突出。笔者认为,尽管交易所模式是充分利用市场机制实现排污权交易,但是就我国现在排污权交易的现状来看,排污权交易所完全市场化的时机还不完全成熟。从这一现状出发,有关交易所的模式和定位问题,应当分两个步骤:第一步,就现阶段而言,在各省市的政府环境主管部门下设立事业单位性质的排污权交易所,作为政府主导下的有限的市场运行机制,在政策上、法律上、实践上更为可行。第二步,将来排污权市场发育成熟后,将排污权交易所从环境主管部门中脱离出来,成为完全独立的第三方市场主体。对排污权交易所运行的法律规制,根据我国目前排污权交易立法情况,同样可以采取两个步骤:第一步,完善地方立法,细化交易所的设立条件、设立基础、职责、体制、方式和程序、监管机制和法律责任等,对排污权交易所的运行以立法形式进一步予以明确。第二步,在时机成熟的

---

① 如2007年成立嘉兴市排污权储备交易中心,2008年成立北京、上海、长沙环境交易所,2009年成立的天津排放权交易所,2010年成立的大连环境交易所等。

时候,可以由国家环境保护部制定指导性的部门规章《排污权交易所管理办法》。

其次,规范排污权交易合同的签订和履行。排污权交易合同虽然具有合同的一般特征,但又与普通的民事合同存在不同,最典型的是当事人意思自治原则和合同相对性原则在该类合同中会受到一定的限制。因之,排污权交易合同应当是一种新型合同,该合同的成立、生效、合同关系的主体、客体、内容以及合同双方当事人的权利义务等都有其特殊性。除遵循合同法的基本原则外,排污权交易合同还必须符合公法上的一些具体要求,比如说,不得引起区域环境质量恶化原则,向当地环境主管部门报送备案并经核准后才能生效等。这是因为:排污权交易的标的(污染物排放)比较特殊,转让的合同标的不是单纯获得排放权,而是涉及到公共利益。如果在某一地区进行了不适宜的聚集性排放或是排放方式不同都有可能导致企业在获得合法排放权后仍造成地域范围内的环境污染,使得排污权的转让背离了其原始目标。

再次,完善交易信息登记制度。交易所在进行排污权交易前首先应当进行基本信息的登记,登记的内容应当包括:交易双方的名称、地址,转让标的、成交方式、转让价格及价款支付时间和方式、可转让削减量的确认、需求方受让条件的确认。准确的信息登记是开始交易的前提条件,是保障交易顺利进行的基础。签订排污权交易合同确认交易完成后,还要经过当地环境保护行政主管部门备案,在涉及公共利益的情况下,必须由当地环境保护行政主管部门严格审核排污权交易合同的交易标的是否超过排污权交易所确定的种类范围,受让排污权的单位的排污方式和排污区域是否符合环保标准要求,合同约定是否与《合同法》或我国的民事法律基本理念有相违背的内容等。经过环保行政主管部门的审核通过后,排放权交易合同才能具备法律效力。

二、环境权利的边界划定及冲突消解

权利的本质之一是自由,但任何权利都只能是有限制的自由。"法律对权利的限制,严格地讲,就是法律为人们行使权利确定技术上、程序上的活动方式及界限"[①],"法律体系的目标之一就是建立清晰的权利边界,使权利能在此基础上通过市场进行转移与重新组合"[②]。对各类环境权利的边界做出清晰的界定,是建构环境权利体系的目标之一。当环境权利因边界不清晰而出现冲突时,法官运用利益衡量方法进行自由裁量,就成为补充权利划界不足,消解权利冲突的必要手段。前者属于立法所要解决的问题,后者则属于司法问题。

环境权利配置中的边界划定,主要体现在立法上权利义务的合理分配。环境法并不排斥生态环境受人类活动的干预,而是允许人们在不超越环境负荷能力的限度内合理开发利用环境资源,实现社会的协调持续发展。因此,环境权、资源权、排污权三类环境权利及其与之相对应的义务形成了互为边界的关系。

环境权的边界,主要是法律对作为环境权客体的环境质量的水平所做的约束性规定,通常采用环境质量标准予以确定。在符合环

---

① 舒国滢:《权利的法哲学思考》,《政法论坛》1995年第3期。
② [美]罗纳德·哈里·科斯:《企业、市场与法律》,盛洪等译,上海三联书店1990年版,第51页。

境质量标准的前提下,对环境与自然资源进行合理开发利用,或者向环境排放一定污染物的行为,在客观上可能会造成一定限度的生态破坏和环境质量下降,但权利人不得以此主张环境权,权利人得忍受一定限度的环境污染和破坏的义务。① 资源权的边界,是要求环境资源的开发利用要保持在环境资源承载能力所能允许的范围之内,通常采用自然资源管制制度予以强制性约束。从事环境与自然资源开发利用行为,必然符合这些约束性规定。排污权的边界,即要求排放污染物不能突破环境的自我净化能力,通常采用污染物排放标准和总量控制标准的形式予以确定。

环境权利运行中的冲突化解,主要体现在环境司法上利益衡量方法之适用。利益衡平既是一种法律适用的方法。当司法判断中面对相互冲突的利益时,应当遵从一定的利益评估、整合、取舍等衡量方法,实现利益衡平的目的。利益衡量方法是对立法上权利边界模糊导致权利冲突的一种司法补足方法。环境保护相关的利益衡量,主要是资源利益和生态利益的衡量,衡量的标准主要有:②

第一,利益位阶确认。在可能发生冲突的各种利益中,并非所有的利益都同等重要。立法可确定判断各种利益重要性的标准,并依该标准对各利益按照其重要程度进行排序,亦即确定各利益的位阶。在现实中发生利益冲突之时,优先保护顺位在前的利益。对于不同类型利益的位阶,应当基于以下原则加以判断:①公共利益优于个人利益。公共利益是不特定多数人的利益,是众多个人利益的集合。公共利益涉及整个社会秩序与社会发展,个人利益与公共利益发生

---

① 汪劲:《环境法学》,北京大学出版社 2006 年版,第 87 页。
② 杨炼:《立法过程中的利益衡量研究》,法律出版社 2010 年版,第 180 页。

冲突出,一般认为,对公共利益的保护位序要优先于个人利益。从社会整体角度考虑,要将一般利益放在优先的地位。②长远利益优于短期利益。从社会发展的延续性考虑,要将长远利益放在更突出的位置。当然,利益位阶的衡量具有相对性。利益的重要性认识与某一历史发展阶段的主流价值判断和社会总体发展目标密切相关,一旦这些因素发生变化,利益的位阶也可能随之发生变化。因此,利益位阶具有变动性。生态利益是典型的环境公共利益,在我国环境问题日益严重和实施"生态文明"战略的时代背景下,在利益位阶的认定上,生态利益应当具有优先性。

第二,利益综合兼顾。利益冲突是合法利益的冲突,当代环境问题加剧的根源即在于整体性、公共性的生态利益与局部性、私益性的经济利益、资源利益的冲突,这种相互冲突的利益本身都是合法利益,都应当受到法律保护。因此,在对利益冲突进行衡量时,若相冲突的各种利益在位阶上有所区分,则一方面要优先保护位阶在先的利益,另一方面又要顾及位阶在后的利益;如果相互冲突的利益处于同一位阶,则应对各种利益都有所顾及,为实现整体利益最优而使各利益均做出一定让步。《中华人民共和国环境保护法》第1条规定:"为保护和改善环境,防治污染和其他公害,保障公众健康,推进生态文明建设,促进经济社会可持续发展,制定本法。"第4条规定:"国家采取有利于节约和循环利用资源、保护和改善环境、促进人与自然和谐的经济、技术政策和措施,使经济社会发展与环境保护相协调。"这一立法目的和原则反映了环境法对生态利益、经济利益和国家发展利益的综合兼顾。

第三,成本效益分析。成本效益分析是法律经济分析常采用的方法。在利益衡量中采用成本效益分析方法,就是要分析保护某一特定利益所带来的收益或是牺牲某一特定利益所受到的损失,理性进行决策以使收益最大化、成本最小化。具体而言,在利益衡量过程中,应优先保护收益最大的利益。如为保全某一利益而必须牺牲另一利益,则另一利益的牺牲应当符合比例原则。比例原则要求牺牲某一利益所带来的收益应与牺牲该利益所产生的成本相称,而不应相差悬殊。在环境利益衡量中进行成本效益分析可确保利益衡量具有经济合理性。尤应注意者,利益衡量中所考虑的收益,不仅指经济效益,还应包括生态效益。对自然资源而言,其生态效益往往大于经济效益。

第四,利益倾斜保护。在对利益的角逐过程中,各利益主体由于先天禀赋和后天能力不尽相同,在利益博弈中势必呈现强势与弱势的差异性。在利益竞争中处于弱势的群体,如果不对其合理的利益诉求加以支持与维护,很容易造成社会不公,对这种社会不公的不满日积月累,很可能使整个社会政治体系的根基发生动摇。在中国经济社会发展形成的诸多利益冲突格局中,因国家发展战略和自然资源开发政策差异导致了东西部区域利益冲突,因城乡二元格局导致的城乡利益冲突,都是不同群体利益冲突最为明显的表达。因此,在利益衡量过程中,应对弱势群体的利益加以倾斜保护,以求在实质意义上实现公平,真正化解利益冲突与矛盾。

第二节 环境权力的合理配置与张力消解

环境权力属于政府公共权力,是法律权力,也是政治权力。公权力主体之间的权力分配,既是权力主体之间公共服务职能的配置过程,又是政治权力的分配过程。因此,对环境权力的重新配置,是关乎体制改革的重大政治命题和宪政问题。从宪政角度对体制改革和公共权力（政治权力）的架构进行研究，进而提出公共权力合理配置的方案，或许是解决问题的根本之道，但是，那将是一个宏大的宪政问题，超越本书的研究主题。此处重点从"法律建构"的角度，结合影响权力运行的社会因素，对环境管理体制改革及环境公共职能的整合方向、路径做宏观意义上的分析，进行探讨环境权利和环境权力的均衡配置，通过相应的制度设计，对失衡的权力配置加以矫正，消解其内在张力，促进环境权力的良性运行。

一、环境管理体制改革与环境公共职能的整合

在当下中国的环境管理体制下，环境权力的配置在纵向配置上体现为自上而下的科层制架构下的权力层级分配与运作，在横向上体现为统管部门与分管部门分权治理的格局。其中，纵向上的科层制逻辑强调权力配置和运行中的命令与服从，往往强调整体环境利益而忽视地方环境利益，中央政府与地方政府的环境权力配置失衡，地方政府环境权力与环境义务失衡，导致出现环境权力运行中的低效。横向上的统分结合的管理体制虽然考虑到了专业性的要求，但存在部门职权交叉和重复、权限不清、缺乏合力等问题。对环境权力进行科学、合理的均衡配置，不能不讨论环境管理体制改革问题。

针对环境公共部门之间的环境权力和环境义务配置的不均衡，有学者从环境管理体制改革的角度，建议把与环境保护有关的所有职能统一交由环境行政机关统一行使，即推行所谓"大部制"改革。笔者认为，这一观点并不具有实践的可行性。因为，现代政治国家即使权力分工如何细化，任何政府职能的分工都可能会存在一定的交

叉,"把一种功能分派给一个分立的机构去行使是不可能的,这不仅是因为政府权力的行使无法明确地分配,而且还因为随着政府体制的发展,政府的主要功能走向于分化成一些次要的和从属的功能。每种次要功能的行使,都是委托给那些在某种程度上独立的和自治的政府机关的。这些机关在政府体制中都有各自的名称和职责。"①对于环境行政而言,环境问题所具有广泛性、复杂性的特点,决定了所有的环境事务同样不可能由环境行政部门单独来完成,环境治理必须由多部门协作共同完成。如果把与环境保护有关的所有职能交由环境行政部门统一行使,环境行政部门将成为一个"超级部门",可以预见,这种改革不仅成本巨大,实施难度也相当大。退一步讲,即使建立了这样的超级部门,也只能解决环境内部各要素的协调,而仍然难以协调环境与发展之间的关系。

党的十八届三中全会的《决定》在"改革生态环境保护管理体制"部分要求,建立和完善严格监管所有污染物排放的环境保护管理制度,独立进行环境监管和行政执法。2015年9月,中共中央、国务院发布《生态文明体制改革总体方案》,对新一轮的生态文明体制改革做出了顶层设计。方案并没有涉及环境保护大部制改革的内容,但对自然资源资产管理体制及环境保护管理职能的改革方向则做出了清晰的规划。《方案》提出要健全自然资源资产管理体制,按照所有者和监管者分开的原则,整合分散的全民所有自然资源资产所有者职责,组建对全民所有的矿藏、水流、森林、山岭、草原、荒地、海域、滩涂等各类自然资源统一行使所有权的机构,负责全民所有的自然资源的出让、出租等。上述改革设计虽未明确提出环境管理体制改革

---

① [美]古德诺:《政治与行政》,王元译,华夏出版社1987年版,第9页。

的内容,但涉及对环境监管职责的重新划分。党的十九大报告提出,要加强对生态文明建设的总体设计和组织领导,设立国有自然资源资产管理和自然生态监管机构,完善生态环境管理制度,统一行使全民所有自然资源资产所有者职责,统一行使所有国土空间用途管制和生态保护修复职责,统一行使监管城乡各类污染排放和行政执法职责。

环境管理体制改革的未来进路,应当立足于单一制国家政体,在坚持环境公共管理职能"统分结合"格局的前提下,通过对环境公共管理职能在部门间的合理调整和科学划分,达到环境权力均衡配置的目的。比如,实施《生态文明体制改革总体方案》,落实十九大报告关于自然资源资产管理和自然生态监管机构改革的要求,组建新的行使自然资源所有权的专门机构,在实现所有者和监管者分离的基础上,重点研究两方面的改革细化措施:一是在中央政府和地方政府之间,合理划分自然资源所有权的收益,协调地方环境利益关系,保障全体人民公平分享全民所有自然资源资产收益。二是在监管体制上,将自然资源监管中的用途管制交由环境保护部门行使,将环境保护部门的生态保护和污染防治职能、自然资源监管部门有关生态保护的职能进行整合,交由环境保护部门行使。通过环境公共管理职能的合理整合,推进环境管理体制改革,优化环境权力的配置,提高环境权力的运行效率。

二、实现环境权力和环境责任的合理配置

在单一制政体下,"执行上级国家行政机关的决定和命令"成为地方政府环境权力运行的基本逻辑。由于对地方环境利益没有给予

充分的关照,地方政府往往对中央政府决策以及国家层面的环境立法进行放大、缩小、曲解或变通,既削弱了中央在环保监管方面的宏观调控能力,消解了国家环境立法的权威,又使地方的积极性难以得到有效的发挥。因此,以法律的形式明确划分中央与地方环境权力的边界就显得非常重要。

按照中央和地方的分权原则,环境保护更多是由政府提供公共物品和公共服务,在环境权力的配置上,只有涉及全国性公共物品和公共服务,或整体性环境公共事务的,由中央政府及其环境行政机关统一管辖;凡涉及地方性公共物品和公共服务或地方性环境公共事务的,应当由地方政府及其环境行政机关自主管辖;超出地方政府管辖范围而又不涉及全国性环境公共事务的,则以中央政府为主,中央政府与地方政府共同管辖。随着政府行政权力配置重心下移的发展趋势,直接面向社会公众的环境管理事务一般应下放给层级较低的地方政府,以保持与行政组织的"扁平化"设置相对应。这种以层级化为基础的权力划分需要通过法律的形式固定下来,形成一个有权威、有内聚力的环境权力制度体系。

环境权力的横向配置,关键是环境行政部门与同级政府负有环境监管职责的各相关行政部门之间的环境权力与经济权力的合理配置。解决环境权力和环境义务在横向配置上的失衡,应当立足于现有统管与分管相结合的环境管理体制的基础上,整合现有环境管理公共职能,赋予环境行政部门更大的环境权力。针对我国目前环境行政部门"权小责大"的问题,有必要适当地扩大环境行政部门的监督执法权力,同时对经济发展部门的经济权力进行适当限制,以实现在环境保护公共职能方面的权责相一致性。

在《环境保护法》修订前的数十年,环境行政部门既没有强有力的行政强制措施权,也没有限期治理和关停企业的决定权,更没有行政处罚的执行权,这使得其执法手段严重不足,执法能力和权威受到很大的限制。新修订的《环境保护法》赋予了查封、扣押权,限制成产和责令整改权,但是,责令关停权仍然受制于地方政府,而且仍然没有强制执行权。享有完整、充分的行政执法权是环境行政部门独立执法的基础和保障。鉴于目前环境执法权过于分散、环境行政执法部门权力有限、中央地方事权划分的不合理,有必要对执法职能进行整合,使环保执法部门享有更加统一和有力的执法权。具体而言,主要通过以下途径解决:第一,实现基层环境权力的相对集中。根据《行政许可法》、《行政处罚法》的规定,在不改变现有组织结构的情况下,经国务院批准,省级人民政府可以决定由环保部门行使其他部门有关环保执法的权力,从而使得环保部门能够统一行使环保执法权,避免职能重叠和相互推诿。另外,由地方政府直接行使执法决定权是不合理的,因为地方政府作为综合部门,受到规制俘获的可能性比较大,因而建议将地方政府的环境执法权集中给专业的环境保护部门统一行使。第二,通过法律赋予权力。鉴于环境保护部门长期缺乏行政强制权,无法对违法行为采取行政强制措施,无法对行政决定强制执行的弊端,根据《行政强制法》的规定,《环境保护法》等相关法律应赋予环保部门以行政强制措施权和行政强制执行权。其中,行政强制措施权主要是查封、扣押和对非居民的断水、断电权。行政强制执行主要是代履行、执行罚、强制拆除违法设施和划拨存款、汇款等。这样可以增强环保部门的执法能力、权威性和及时性。新修订的《环境保护法》第24条、25条赋予了环保部门现场检查、查封、扣押的权力,在一定程度上可以缓解环境执法部门"无力"的尴尬,但仍然是不充分的。第三,实现环境权力下移。在加强基层执法力量的同时，应当将事权尽量向下转移，由基层进行执法，上级主要负责进行监督。尤其要打破以被监管对象的行政级别为标准划分管辖权的做法，无论被管理的对象的级别多高，只要是在基层执法的管辖范围内，均应按所在地管辖而不是被诉主体级别定管辖，由基层执法部门负责执法，上级主管部门负责协调和监督。

在扩大环境行政部门执法权限的同时，还应强化环境行政部门及其执法人员的法律责任，实现权责相一致。责任是执法的动力机制，严格而有效的责任追究机制可以督促执法主体积极主动地履行监管职责，并且确保执法的合法性。针对目前责任追究机制不健全的情况，应当强调以下几点：其一，法律法规明确规定执法主体的责任；其二，明确追责的主体、程序和制裁方式；其三，完善环境问责制度。2015年新修订实施的《环境保护法》在强化各方责任方面着墨较多，在很大程度上弥补了责任机制的不足。如何落实新法规定的各项责任，是未来环境执法建设的一项重要课题。此外，在我国，由于各级政府及环境行政部门在党委领导下开展工作，因此，应当强调各级党委、政府对环境保护工作均负有责任。2015年4月，中共中央、国务院发布《关于加快推进生态文明建设的意见》，提出要健全政绩考核制度，建立体现生态文明要求的目标体系、考核办法、奖惩机制；要完善责任追究制度，建立领导干部任期生态文明建设责任制，完善节能减排目标责任考核及问责制度。针对生态文明建设领导体制和工作机制，明确提出："各级党委和政府对本地区生态文明建设负总责"。建立环境保护党政同责的问责制度，也是完善环境责任制度不可或缺的一个方面。

三、建立部门协调机制,消解环境权力的运行冲突

从立法层面明确划定不同主体的环境权力边界,实现环境权力和环境义务的对等,是解决权力边界模糊和交叉等问题的重要路径,但是,环境权力作为公共权力,对其进行静态意义切割和划分仍然只是相对的。加强环境权力主体之间的协作配合,从动态意义上消解环境权力的运行冲突,是弥补权力配置不足的又一个重要路径。

环境权力的实际运行中,负有统一监督管理职责的环境行政部门,以及其他对环境保护负有监督管理职责的部门,需要建立有效的综合协调机制,通过协商、合作的方式,解决环境权力运行中可能出现的权力张力和运行冲突,解决跨部门、跨区域的环境事务,促进环境权力的良性运行。在这方面,美国在环境权力运行过程中建立的环境执法协调机制为我们提供了可资借鉴的经验。在美国,环境行政部门与其他政府机构和司法机构之间,都建立了稳定的协调机制,协调方式包括美国国家环保局制定跨介质跨部门的执法方案、设置协调机构(如政策协调机构"环境质量委员会"),共同协作提起违法诉讼(如与司法部合作),建立具有约束性的伙伴关系(如"机构间环境正义工作组")等。[1] 借鉴美国的经验,在我国,应当建立环境行政法部门协作或者联合执法的长效机制,协调环境权力的运行。首先,通过立法对各有关环境执法主体的职权和职责关系进行统一规范,理顺环境行政主管部门与国土资源、农业、建设、林业、工商等部门之

---

[1] 冯锦彩:《论中国环境执法制度的完善——以中美环境执法制度比较为视角》,《环境保护》2009年第6期。

间的职能关系;其次,设立专门的协调机制,明确联合办案的程序、时限、责任等,建立健全环境行政违法案件移交移送制度,用法律的形式来协调各相关部门,使联合环境执法制度化和规范化,能够切实形成执法合力。同时,明确相关部门乱作为、不作为的法律责任,建立起环境执法的长效机制并发挥其整体效应。2014年修订的《环境保护法》第20条规定:"国家建立跨行政区域的重点区域、流域环境污染和生态破坏联合防治协调机制,实行统一规划、统一标准、统一监测、统一的防治措施。"这一规定为跨区域环境协调机制的建立提供了法律依据。

四、建立利益补偿制度,矫正环境利益失衡

中央与地方、整体与区域、区域之间的环境权力配置失衡问题,其本质是不同主体的环境利益(包括生态利益和资源利益)分配不均的问题。我国环境法中已经建立起环境影响评价制度、"三同时"制度、征收排污费制度等一系列制度,从利益衡平的角度,都是环境利益衡平的制度设计。但是,一些重要的生态利益保障和衡平制度,如生态利益的公平分享制度、合理补偿制度没有完全建立,不能满足利益调整的需要。为此,环境法应当围绕"利益平衡"这一主线展开相应的制度建设。

建立完善的生态补偿制度,是矫正环境权力配置失衡和运行冲突最为重要的制度之一。生态补偿,是指为保护生态环境,协调公众生态利益,由中央政府、生态受益地区地方政府、其他生态受益组织和个人向为生态保护做出贡献的组织和个人,以财政转移支付、协商谈判、市场交易等形式进行合理补偿的法律制度。2014年修订的

《环境保护法》第 31 条规定:"国家建立、健全生态保护补偿制度。国家加大对生态保护地区的财政转移支付力度。有关地方人民政府应当落实生态保护补偿资金,确保其用于生态保护补偿。国家指导受益地区和生态保护地区人民政府通过协商或者按照市场规则进行生态保护补偿。"这一规定是环境保护法对生态补偿制度所做的"顶层设计"。生态补偿法律制度的建设,尚需要相关环境资源单行法、专门法的协同跟进,更需要在实践中不断总结经验,加以完善。

由于生态利益是典型的公共利益,生态补偿法律关系的主体及其权利义务关系往往不易做出清晰的界分。按照"谁来补偿","补偿给谁",生态补偿法律关系的主体可以划分为两类:权利的主张和享有者即受偿主体,义务的承担者即补偿主体。补偿主体主要包括政府、特定的生态受益者、环境资源开发利用者。①政府。在生态补偿法律关系中,依据"谁受益、谁补偿"原则,一切在生态保护和建设活动中受益的单位和个人都应当成为补偿主体,补偿的对象(即对应的受偿主体)是从事生态保护、恢复、治理活动而增进公共生态利益的单位和个人。但是,正是由于生态利益的公共利益属性,受益的主体往往体现为不特定的多数人甚至是全社会,实现受益者和受偿者一一对应的直接补偿实际上并不具备可操作性。而政府作为公共利益的代表,理所当然就成为了补偿主体。此时,政府实际上是替代补偿主体。[①] 政府通过向生态受益地区征收补偿费的方式,通过财政转移支付、政策扶持等形式向生态保护建设地区进行补偿。②特定的生态受益者。某些情况下,生态受利益者可以做出清晰的界定,如因流

---

① 范俊荣:《论政府介入自然资源损害补偿的角色》,《甘肃政法学院学报》2011 年第 4 期。

域上下游之间、特定的区域之间。如果生态受益的单位和个人与因其受益而做出生态贡献的单位和个人之间存在对应关系，就产生了协商谈判而直接补偿的可能，无需政府的介入。③环境资源开发利用者。因开发利用活动导致生态系统服务功能下降，对一定区域范围内的公众利益造成损害，政府应当向环境资源开发利用的主体征收一定的费用，以财政转移支付的形式补偿利益受损的主体。同样，如果从事环境资源开发利用的单位和个人与因其行为而导致的利益受损的单位和个人之间有明确的对应关系，也可以通过一对一谈判、市场贸易等方式进行直接补偿。受偿主体主要包括以下几类：①特定生态功能区。生态功能区是指国家为了保护生态系统和自然环境，促进国民经济的持续发展，在一定面积的陆地和水体范围内，制定特殊的保护政策，并经各级人民政府批准而进行特殊保护和管理的区域。一般而言，生态功能区的生态保护对区域或整个生态系统的良性发展，对国家的生态安全都具有全局性意义，因此，国家对生态功能区实行限制开发或禁止开发的保护措施。生态功能区的公众由此被剥夺或限制了发展的机会，政府或生态受益者理应对其承担补偿责任。生态功能区的地方政府可以代表该区域的公众接受补偿，再按照公平原则合理地分配给具体的受偿主体。②为保护和改善生态环境而做出贡献的组织和个人。除特定的生态功能区外，生态建设过程中，其他为提高生态服务功能做出贡献，创造或增进了公众生态利益而自身利益减损的社会主体，也应该由政府或生态受益者对其进行补偿。③环境资源开发利用过程中的利益受损者。环境资源开发利用者在开发活动中造成污染和破坏，对应的利益受损单位和个人也是补偿的受偿主体。

生态利益的公共利益属性决定了政府补偿应当是生态补偿的主

要方式。包括纵向转移支付即中央对地方的转移支付,也包括横向财政转移支付即区域之间、流域上下游之间地方政府的财政转移支付。

生态补偿标准,在环境经济学领域有价值评估法和机会成本法两种技术标准。[①] 前者能够体现公平价值但存在计量方法和标准难以统一的操作上的困难;后者可操作性较强但不能完全体现公平。有学者认为,"将生态效益价值货币化作为生态价值补偿的标准在理论上是错误的,在现实社会中也难以被接受,补偿标准应该在国家的经济发展水平和其对生态效益的需求间寻求平衡点。"[②]笔者赞同这一观点,生态补偿标准的确定,应综合考虑公平目标、经济发展水平、可操作性等因素,坚持合理补偿原则。

第三节 环境权利和环境权力的均衡配置与良性互动

从法律建构主义视角出发,完善的环境法法权结构是实现现代环境治理的制度基础,而环境法法权的良性运行则是实现环境治理的保障。前文第三章、第四章对作为环境法权结构的两个重要支点"环境权利体系"和"环境权力构造"的完善进行了静态意义上的探讨,同时对法权运行过程中的"权利冲突消解"和"权力张力平衡"问题做了动态意义上的阐述,分析路径是围绕"环境权利"和"环境权

---

① 价值评估法,即根据对生态服务功能价值的评估来确定补偿标准;机会成本法,即根据各种因保护和改善生态环境而导致的自身实际收益损失来确定补偿标准。
② 李爱年、彭丽娟:《生态效益补偿机制及其立法思考》,《时代法学》2005年第3期。

力"的架构和运行分别进行的单向度分析,事实上,围绕"环境权利—环境权力"的法权统一体,探讨如何建立多元主体的环境权利和环境权力的辩证统一和良性互动机制,则是实现环境法法权规范建构的重点,也是实现多元共治环境治理目标的关键。

一、实现环境权利和环境权力的均衡配置

20世纪70年代以来,西方国家兴起了政府的治道变革运动,其基本理念是重构政府与公民社会的关系、政府与市场的关系,对政府角色、政府职能进行重新定位。从政府的"完全理性"到"有限理性"的认识出发,重新界定政府在公共产品和公共服务方面的职能,建立政府、非政府社会组织、公民自治组织等多元主体共同承担社会管理责任的机制,建立通过市场机制配置社会资源的机制。1978年,中国共产党召开了具有重大历史意义的十一届三中全会,会议明确提出了加强社会主义法制的任务和原则,从而使社会主义法制走上了健康发展的道路。1999年通过宪法修正案规定:"中华人民共和国实行依法治国,建设社会主义法治国家。"把依法治国方略以宪法的形式确定下来,标志着中国开始走向法治社会。进入21世纪以后,随着法治建设的推进和中国加入世贸组织的背景,依法行政,建设服务型政府,着力重构政府与社会、政府与市场的关系,成为我国社会主义法治建设的重点。体现在法律建构上,就是对政府与市场、政府与公民社会之间的权力、权利与利益结构进行重新整合。

环境法作为应对现代环境问题而兴起的后起部门法,从其诞生之日起,就带有浓重的命令管制法特征,突出表现为环境法中存在大量的环境权力规范,有关环境权利的规范仅仅作为环境法的一种"附

带品"。虽然政府环境权力之于环境公共利益维护有其正当性、合法性、合理性,但是,随着时间的推移,环境治理的结果明白无误地昭示:仅靠公权力手段无法达成环境治理的目标。究其原因,一方面,政府无法完全承担起全面提供环境公共产品和公共服务的职能,在环境治理等公共领域极易出现"政府失灵"问题。这其中,既有政府公共权力本身的触角有限性问题,也有环境权力配置不足而导致的法权能力不足的问题。另一方面,环境公共权力的行使也会因为政府的目标偏好、"利益捕获"、权力寻租等原因而出现权力运行偏离维护环境公共利益目标,侵害公民环境权利的问题。

为寻求解决问题之道,探索以环境权利制约环境权力成为环境法学领域的一个议题。环境法学界"以权利制约权力"的研究进路,其根本目的在于促进环境法由"命令管制法"向"控权法"的转变。笔者认为,实现控权法仅仅是现代环境法治建设的一个较低层次的目标,未来的环境法不仅应当是控权法,更应当定位为"利益衡平法"。第一,"控权法"的主要目标,是防止政府公共权力滥用,保证权力在法律的范围内行使,而不致侵害公民的合法权利和利益。而环境法的终极目标,不仅在于防止权力的不当配置和运行对公众环境权利造成侵害,还在于更好地发挥环境权力的作用,通过环境权力和环境责任的合理配置和规范运行,实现保护公民环境权利和环境公共利益的平衡。第二,环境公共利益和公众环境权利(包括环境权、资源权、排污权等)之间的差别和冲突是环境时代最为普遍的现象,环境法的功能,应当平衡各方主体的权利义务关系,统筹兼顾而不是偏向其中某个方面。第三,环境权力的配置和运行表明,实践中既存在环境权力滥用侵害公众环境权利的现象,也存在环境权力配置不足而难以维护公众环境权利和环境公共利益的现象,不加区分地过分强调控权必然会削弱政府环境公共职能的发挥,影响环境公共权力在维护环境公共利益方面作用的发挥。

因此,在关注环境权利的法律建构,强调以环境权利制约环境权力的同时,还应当关注环境权力自身的科学配置和运行逻辑,实现对环境权利和环境权力的均衡配置。通过立法层面对二者的均衡配置,使得环境权利和环境权力在各自的边界内共同发挥作用。具体讲,就是既要保证公众环境权利的法律配置和充分实现,又要保证政府环境公共权力的科学配置和规范行使,既要防止政府环境公共权力滥用侵害公众合法环境权利,又要防止公众环境权利滥用阻碍环境权力维护环境公共利益目标的实现。最终建立环境权利和环境权力之间的良性互补,实现环境保护领域的公共治理模式。

二、实现环境权利—环境权力的良性互动

（一）以环境权力的规范建构保障环境权利

从本质上讲,权利是私权主体所享有的一种权能、利益或自由;而权力则是公权主体所享有的一种控制力和统治力。政府公共权力的产生,源于公民个体无法完成对社会公共事务的有效管理,与权利相对应的义务的履行亦需要有强有力的保障机制,为实现这一目标,公民通过合意而将其部分权利让渡给政府,由法律赋予政府以社会公共事务管理、维护公共利益的权力。可见,政府公共权力脱胎于权利、来源于权利;公共权力是实现权利的手段和工具,其存在的意义在于维护和实现权利,保障社会公共利益。但是,公共权力一经产生,又具有天然的扩张性与恣意性,如果不加制约和监督,权力的运

行会背离其价值和目标,从而对权利构成侵害。"行政之树长得太茂盛,社会之草就晒不到太阳。"①因此,通过以权力制约权力、以权利制约权力,把政府公共权力"关进制度的笼子",保证权力运行的合目的性,实现权利和权力的辩证统一和良性互动,是实现社会和谐运转的基本制度保障。

在环境权利与环境权力的关系上,环境权利要优于环境权力。政府环境公共权力是国家权力的组成部分,权力来源于人民的赋予,理应维护人民的利益,并自觉接受人民对其进行各种形式的监督。在二者的关系上,环境权利处于主体的地位,而环境权力则处于从属地位,没有环境权利的存在,环境权力也就失去了存在的价值与意义。保护公众环境权利和环境公共利益,实现环境公平正义,既是环境权力的正当性依据,也是环境权力运行的基本目标,偏离了这一目标,环境权力也就丧失了合法性。一般来讲,政府作为权力主体处于强势地位,而公众作为权利主体则处于相对弱势的地位。建设法治政府、服务政府的基本要义,就是"把权力关进制度的笼子",防止权利被权力所侵害以至吞噬。为保证环境权力的合目的性,需要建立起有效的环境权力监督制约机制。

对环境权力的规范建构,有两种基本进路。

一种进路是,实现环境权力的相互制约。首先,在立法对不同行政主体的环境权力及其范围做出明确的规定,各行政主体依据法律的规定行使各自的环境权力,越界行使则构成越权,要受到监督权力的制约和司法的限制。其次,通过权力监督实现对环境权力的制约。对环境权力的监督制约,主要有权力体系内部监督和外部监督两种

---

① 戎国强:《促成权力与权利良性互动》,《钱江晚报》2013年11月18日A24版。

方式。体系内部的监督制约,主要是环境管理上级机关对下级机关的监督,行政机关内部各部门之间的监督制约,部门自我监督等。体系外部的监督是一种广义的监督,包括立法机关监督、行政监督、舆论监督、公众监督等。再次,行政程序制度可以有效制约环境权力的行使。"人们在研究权力制约问题时,注意的焦点一般放在对权力制约的法理说明和分析论证上,而忽略对权力制约的程序性研究。事实上,权力制约必须注重程序化原则。忽略程序,制约就没有效力,也没有效率。"[1]环境权力的程序化制约,一是环境权力授予的程序化,即环境立法要符合立法程序;二是环境权力运行的程序化,即滥用环境权力、越界行使环境权力等权力不当行使行为,进行权力监督和司法校正时需要符合监督程序和司法程序,以避免制约的随意性。

另外一种进路是,实现环境权利对环境权力的制约。"以权利制约权力"是现代法治的基本精神,以权利制约权力的具体措施有:①广泛分配权利,以抗衡权力的强度;②集中行使权利,把分散行使的权利,集中为人民的权利;③优化权利结构,建立与健全同权力结构相平衡的权利体系;④强化权利救济,发挥抵抗权和监督权的作用;⑤提高全民权利意识,释放权利的"动能",以抗衡权力的"势能";⑥掌握制衡的度,即以不妨碍合法权力的正当行使为限度。否则有失人民授权政府的初衷。[2] 对环境权、资源权、排污权等各类环境权利进行科学合理的法律配置,形成对环境权力的有效制衡力量,是当代环境法面临的迫切任务。

---

[1] 刘作翔:《法治社会中的权力和权利定位》,《法学研究》1996年第4期。
[2] 郭道晖:《试论权利和权力的对立统一》,《法学研究》1990年第1期。

（二）以环境权利的规范建构制约环境权力

环境权力是保护环境公共利益、管理环境公共事务必不可少的机制，是实现现代环境法治的基本路径之一。但是，环境保护领域存在"政府失灵"现象；单向度的环境权力运行成本高昂而效率低下；环境权力的不当行使不仅不能达到维护环境公共利益的目的，还可能造成对公民正当权利的侵犯；环境治理的实践也一再证明，仅靠公权力机制无法达到环境保护的目标。通过环境权利的法律配置，对公权力形成监督制约机制，促进国家环境治理走向民主化，是现代环境法治的必然进路。环境权理论研究的预设目标之一，正是通过赋予公民以环境权，以捍卫权利的形式对环境权力形成监督制约。

以环境权利制约环境权力：第一，对公民享有良好环境的权利即环境权进行立法确认，使其成为公民的基本权利，成为可以提起司法救济的具体法律权利。公民以主张环境权，对可能发生损害环境公共利益和环境权的行为提出预防性救济主张，对已经发生的损害环境公共利益和环境权的行为提出补救性救济主张，对环境公权力机关不作为、慢作为、滥作为等导致环境公共利益和环境权受到侵害或有遭受侵害之虞时，有通过行政的或司法的程序要求行政机关依法履行环境管理职责的权利。第二，保障公众的环境保护参与权，如环境知情权、参与权和提起诉讼主张司法救济的权利。通过广泛的参与，不仅可以对环境权力的行使形成有效监督，而且可以弥补环境权力有限性的不足，促进环境治理民主化的进程。2012年修订的《民事诉讼法》原则上确立了公益诉讼制度；2015年修订的《环境保护法》确立了社会组织提起环境公益诉讼的制度；2017年修订的《民事诉讼法》、《行政诉讼法》分别确立了检察机关提出民事公益诉讼和行政公益诉讼制度。此外,《环境保护法》修订时专门增加一章"信息公开与公众参与",对公众的环境信息知情权、监督权、参与权做了明确规定。第三,保障环境资源开发利用主体的资源权、排污权,实现对环境与自然资源的合理开发利用。各类开发利用主体通过法律授权或行政许可取得资源权、排污权,在遵守环境与自然资源管理制度的前提下,行使其合法权利,不受环境权力的不当干预。

当然,环境权利的行使也有必要的限度,不能对合法环境权力的正当行使带来妨碍。既保证环境权利的充分实现,也要防止非理性的环境群体事件等过度维权、权利滥用等现象对环境权力所维护的环境公共利益的侵害。

结语：在多元合作共治中走向"环境善治"

本书围绕"环境法的法权"这一学科核心范畴，对环境法的"法权结构"及其"运行逻辑"两个层面展开全方位的探讨，前者基于法权的建构路径，针对环境法的制度缺失和制度失衡，论证环境法法权的规范建构问题；后者基于法权的运行逻辑，针对影响环境法的法权运行的制度和非制度因素，探讨环境法法权的规范运行问题。分析表明，环境法的法权结构及其运行逻辑既不是彼此割裂的"非此即彼"的关系，也不是相互对抗的"此消彼长"的关系，而是在对立统一中竞争成长、民主协商、合作共进的关系。

中国当下的环境治理体现为以赋予环境权力主体行使职权和履行职责、适度控制环境权力、约束相对人履行环境义务为主要运行模式。环境法在本质上仍然是"管理法"或"控权法"，"环境权力"处于主导性和支配性地位，学界多年来以"环境权利"为进路的研究并没有从根本上撼动这一格局。环境权利配置存在结构性失衡，环境权尚未成为法律上的权利，但环境参与权、监督权、救济权得到了一定程度的体现，资源权得到相对充分的保障，随着时间的推移，这一趋势在逐步加强。此外，在环境权力的法律配置上，中央与地方之间、部门之间、区域之间的环境权力存在非均衡性。从法权运行的角度，资源权、排污权与环境公共利益之间存在冲突；

环境权力运行中存在或隐或显的博弈与冲突;环境权力的不当运行造成公众合法环境权利的侵害,公众在规避环境风险、维护自身权利过程中,对政府公共权力的权威性、合法性提出挑战,困扰政府行政活动。

在生态文明建设已经成为时代主旋律的当今时代,环境法作为应对环境问题和现代环境风险的正式制度,应当做出积极的回应。在法权制度层面,对多元环境治理主体的环境权利和义务、环境职权和职责进行均衡配置,划定权利、权力各自的边界,实现环境权利对环境权力的均衡配置,构建内在协调、逻辑自洽的环境法法权结构体系,实现"环境权利"和"环境权力"在各自的边界内,相互协作、相互制约、相互促进,实现"环境权力"的一元主导向"环境权利—环境权力"的二元一体的转变,是环境法治从"管控—压制"的传统治理模式向"参与—回应"型的现代治理模式转变的制度基础。

德国法学家罗伯特·阿列克西(Robert Alexy)认为:在法的现实层面之上必须加上一个理想化或批判性的社会商谈层面,唯有如此,才能确保法的正确性,也才能形成一个良好和谐的法律体系。[①]以公共利益最大化为目的,强调政府与公民、社会的合作的治理模式,谓之"善治"。在法权运行层面,需要建立广泛的环境合作协商机制、利益补偿机制,平衡各方主体的正当利益诉求,化解不同主体的环境权利和权力运行冲突。环境法法权的良性运行,可以使多元的社会诉求和权利主张在对话和参与中有效整合,从而抑制多元的社

---

① [德]罗伯特·阿列克西:《法理性商谈——法哲学研究》,朱光、雷磊译,中国法制出版社 2011 年版,第 1 页。

会价值观、政府目标和环境公共利益之间的冲突、对抗和分裂,促进多元参与秩序的形成,最终促进环境法治从单一的传统治理模式向多元合作共治的"环境善治"模式的转变。

参 考 文 献

(一)著译作类

1. 张文显:《法学基本范畴研究》,中国政法大学出版社 1993 年版。
2. [美]科斯特·R.鲍曼:《现代公司与美国的政治思想——法律、权力和意识形态》,李存捧译,重庆出版社 2001 年版。
3. 梁启超:《欧游心影录》,商务印书馆 2014 年版。
4. 莫纪宏:《现代宪法的逻辑基础》,法律出版社 2001 年版。
5. 李连科:《价值哲学引论》,商务印书馆 1999 年版。
6. 许光伟:《保卫〈资本论〉——经济形态社会理论大纲》,社会科学文献出版社 2014 年版。
7. [美]蕾切尔·卡森:《寂静的春天》,许亮译,北京理工大学出版社 2014 年版。
8. [南非]科马克·卡利南:《地球正义宣言——荒野法》,郭武译,商务印书馆 2017 年版。
9. [加]约翰·汉尼根:《环境社会学》,洪大用等译,中国人民大学出版社 2009 年版。
10. [德]卡尔·拉伦茨:《法学方法论》,陈爱娥译,商务印书馆 2004 年版。
11. [日]原田尚彦:《环境法》,于敏译,法律出版社 1999 年版。

12. 周训芳:《环境权论》,法律出版社2003年版。
13. 吴卫星:《环境权研究:公法学的视角》,法律出版社2007年版。
14. 孟庆垒:《环境责任论——兼谈环境法的核心问题》,法律出版社2014年版。
15. 杜健勋:《环境利益分配的法理研究》,中国环境出版社2013年版。
16. 吕忠梅:《环境法》,法律出版社1997年版。
17. 黄茂荣:《法学方法与现代民法》,中国政法大学出版社2001年版。
18. 李海东:《刑法原理入门(犯罪论基础)》,法律出版社1998年版。
19. 张明楷:《法益初论》,中国政法大学出版社2003年版。
20. 陈志龙:《法益与刑事立法》,台湾大学丛书编辑委员会1992年版。
21. [日]木村龟二:《刑法学入门》,有斐阁1957年版。
22. [德]马克西米利安·福克斯:《侵权行为法》,齐晓琨译,法律出版社2004年版。
23. 龙卫球:《民法总论》,中国法制出版社2002年版。
24. 李岩:《民事法益研究》,吉林大学2007年博士论文。
25. 蔡守秋:《调整论:对主流法理学的反思与补充》,高等教育出版社2003年版。
26. 李昌麒主编:《中国改革发展成果分享法律机制研究》,人民出版社2011年版。
27. 马骧聪、王明远:《中国环境资源法的发展:回顾与展望》,载王曦:《国际环境法与比较环境法评论》,法律出版社2002年版。
28. 陈慈阳:《环境法总论》,中国政法大学出版社2003年版。

29. [美]罗斯科·庞德:《通过法律的社会控制 法律的任务》,沈宗灵、董世忠译,商务印书馆1984年版。

30. 苏宏章:《利益论》,辽宁大学出版社1991年版。

31. 颜运秋:《公益诉讼理念研究》,中国检察出版社2002年版。

32. 张玉堂:《利益论——关于利益冲突与协调问题研究》,武汉大学出版社2001年版。

33. [美]罗斯科·庞德:《法理学(第三卷)》,廖德宇译,法律出版社2007年版。

34. 胡静:《环境法的正当性与制度选择》,知识产权出版社2009年版。

35. 晋海:《城乡环境正义的追求与实现》,中国方正出版社2008年版。

36. 联合国千年生态系统评估项目组:《生态系统与人类福祉:评估框架》,张永民译,中国环境科学出版社2007年版。

37. 叶平:《环境的哲学与伦理学》,中国社会科学出版社2006年版。

38. 梅宏:《"生态损害"的法学界定》,《中国环境资源法学评论》,人民出版社2008年版。

39. 廖华:《从环境法整体思维看环境利益的刑法保护》,中国社会科学出版社2010年版。

40. [日]宫本宪一:《环境经济学》,朴玉译,生活·读书·新知三联书店2004年版。

41. 柯坚:《环境法的生态实践理性原理》,中国社会科学出版社2012年版。

42. [德]乌尔里希·贝克等:《自反性现代化》,赵文书译,商务印书馆2001年版。

43. 杜健勋:《环境利益分配法理研究》,中国环境出版社2013年版。
44. [美]约翰·罗尔斯:《正义论》,何怀宏等译,中国社会科学出版社1988年版。
45. 卓泽渊:《法的价值论》,法律出版社1999年版。
46. 王社坤:《环境利用权研究》,中国环境出版社2013年版。
47. 蔡守秋:《环境与资源法学教程》,武汉大学出版社2000年版。
48. 陈泉生、张梓太:《宪法与行政法的生态化》,法律出版社2001年版。
49. 陈泉生:《环境法原理》,法律出版社1997年版。
50. 吕忠梅:《环境法学》,法律出版社2004年版。
51. 吕忠梅:《沟通与协调之途——论公民环境权的民法保护》,中国人民大学出版社2005年版。
52. [美]庞德:《法律与道德》,陈林林译,中国政法大学出版社2003年版。
53. 王蓉:《环境法总论——社会法与公法共治》,法律出版社2011年版。
54. 蔡守秋:《环境资源法学教程》,武汉大学出版社2000年版。
55. [美]纳什:《大自然的权利》,杨通进译,青岛出版社1999年版。
56. 郑少华:《从对峙走向共和:循环社会法的形成》,科学出版社2005年版。
57. 戴斯·贾丁斯:《环境伦理学——环境哲学导论:第三版》,林官明、杨爱民译,北京大学出版社2002年版。
58. 常纪文:《环境法原理》,人民出版社2003年版。
59. [德]魏德士:《法理学》,丁晓春、吴越译,法律出版社2003年版。
60. 金瑞林:《环境法学》,北京大学出版社1999年版。

61. 张梓太:《自然资源法学》,北京大学出版社2007年版。
62. 张俊浩:《民法学原理》,中国政法大学出版社1997年版。
63. 朱谦:《透视环境示中的权力和权利基础》,刘茂林:《公法评论》(第五卷),北京大学出版社2008年版。
64. 黄应龙:《论环境权及其法律保护》,徐显明:《人权研究:第二卷》,山东人民出版社2002年版。
65. 谢在全:《民法物权论:上册》,中国政法大学出版社1999年版。
66. 王清军:《排污权初始分配的法律调控》,中国社会科学出版社2011年版。
67. 沈满洪、钱水苗、冯元群等:《排污权交易机制研究》,中国环境科学出版社2009年版。
68. 崔建远:《准物权研究》,法律出版社2003年版。
69. 陆益龙:《流动产权的界定——水资源保护的社会理论》,中国人民大学出版社2004年版。
70. 胡春冬:《排污权交易的基本法律问题研究》,王树义主编,《环境法系列专题研究(第一辑)》,科学出版社2005年版。
71. [美]博登海默:《法理学——法哲学与法律方法》,邓正来译,中国政法大学出版社1999年版。
72. [德]马克斯·韦伯:《经济与社会》,林荣远译,商务印书馆1997年版。
73. 郭道晖:《法理学精义》,湖南人民出版社2005年版。
74. 张文显:《法哲学范畴研究》,中国政法大学出版社2001年版。
75. [美]伯特兰·罗素:《权力论:新社会分析》,吴友三译,商务印书馆2012年版。
76. [英]迈克尔·曼:《社会权力的来源(第一卷)》,刘北成、李少军译,上海人民出版社 2002 年版。

77. 钱大军:《法律义务研究》,吉林大学 2005 年博士学位论文。

78. 赵俊:《环境公共权力论》,法律出版社 2009 年版。

79. [英]洛克:《政府论(下)》,叶启东芳等译,商务印书馆 1964 年版。

80. 刘长兴:《公平的环境法——以环境资源配置为中心》,法律出版社 2009 年版。

81. 林肇信、刘天齐、刘逸农:《环境保护概论》,高等教育出版社 2005 年版。

82. [德]马克斯·韦伯:《经济与历史:支配的类型》,康乐等译,广西师范大学出版社 2004 年版。

83. 王绍光:《分权的底线》,中国计划出版社 1997 年版。

84. [英]尼尔·麦考密克:《法律推理与法律理论》,姜峰译,法律出版社 2005 年版。

85. 金瑞林:《环境与资源保护法学》,北京大学出版社 2003 年版。

86. 李培林、陈光金、张翼:《2014 年中国社会形势分析与预测》,社会科学文献出版社 2013 年版。

87. 张翔:《基本权利的规范建构》,高等教育出版社 2008 年版。

88. 王泽鉴:《侵权行为法》(第一册基本理论 一般侵权行为),中国政法大学出版社 2001 年版。

89. 侯佳儒:《环境法学与民法学的对话》,中国法制出版社 2009 年版。

90. 王小龙:《排污权交易研究》,法律出版社 2008 年版。

91. 邓海峰:《排污权——一种基于私法的解读》,北京大学出版社 2008 年版。

92. [美]罗纳德·哈里·科斯:《企业市场与法律》,盛洪等译,上海三联书店 1990 年版。
93. 汪劲:《环境法学》,北京大学出版社 2006 年版。
94. 杨炼:《立法过程中的利益衡量研究》,法律出版社 2010 年版。
95. [美]古德诺:《政治与行政》,王元译,华夏出版社 1987 年版。
96. [德]罗伯特·阿列克西:《法理性商谈——法哲学研究》,朱光、雷磊译,中国法制出版社 2011 年版。
97. 龚向前:《气候变化背景下的能源法的变革》,中国民主法制出版社 2008 年版。
98. 秦鹏、杜辉:《环境义务规范论》,重庆大学出版社 2013 年版。
99. 李挚萍:《环境法的新发展——管制与民主的互动》,人民法院出版社 2006 年版。
100. 季卫东:《现代法治国的条件》,季卫东《正义思考的轨迹》,法律出版社 2007 年版。
101. 蔡守秋:《环境与资源法学教程》,武汉大学出版社 2000 年版。
102. 何志鹏:《权利基本理论:反思与构建》,北京大学出版社 2012 年版。
103. Anthony C. Fisher, John V. Krutilla, "Economics of Nature Preservation". In: A. V. Kneese and J. L. Sweeney (edited), *Handbook of Nature Resource and Energy Economics*, Vol. I, Published by Elsevier Science Publishers B. V, 1985.

(二)论文类

1. 张文显、姚建宗:《权利时代的理论景象》,《法制与社会发展》2005 年第 2 期。
2. 桑本谦:《反思中国法学界的"权利话语"——从邱兴华案切入》,

《山东社会科学》2008年第8期。
3. 王韬洋:《戴维·米勒论环境善物》,《哲学动态》2012年第10期。
4. 崔建远:《准物权的理论问题研究》,《中国法学》2003年第3期。
5. 崔建远:《再论界定准物权客体的思维模式及方法》,《法学研究》2011年第5期。
6. 王曦:《环保法修改应为环保主体良性有效互动提供保障》,《甘肃政法学院学报》2013年第1期。
7. 蔡守秋:《环境权初探》,《中国社会科学》1982年第3期。
8. 徐祥民:《极限与分配——再论环境法的本位》,《中国人口资源与环境》2003年第4期。
9. 徐祥民:《荀子的"分"与环境法的本位》,《当代法学》2002年第12期。
10. 刘卫先:《环境法学基石范畴之辨析》,《中共南京市委党校学报》2010年第1期。
11. 杜健勋:《从权利到利益:一个环境法基本概念的法律框架》,《上海交通大学学报》2012年第4期。
12. 巩固:《私权还是公益?环境法学核心范畴探析》,《浙江工商大学学报》2009年第6期。
13. 陈德敏、杜健勋:《环境利益分配:环境法学的规范性关怀——环境利益分配与公民社会基础的环境法学辨证》,《时代法学》2010年第5期。
14. 童之伟:《以"法权"为中心系统解释法现象的构想》,《现代法学》2000年第2期。
15. 杨雁飞:《法权分析下的宪政之路——童之伟法权思想研究》,《江苏警官学院学报》2011年第4期。

16. 徐冬根:《最基本的法现象不是权利和义务而是权利和权力》,《法学论坛》2004年第4期。
17. 刘旺洪、张智灵:《论法理学的核心范畴和基本范畴》,《南京大学法律评论》2000春季号。
18. 沈宗灵:《对霍菲尔德法律概念学说的比较研究》,《中国社会科学》1990年第1期。
19. 张明楷:《新刑法与法益侵害说》,《法学研究》2000年第1期。
20. 杨立新:《人身权的延伸法律保护》,《法学研究》1995年第2期。
21. 熊谞龙:《权利,抑或法益——一般人格权本质的再讨论》,《比较法研究》2005年第2期。
22. 董兴佩:《法益:法律的中心问题》,《北方法学》2008年第3期。
23. 韩卫平、黄锡生:《论"环境"的法律内涵为环境利益》,《重庆理工大学学报》2012年第12期。
24. 徐祥民:《环境利益的本质特征》,《法学论坛》2014年第6期。
25. 刘长兴:《环境利益的人格权法保护》,《法学》2003年第9期。
26. 王小钢:《论环境公益诉讼的利益和权利基础》,《浙江大学学报》(人文社会科学版)2011年第3期。
27. 董正爱:《社会转型发展中生态秩序的法律构造——基于利益博弈与工具理性的结构分析与反思》,《法学评论》2012年第5期。
28. 李启家:《论环境法功能的拓展——兼议中国第二代环境法的发展前景》,《上海法治报》2009年3月11日B05版。
29. 张志辽:《环境利益公平分享的基本理论》,《社会科学家》2010年第5期。
30. 金福海:《论环境利益"双轨"保护制度》,《法制与社会发展》2002年第4期。

31. 黄辉明:《利益法学的源流及其意义》,《云南社会科学》2007年第6期。

32. 巩固:《公众环境利益:环境保护法的核心范畴与完善重点》,《环境法治与建设和谐社会——2007年全国环境资源法学研讨会论文》,2007年。

33. 李启家、李丹:《环境法的利益分析之提纲》,2003年环境资源法学国际研讨会论文集。

34. 廖华、孙林:《论环境法法益:对环境法基础的再认识》,《中南民族大学学报》(人文社会科学版)2009年第6期。

35. 黄爱宝:《生态思维与伦理思维的契合方式》,《南京社会科学》2003年第4期。

36. 王社坤:《环境法的正当性根源——〈环境法的哲学基础:财产、权利与自然〉介评》,《清华法治论衡》第13辑。

37. 杜钢键:《日本环境权的新发展——〈环境法的展开〉译评》,《中国法学》1995年第2期。

38. 蔡守秋:《论环境权》,《金陵法律评论》2002年春季卷。

39. 陈泉生:《环境时代与宪法环境权的创设》,《福州大学学报(哲学社会科学版)》2001年第4期。

40. 程杰:《论环境权的宪法保障》,《河南省政法管理干部学院学报》2000年第4期。

41. 吕忠梅:《再论公民环境权》,《法学研究》2000年第6期。

42. 吴卫星:《环境权可司法性的法理与实证》,《法律科学》2007年第6期。

43. 吴卫星:《环境权法律化实证研究》,《青海社会科学》2006年第3期。

44. 张梓太:《国家环境权》,《政治与法律》1998年第3期。
45. 冯忠秋、尤俊生:《环境权探析及环境侵权的民事救济》,《上海环境科学》1997年第4期。
46. 徐祥民:《对"公民环境权论"的几点疑问》,《中国法学》2004年第2期。
47. 高利红:《环境法的生态伦理外套》,《郑州大学学报》,2002年第2期。
48. 常纪文:《"动物权利"的法律保护》,《法学研究》2009年第4期。
49. 卓泽渊:《"调整论"并不构成对主流法理学的挑战》,《东南学术》2004年第5期。
50. 杨立新:《动物法律人格之否定——兼论动物之法律"物格"》,《法学研究》2004年第5期。
51. 韩光明:《论作为法律概念的"意思表示"》,《比较法研究》2005年第1期。
52. 王社坤:《环境权理论之反思与方法论重构》,《山东科技大学学报》2012年第1期。
53. 徐祥民、张峰:《质疑公民环境权》,《法学》2004年第2期。
54. 蔡守秋:《环境权初探》,《中国社会科学》1982年第3期。
55. 韩大元:《论基本权利效力》,《判解研究》2003年第1期。
56. 白平则:《论环境权是一种社会权》,《法学杂志》2008年第6期。
57. 吴卫星:《我国环境权理论研究三十年之回顾、反思与前瞻》,《法学评论》2014第5期。
58. 崔建远:《矿业权法律关系论》,《清华大学学报》(哲学社会科学版)2001年第3期。
59. 宁丽红:《狩猎权的私法界定》,《法学》2004年第12期。

60. 张璐:《生态经济视野下的自然资源权利研究》,《法学评论》2008年第4期。
61. 蔡守秋、张建伟:《论排污权交易的法律问题》,《河南大学学报》(社会科学版),2003年第5期。
62. 何延军、李霞:《论排污权的法律属性》,《西安交通大学学报》(社会科学版)2003年第3期。
63. 邓海峰:《排污权与不同权属之间的效力冲突和协调》,《清华法学》2007年第3期。
64. 林旭霞:《林业碳汇权利客体研究》,《中国法学》2013年第2期。
65. 高利红、余耀军:《论排污权的法律性质》,《郑州大学学报》(哲学社会科学版)2003年第5期。
66. 王清军:《排污权法律属性研究》,《武汉大学学报》(哲学社会科学版)2010年第5期。
67. 吕忠梅:《环境权利与环境权力的重构——论民法与环境法的沟通和协调》,《法律科学(西北政法大学学报)》2000年第5期。
68. 严存生:《法的合法性问题研究》,《法律科学》2002年第3期。
69. 崔金云:《合法性与政府权威》,《北京大学学报》2003年专刊。
70. 谷德近:《环境法的复魅与祛魅——环境利益何以平衡》,北大法宝网,http://vip.chinalawinfo.coM/newlaw2002/SLC/SLC.
71. 刘作翔:《廉政与权力制约的法律思考》,《法学研究》1991年第5期。
72. 石佑启:《论法治视野下行政权力的合理配置》,《学术研究》2010年第7期。
73. 刘作翔:《法治社会中的权力和权利定位》,《法学研究》1996年第4期。

74. 黄锡生、史玉成:《中国环境法律体系的架构与完善》,《当代法学》2014 年第 1 期。

75. 中国法学会能源法研究会:《加快〈能源法〉立法,应对气候变化座谈会》,http://www.energylaw.org.cn/htMl/new/2009/12/18/.

76. 秦大河:《完善法律制度,应对气候变化》,《光明日报》2009 年 4 月 20 日。

77. 谷德近:《论环境权的属性》,《南京社会科学》2003 年第 3 期。

78. 刘作翔:《权利冲突的几个理论问题》,《中国法学》2002 年第 2 期。

79. 杜辉:《制度逻辑框架下环境治理模式之转换》,《法商研究》2013 年第 1 期。

80. 冯果:《宪法秩序下的经济法法权结构探究》,《甘肃社会科学》2008 年第 4 期。

81. 陆新元、陈善荣、陆军:《我国环境执法障碍的成因分析与对策措施》,《环境保护》2005 年第 10 期。

82. 黄锡生、王江:《中国环境执法的障碍与破解》,《重庆大学学报》(社会科学版)2009 年第 1 期。

83. 俞可平:《生态环境为何持续恶化》,《学习时报》2015 年 6 月 15 日 A6 版。

84. 曹正汉:《中国上下分治的治理体制及其稳定机制》,《社会学研究》2011 年第 1 期。

85. 周雪光:《权威体制与有效治理:当代中国国家治理的制度逻辑》,《开放时代》2011 年第 10 期。

86. 杜健勋:《邻避运动中的法权配置与风险治理研究》,《法制与社会发展》2014 年第 4 期。

87. 吴卫星:《我国环境权理论研究三十年之回顾、反思与前瞻》,《法学评论》2014 年第 5 期。

88. 白平则:《公民环境权与企业环境资源使用权》,《山西师大学报》2005 年第 4 期。

89. 王利明:《侵权责任法制定中的若干问题》,《当代法学》2008 年第 5 期。

90. 王小钢:《以环境公共利益为保护目标的环境权利理论——从"环境损害"到"对环境本身的损害"》,《法制与社会发展》2011 年第 2 期。

91. 李寿德、王家祺:《初始排污权不同分配下的交易对市场结构的影响研究》,《武汉理工大学学报(交通科学与工程版)》2004 年第 2 期。

92. 李寿德等:《基于经济最优性与公平性的初始排污权免费分配模型》,《系统工程理论方法应用》2004 年第 3 期。

93. 尚静石:《动态规划在河流初始排污权分配中的应用》,《东北水利水电》2006 年第 5 期。

94. 李爱年等:《排污权初始分配的有偿性研究》,《中国软科学》2003 年第 5 期。

95. 舒国滢:《权利的法哲学思考》,《政法论坛》1995 年第 3 期。

96. 冯锦彩:《论中国环境执法制度的完善——以中美环境执法制度比较为视角》,《环境保护》2009 年第 6 期。

97. 范俊荣:《论政府介入自然资源损害补偿的角色》,《甘肃政法学院学报》2011 年第 4 期。

98. 李爱年、彭丽娟:《生态效益补偿机制及其立法思考》,《时代法学》2005年第3期。
99. 刘作翔:《法治社会中的权力和权利定位》,《法学研究》1996年第4期。
100. 郭道晖:《试论权利和权力的对立统一》,《法学研究》1990年第1期。
101. 高丙中:《社会团体的合法性问题》,《中国社会科学》2000年第2期。
102. 江帆:《经济法的价值理念和基本原则》,《现代法学》2005年第5期。
103. David Miller,"Social Justice and Environmental Goods", in Andrew Dobson, *Fairness and Futurity: Essays on Environmental Sustainability and Social Justice*, Oxford University Press,1999.

附录：主要法律规范表

法律法规名称	颁布机关	颁布时间	最新修订/修正时间
《环境保护法》	全国人大常委会	1979	2014
《水污染防治法》	全国人大常委会	1984	2017
《大气污染防治法》	全国人大常委会	1988	2015
《海洋环境保护法》	全国人大常委会	1982	2017
《环境噪声污染防治法》	全国人大常委会	1996	
《放射性污染防治法》	全国人大常委会	2003	
《固体废物污染环境防治法》	全国人大常委会	1995	2016
《放射性废物安全管理条例》	国务院	2011	
《危险化学品安全管理条例》	国务院	2002	2013
《海洋石油勘探开发环境管理条例》	国务院	1983	
《土地管理法》	全国人大常委会	1986	2004
《水法》	全国人大常委会	1988	2016
《森林法》	全国人大常委会	1984	1998
《草原法》	全国人大常委会	1985	2013
《渔业法》	全国人大常委会	1986	2013
《矿产资源法》	全国人大常委会	1986	2009
《野生动物保护法》	全国人大常委会	1988	2009

续表

《自然保护区条例》	国务院	1994	2017
《风景名胜区管理暂行条例》	国务院	1988	2009
《野生植物保护条例》	国务院	1985	2017
《基本农田保护条例》	国务院	1998	
《水土保持法》	全国人大常委会	1991	2010
《防沙治沙法》	全国人大常委会	2001	
《清洁生产促进法》	全国人大常委会	2002	2012
《循环经济促进法》	全国人大常委会	2008	
《节约能源法》	全国人大常委会	1997	2016
《可再生能源法》	全国人大常委会	2005	2009
《电力法》	全国人大常委会	1995	2015
《煤炭法》	全国人大常委会	1996	2016
《防洪法》	全国人大常委会	1997	2016
《防震减灾法》	全国人大常委会	1997	2008
《气象法》	全国人大常委会	1999	2016
《环境影响评价法》	全国人大常委会	2002	2016
《环境保护税法》	全国人大常委会	2016	
《资源税暂行条例》	国务院	1993	2011
《建设项目环境保护管理条例》	国务院	1998	2017
《规划环境影响评价条例》	国务院	2009	

后　　记

一

曾经有人这样调侃环境法学的研习者："从事环境和环境法研究的学者大多是些忧心忡忡的道德家，他们对于人类的将来和后世的幸福生活都有一种淡淡的忧伤。从这个角度上讲，他们都是善良之辈，都是和平的倡导者。在这一点上，环境法学者和国际法的学者是共同的，他们都有一颗仁慈的心。不同的是，国际法的学者关注的是世界人类的和平，而环境法学者关注的是人类和世界的和平。假设一下，如果诺贝尔和平奖有朝一日要授予一位法学家的话，那么这两个领域的学者是法学界合适的候选人。而最有希望获奖的则是环境法的学者，因为他们所关心的不仅仅是人类的和平，而且还包括人类与这个宇宙的共生共亡。"[①]

应当承认，中国的环境法学研究始终伴随着类似的"泛道德化"的责难和诘问。在我们的既有认知中，法学是正义之学，是规范之学，是教义之学，被贴上"道德家"的标签，恐怕这不是环境法学研究者所希望得到的评价。然而，这种评价并非完全没有道理：缘于对人

---

① 徐爱国：《人类要吃饭，小鸟要唱歌》，《中外法学》2002 年第 2 期。

类和自然命运的终极关怀,数十年来,环境法学研究者从生态哲学、环境伦理学中吸取营养,提出一系列迥乎传统的、颇具超前色彩的学说和理论,如生态中心主义法律观、主客体一体化范式、生态人理论、自然的权利、动物的权利等,并尝试解构主流法学理论,推动现代法律的理念与制度变革。此种景象,使得环境法学研究看起来充满了温情主义的道德关怀。

这种思考和追问当然是有积极意义的,它展示了生态危机时代环境法学者深切的忧患意识,为揭示环境法律制度背后所隐含的信念和方法提供了思想启蒙,为推动传统法学理论的变革提供了一种全新的面向,不但不能被轻易否定,而且永远不会停止。但是,在我看来,仅以思想启蒙和价值理念导向而达到引领作用是远远不够的。本书开篇部分,笔者做过这样一个判断:"当下中国的环境法学研究呈现出某种超前与滞后、华丽与粗陋并存的景观。"这一判断可能是感性的、失之偏颇的——并且,以我这样一个小人物,对环境法学研究做如此"指点江山"状,确实有点不自量力的狂悖。但是,这确实是我从事环境法学研习多年的真切感受,内心感召,无可回避。在我看来,环境法学超前的理念与传统法学理念和方法论存在某种程度的"不可通约性",导致其对法学理论建树和制度建设提供的实际指导作用有限;价值层面之外,基于生态学、环境科学、经济学、社会学、公共政策学的原理和方法等多元路径研究环境法律问题,固然极大地丰富了研究的广度和深度,但过多的路径依赖和方法杂糅,使得基于规范分析的学科独立知识体系建构不足,存在环境法学看起来"不像法学",等等。这一现象,与研究者秉持的进路和方法有莫大的关系。

我想要表达的是:当下环境法学研究中最缺乏的,可能并不是理念和价值,而是基于法律解释和规范分析的学科独立知识体系的构建。运用法律解释和规范分析的方法和技术,将超前的价值理念和"他山之石"落实为无可辩驳的规范法律话语,让法学学术共同体所认可和接受,进而影响和推动主流法学理论的变革,恐怕更具现实意义。

因此,回归法学本位,运用法律解释和规范分析的方法——这一方法正是法学区别于其他学科的"独门武功",来研究环境法律现象和解决环境问题,建立自身的学科核心范畴、研究范式以及知识体系,完成环境法学作为"法律科学"的建构任务,奠定与其他部门(或领域)法学平等交流的基础,摆脱"幼稚"的指斥,似乎是研究者面临的更为迫切的任务。事实上,这不仅是我个人的观察。以规范分析的方法论自觉对环境法学科核心理论范畴进行系统研究,几乎已经成为学界的共识,环境法学者为此进行了不懈的努力。

作为认识、解释和分析环境法学知识体系的基础,环境法学的核心范畴到底是什么?审视既有的"环境权利本位论"、"环境义务重心论"、"环境公共利益论"等各种有代表性的学说和理论,大都是从各自单向度进路出发,经过目标预设的裁剪,论证得出各自想要得出的结论。迄今为止,既不能形成具有普遍共识的理论架构,也不能完全为现代环境治理提供有指导意义的制度方案。在研习过程中,我逐渐认识到:当下主流的"权利义务法学"在解释环境法律现象时,面临着解释力、统合力不足的问题。权利义务法学与西方自由主义思想有着源远流长的血缘关系,产生于肥沃的私法土壤,但是,对于环境法这样的带有较强社会法属性的新兴后现代部门法,则存在缺少普遍解释力的局限性。权利义务说之于环境法的核心范畴的研究,最大的不足就是把环境法制度大厦的另一个重要基石——环境权力隐匿其中而不得彰显。一方面,我们大声呼吁和倡导环境权利,试图

"通过权利制衡权力";另一方面,我们看到,环境公共权力配置不足、配置错位,无法为解决环境问题提供制度保障;环境权利和权力规范存在着内在张力下的结构失衡和运行冲突,诸种情形同时并存。

本书在借鉴"法权中心主义"学说的基础上,提出"环境法的法权"即"环境权利—环境权力统一体"这一命题。从法益分析的进路出发,认为基于环境利益保护的环境权利、环境权力是环境法学领域最基本、最重要的元概念,二者不具同质性,但彼此合作共进、竞争成长,共同构成环境法制度大厦的基石。在生态文明时代,无论对于政治国家的环境权力,还是对于市民社会的环境权利,环境法都不可能舍此求彼,而必须"两面作战"。以环境法法权的规范建构作为学科的核心范畴,把环境权利和环境权力置于统一的法权结构体系内,着力探究围绕实现法权目标所形成的"环境权利—环境义务"、"环境职权—环境职责"二元结构的内外部互动关系,确定各自的边界,消解其内在张力和冲突,实现法权运行的协调稳定和动态平衡,促进环境治理走向合作共治。

以上是本书研究的缘起和旨趣。借"后记"一角,做一个回顾性交待。

二

本书是在我的博士论文《环境法的法权结构与运行逻辑》的基础上,经过两年多的时间修改加工而成。借书稿出版的机会,要向指导、关心、帮助过我的师长和亲友表达我的感恩、感怀和感谢。

作为环境法的研习者,我是一个天生资质愚钝的后知后觉者,有心向学却往往不得要领。然而,我又是幸运的,在年届不惑之际,能有机会踏进以"嘉陵与长江相汇而生重庆、人文与科学相济而衍重大"而称誉的重庆大学，在山城宁静而充满朝气的校园中闭关修行，游走在学业、工作和生活的边缘，奔波着，忙碌着，沉默着，喧嚣着，读书作文，敦品修学——那是一段弥足珍贵的历程。

感谢我的导师黄锡生教授。对于我这样一个年龄大而才疏的愚钝弟子，黄老师尽到了最大的关怀、帮助和指导，给予了殷切的鼓励和期许，让我心怀无限感恩。黄老师对学生的指导不独体现在学业上，他以自己的言传身教，教诲我们如何去体察和感悟万事万物运行的"道"，诚实而不虚妄，自信而不自欺，合乎自然之道，不以炽烈心盛而强求，不以自我封闭而沉沦。他的处世治学的师表风范，成为引领弟子们做人、处事、为学的榜样和标杆。饮其流者怀其源，借此机会，要向尊敬的黄老师表达拳拳感恩之情。

重庆大学法学院的陈德敏教授、程燎原教授、陈忠林教授、胡光志教授、秦鹏教授、张舫教授、宋宗宇教授、曾文革教授、唐绍均教授等诸位导师，以其严谨的治学作风、渊博的知识和深切的人文关怀，或在课堂上传道、授业、解惑，或在论文开题、预答辩、写作等环节给予指点，让我受益匪浅。在与重庆大学靳文辉教授、焦艳鹏教授、王江副教授、杜辉副教授、董正爱副教授等青年才俊亦师亦友的交往中，他们敏锐的思维、醉心学术的理想和追求，每每给我以思想的启迪和前行的动力。我所供职的甘肃政法学院，李玉基校长、焦盛荣副校长及各位同事，为本书的写作和顺利付梓提供了各种便利条件。要向他们表达我的感怀之心、感念之情。

在论文答辩环节，尊敬的蔡守秋教授、陈德敏教授、常纪文教授、胡德胜教授、李爱年教授等环境法学大家亲临指导，导师们中肯的批评和建议直接影响到论文后续的修改和完善，本书同样包含着他们的智慧，要向他们表达由衷的感谢。

感谢同门博士研究生韩卫平、任洪涛、王国萍、蒋春华、刘茜、郝翠芳、周海华、谢玲、韩英夫、易崇艳等各位同学，以及在日常交往中给我诸多帮助和支持的孙健、李奇伟、肖少启、张富利、陈雪等同学，与他们朝夕相处的每一个日子、每一次切磋论辩，都已化为感怀于心的记忆。

要特别感谢商务印书馆的王兰萍老师。王老师是一位令人尊敬的学者，正是有了她的大力推荐和提携，本书才有了在商务印书馆出版的机会。王老师以其良好的敬业精神和专业素养，在审稿阶段对书稿提出了许多中肯的修改意见，并进行了精心的编校加工，付出了大量的辛勤劳动，在此一并表达我的感谢。

最后的感谢送给我的家人。我的母亲已经75岁高龄，病痛缠身还在辛苦劳作，做儿子的却不能侍奉在侧以尽孝道；我的妻子王英霞女士对我长久以来的散漫与懈怠情状给予了最大的宽容，包揽了全部家务和教育女儿的责任而无怨无悔——对家人，我有太多的愧疚。本书的写作，包含着家人的亲情关怀、坚强支持和默默付出。一介书生，无以为报，唯有加倍努力，砥砺前行，永不停步！

三

生命的年轮在无声无息中前行，年复一年，从不停息。在匆匆前行的脚步中，每个人都在谱写着自己的人生篇章，足迹到处，为这个多姿多彩的世界留下或深或浅的印记。本书是我从事环境法学研习一个阶段性思考的记录，选择了这样一个宏大的环境法理学选题，对我而言是一个巨大的挑战。尽管书稿的酝酿和积累经历了时日，但受制于知识储备的碎片化、方法运用的不纯熟,在写作的过程中,屡屡出现力有不逮、难以为继的情形。但是,"做了过河卒子,只能拼命向前",唯有竭尽全力。书稿虽已如期付梓,但我深知,本书无论观点还是论证尚存在诸多不足之处,存在不少硬伤甚至错误。面对此景,充盈心头的并没有多少收获的喜悦,更多了几分无以言说的遗憾和困惑。书稿出版后,她的命运如何,我是不自信的,只有交由读者评判了。

在漫长而艰辛的写作过程中,每每念及不事家务、不治产业、不孝严慈等种种情状,自愧书未读完背先驼,一事无成鬓已斑。半为舒展读书之累,半为自嘲,我为自己写下一首白话打油诗,收笔之际,我愿意拿来作为本书的结语。

> 落笔无功欲发狂,弃卷有约且畅饮。
> 相亲不辞书和酒,伏首唯著字与文。
> 推窗初看晓月明,揽镜始觉华发冷。
> 漫言书中有黄金,我辈读书累一生。

史玉成
2018 年 1 月 4 日于兰州寓所